教育心理学の
実践ベース・アプローチ

実践しつつ研究を創出する

市川伸一 編

東京大学出版会

Practicing-Based Approach in Educational Psychology
Shin'ichi Ichikawa, Editor
University of Tokyo Press, 2019
ISBN 978-4-13-051345-6

はじめに

　戦後の大学教育改革の中で，教育心理学は小・中・高の教員養成課程の必修科目になったにもかかわらず，「教育実践そのものを研究しておらず，教育実践の役にも立たない学問ではないのか」という厳しい批判が学界の内外でうずまいていた。それを克服するための活動がこの30年ほどの間に徐々に広がっている。

　その一つの試みが，本書で紹介する「実践ベース・アプローチ」である。つまり，教育心理学者自身が何らかの教育実践をしつつ研究するというものだ。これは，いわゆる学術研究をするのとは，別の意味での努力や負担を要するが，教育心理学と教育実践の乖離という積年の問題の解決の糸口になるのではないかと編者は考えていた。

　本書は，このような実践ベース・アプローチによる研究の進め方とその実例をまとめた書物として，我が国ではじめてのものである。また，こうしたアプローチをとっている研究者（集団）が海外でもそういるわけではないので，世界的にもはじめてのものかもしれない。というと大げさなようだが，裏をかえせば，まだ極めてマイナーでローカルなものということでもある。

　この20年余り，編者（市川）の研究室ではそうした研究をしたいという大学院生たちがしだいに増え，ここで学位をとって，その後も多くの学術論文を発表してきた。それらの中で，「実践ベース・アプローチ」にふさわしいものを，読みやすい形に改稿し，研究の背景やその後の展開も書いてもらったのが本書である。

　これらの内容がすでに学術論文になっている，ということも実は重要な点である。本書第2章で述べるように，ひと頃であれば，こうした研究は学会では論文として陽の目を見ることはなかったかもしれない。日本教育心理学会の学会誌『教育心理学研究』をはじめとして，「実践研究」というジャンルができたことにより採択・掲載の道が開けてきた。

　さらに，本書の執筆者の大多数は，日本教育心理学会において若手研究者に

与えられる「城戸奨励賞」や，一般の「優秀論文賞」を獲得している。それらのいくつかの受賞論文の内容は本書にも収められている。今や，教育実践と教育心理学研究が，両立でき，しかも相乗効果をもつものであることが示されつつあるといってもよいだろう。

　本書の読者対象として想定しているのは，まず学校教員や若手の教育心理学者・学徒である。教員には実践に活かせそうなところを見ていただき，さらに自らの工夫した実践を発表しようという気もちになってもらいたい，若い教育心理学者には，自ら実践に関わる機会を少しでももつことが，いかに楽しく，刺激的で，豊かな研究生活になるかということを感じてもらえればありがたい。
　同時に，学校教員を研修・指導する立場にある，管理職や指導主事の方々にもぜひ読んでほしい。かつては，教育心理学というと「実践とはかけ離れた理論や知見を，実践と関わっていない大学教授が講義するもの」という印象を持たれていたかもしれない。それを何とか克服しようとする一つの姿として本書を手にとってほしい。また，大学院生などの教育にあたっている中堅・重鎮の大学教員にも，実践の場をもつことの意義をぜひ本書を通じて説いてもらえればありがたい。
　さらに，他の教育関連分野の専門家にも読んでいただければと思っている。教育心理学というのは，教育諸分野の中でも，実験や統計解析など，自然科学に近いアプローチがやたらと目立ち，方法論的には洗練されているが現実の教育改善とは距離があるものと思われていたのではないだろうか。
　私たちは，実践的アプローチをとる中で，個別学習支援であれ，一斉授業であれ，一つの教育実践をめぐって，教育心理学内の様々な分野の研究者や，学校教員（これも，小・中・高校という校種や教科の違いを超えて）が議論しあえることを確認することができた。教育諸科学の壁もまた，おそらく具体的な実践を囲炉裏端のようにして対話することによりしだいに氷解していくのではないか，というのが一つの夢でもある。ごく一部ではあるが，我が国の教育心理学が，このような試みを始めているということを，本書を通じて知っていただき，連携の端緒となれば幸いである。

最後になってしまったが，本書の成立と編集過程においては，東京大学出版会の後藤健介さんに何度も相談にのっていただきお世話になったことを深く感謝したい．また，それぞれの研究の遂行や執筆にあたっては，ちょうど30周年を迎える「認知カウンセリング研究会」のメンバーや，私たちの実践に参加してくれた児童生徒たち，連携協力してくださった学校の先生方にもこの場を借りてあらためて感謝したい．

2018年9月
編　者　市　川　伸　一

目 次

はじめに（市川伸一） i

序　章　心理学と教育実践を結ぶために ─────── 1
「実践ベース・アプローチ」とは
（市川伸一）
0-1 教育心理学の苦悩と模索（1）／0-2 実践ベース・アプローチ：教育実践しつつ研究する（2）／0-3 教育心理学の新しい全体像（4）／0-4 本書の内容構成（6）

第Ⅰ部　実践ベースの研究をどうすすめるか

第 1 章　実践のフィールドをもつには ─────── 11
（市川伸一）
1-1 一人でもできることから始める（11）／1-2 自分でフィールドをつくる：大学を地域のリソースに（15）／1-3 既存のフィールドにはいる：学校教育と地域教育へ（19）／1-4 心理学と教育実践の関わり方（24）
コラム 1-1 認知カウンセリングに見る児童生徒の学習観と学習方略（市川伸一）（17）／コラム 1-2 夏休み学習ゼミナールの起こり（村山　航）（19）／コラム 1-3 文京区教育センターにおける学習支援活動（植阪友理）（23）

第 2 章　実践ベースの研究の発表の場 ─────── 27
（市川伸一）
2-1 学会誌に実践研究を載せることの難しさ（27）／2-2 実践研究はどう評価されるか：「査読実験」に見る判断の個人差（29）／2-3 動き出してからの「実践研究」と今後の課題（37）

第Ⅱ部　自らの教育実践を研究にする

第3章　学習者の言語的説明を重視した認知カウンセリング——43
（市川伸一）
3-1 問題の所在：言語化することの難しさ（43）／3-2 言語的説明の認知心理学的背景（45）／3-3 学習指導場面の実際（47）／3-4 討論とその後の展開（54）

第4章　教訓帰納に着目した認知カウンセリング——57
教科をこえた「学習方略の転移」はどのようにして起こるのか
（植阪友理）
4-1 問題の所在：自己学習力の重要性と学習方略の転移（57）／4-2 本研究で焦点を当てる学習方法：教訓帰納（59）／4-3 認知カウンセリングの実践事例（59）／4-4 「学習方略の転移」のプロセスモデルとそれを可能にした条件（67）／4-5 その後の展開（68）

第5章　読解の個別学習指導における相互説明——71
対象レベル-メタレベルの分業による協同の効果を探る
（清河幸子・犬塚美輪）
5-1 実践と研究の背景（71）／5-2 実践の計画と実施（73）／5-3 実践の経過（76）／5-4 その後の展開（80）

第6章　教えあいを促す高校の学習法講座——85
（深谷達史・田中瑛津子）
6-1 実践の背景と実践1（85）／6-2 教授・学習スキーマへの介入：実践2（89）／6-3 効果検証（93）／6-4 実践をふり返って（96）／6-5 その後の展開（97）

第7章　小学校と研究者が連携した授業改善の取り組みとその分析——99
（深谷達史・植阪友理・太田裕子・小泉一弘・市川伸一）
7-1 実践の背景：学力差に対応した授業づくり（99）／7-2 実践の概要（102）／7-3 どのような効果が見られたのか（105）／7-4 実践をふり返って（109）／7-5 その後の展開（110）

第 8 章 教師の失敗は近接する授業の改善にどう活かされるか ── 113
(篠ヶ谷圭太・深谷達史・市川伸一)

8-1 研究と実践の背景（113）／8-2 対象となった授業の指導案（115）／8-3 分析の手続き（117）／8-4 失敗と授業改善についての分析結果（118）／8-5 研究のふり返りと今後の展望（123）

第 9 章 英語の歌と CG 制作を融合した「遊びと学びゼミナール」の試み ── 127
(市川伸一)

9-1 実践と研究の背景（127）／9-2 企画と実施の概要（129）／9-3 児童の取り組み方（131）／9-4 スタッフから見た活動（137）／9-5 まとめとその後の展開（138）

第Ⅲ部　自らの実践を通して基礎研究を生む

第 10 章 テスト形式は学習方略にどう影響するか ── 143
(村山　航)

10-1 研究に至った経緯：テストが変わると学習方略も変わるか（143）／10-2 実験授業の計画と実施（146）／10-3 結果と考察（148）／10-4 その後の研究展開（151）／10-5 おわりに（153）

第 11 章 効果的な予習を実現するためには ── 157
(篠ヶ谷圭太)

11-1 研究に至った経緯（157）／11-2 効果的な予習活動の検討：2007 年の実践（161）／11-3 その後の研究展開（165）／11-4 おわりに：効果的な予習を実現する条件とは（167）

第 12 章 教訓帰納は学校でどう指導できるか ── 171
(瀬尾美紀子)

12-1 実践研究の背景：教訓帰納の有効性と指導の試み（171）／12-2 教訓帰納に関する中学生向け学習法講座の試行的実践（174）／12-3 組織的実践研究の計画と実施（2013 年度）（176）／12-4 まとめと今後の展開（182）

第13章　数学力構成要素の測定と指導法開発 ────── 185
（鈴木雅之）

13-1 実践と研究の背景：学習者のつまずきの原因を探る（185）／13-2 工夫速算講座の実践とその分析（190）／13-3 研究をふり返って（194）／13-4 その後の展開（195）

第14章　図表をかきながら考える学習者を育てるには ────── 199
（植阪友理）

14-1 問題の所在：自発的に図表をかかない子どもたち（199）／14-2 学校での指導とその問題：図表を活用して教える教師，写すだけの子どもたち（200）／14-3 図表に対する「有効性の認知」，かくための「スキル」，そして「学習観」（201）／14-4 大田区入新井第一小学校における実践：思考過程を残すノート指導（204）／14-5 コミュニケーション・ツールとしての図表を，自らの問題解決の道具へ（206）／14-6 その後の展開（208）

第15章　科学的に考えるために必要な知識・スキルとは ────── 213
（小林寛子）

15-1 実践と研究の背景：良い理科授業を創りたい（213）／15-2 実践と研究の遂行（215）／15-3 その後の展開：実験的検討と実践的検討の相乗効果（224）

第16章　英語リスニング学習の改善に向けて ────── 227
（小山義徳）

16-1 研究の背景：リスニング能力の向上には何が必要か（227）／16-2 リスニング能力と継時処理スキル（229）／16-3 授業における継時処理スキルの訓練とリスニングへの効果（232）／16-4 その後の展開（236）

編者・執筆者紹介　241
索　引　243

＊文部科学省関係の文書では最近「協働」が使われることが多いが，学術的・社会的にはかなり限定された意味合いとなるため，本書ではより一般的に使われている「協同」を用いることとする。

序章 | 心理学と教育実践を結ぶために
「実践ベース・アプローチ」とは

市川伸一

0-1 教育心理学の苦悩と模索

　教育心理学はどのように教育実践と関わっているのか。このことを語るとき，教育心理学者は，思い出したくない一つの言葉「教育心理学の不毛性」について触れないわけにはいかない。第二次大戦後，大学における小・中・高校教員養成課程で「教育心理」という科目が必修となり，一般心理学の大学教員が急遽教育心理学を講ずることになった例も多々あると聞く。これは，教育心理学という学問の普及に大きな役割を果たすことになるが，問題はその内容である。一般的に，大学の心理学研究者は，現実の教育実践場面に関わっているわけではなく，「学習心理学」という動物を含む実験室的な記憶・学習の理論や知見が主な内容となっていた。筆者が大学で「教育心理」を受けた1970年代前半もまさにそうであった。

　「教育心理」という教職科目は，けっして学習分野だけではなく，学習，発達，適応，測定・評価というのが，4つの柱と言われている。教育活動において必要な，児童生徒の全人格的な理解を促すのがその大きな目的である。とはいえ，学校教育の中核をなす「授業」となると，やはり学習が中心的テーマとなる。その科学的な基礎づけを与え，教育の改善を図るのが教育心理学における「教授・学習」という分野の役割であるが，これが教育実践とはかなり距離があり，教育現場からも学会内部からも，「教育心理学は，教育実践を研究しておらず，教育実践の役にも立たない不毛な学問ではないのか」という批判が戦後ずっと続いていたのである（佐藤，2003）。

　筆者は，もともと大学・大学院で認知心理学の基礎研究をしていたが，教育との接点に関心があったため，「日本教育心理学会」にも入会した。1980年代

の初期のことである。しかし，そこで驚いたのは，少なくとも記憶・学習研究に関する限り，基礎的な研究が主流の「日本心理学会」と学会発表や学術論文の内容はほとんど変わらないということであった。そして，俗にいう「不毛性シンポジウム」，つまり教育心理学の不毛性をどうやって克服したらいいかという議論が，繰り返し行われているという状態だった。

　もちろん，教育現場と関わりをもつ教育心理学者がそれまでいなかったわけではない。一つには，学校の児童生徒を対象にした調査や実験を行わせてもらう，という形での関わり方である。もう一つは，学校での研究公開授業などで，いわゆる「指導助言」をするような関わり方である。しかし，こうした活動だけでは，教育心理学が実践的なものにならないだろうという印象を筆者は個人的に抱いていた。そして，1990年前後から，教育心理学の中でもいろいろな模索が始まるようになってくる。

　このころから，教育自体に関心をもつ教育心理学者（というのも不思議な表現であるが）が少しずつ増えていったように思える。たとえば，現実の学校の授業を詳細に観察し，教師の教え方や，子どもの行動・発言を分析する研究が出てきた（秋田ほか，1991；鹿毛ほか，1997；吉崎，1991など）。また，かつての学習心理学や思考心理学が扱ってきた実験室的な課題ではなく，日常生活や教科教育の内容を素材にした文章理解，文章産出，数学的問題解決，科学での素朴概念などの認知心理学的研究が多くなってきた（鈴木ほか，1989；大村ほか，2001；市川，2017などを参照）。こうした内容は教育心理学の教科書でも紹介されるようになり，教育心理学と教育実践との距離が縮まる可能性を予見させるものであった。

0-2　実践ベース・アプローチ——教育実践しつつ研究する

　人間の情報処理のしくみとはたらきを明らかにしようとする認知心理学（cognitive psychology）も，黎明期にあたる1950〜60年代には，実験室的な課題を用い，反復を基本とする記憶・学習モデルが主流となっていた。ところが，1970年代以降，前述したように日常生活で使われる素材を扱うことが多くなると，知識や理解をキーワードにするようになっていった。当時の展開は，筆

序章　心理学と教育実践を結ぶために

者にとって非常に刺激的なもので，自分の学習経験からも納得がいくものであった。しかし，それが教育実践にどう貢献しうるのかは，自分でも実践をもってみないとなかなかわかるものではないと感じていた。また，自ら実践をもつことによって，これまでの研究で扱われてこなかった新たなテーマも浮かび上がってくるのではないかという期待もあった。

考えてみれば，心理学の中でも「不毛」とは言われていない分野の一つに「臨床心理学」がある。そこでは，大学の研究者でも自ら心理臨床の実践をもち，それまでの理論や技法を生かして実践者としての力量向上を図るとともに，実践事例を通して新たな研究を生み出すという研究活動をしている。同様のことは，1980年代に筆者が協同研究をしていた医学の分野でも見られた。大量のデータを統計的に分析する公衆衛生学の研究者でも，日常的に患者の医療や介護に関わる実践活動を行っていた。教育心理学の「教授・学習」の分野でも，「実践しつつ研究する」ということができれば，それは，教育心理学と教育実践を結びつけ，不毛性を打破する糸口になるのではないか。

とはいえ，教員免許ももっておらず，なんの実績もない筆者が，小・中・高校での教壇に立つという意味での教育実践はできるはずがなかった。そこで，自分でもすぐにできそうな実践として始めたのが，学習上の問題を抱えている学習者に個別的な面接や相談・支援を行う「認知カウンセリング」という活動である。大学に「学習相談室」をつくり，月に1度のケース検討会を行って力量を高めるとともに，認知心理学的な研究がどう学習支援に活かせるのか，また，基礎研究としても展開できそうなテーマがないかを探っていくということなら，すぐにでも実行できそうに思われた。

本書第1章で詳述するが，1989年に筆者が東京工業大学に地域の児童生徒に対する学習相談室を設置して以来，「認知カウンセリング研究会」が約30年間続いている。とくに，1994年に東京大学教育学部に異動してからは，学校教員の参加が増え，大学院生も，自ら実践しながら研究するという志向が強くなっていった。学校教員との対話により，教育心理学の理論や視点が教育実践にどう活かせそうかを考えたり，また，教育心理学者の弱点ともいえる学校現場の状況や教科教育についての知識などを補強したりすることにもつながった。私たちの関わる教育実践も，小グループでの学習活動，通常のクラス規模の子

どもを集めて行う授業，学校で行う出張授業や授業改善など多岐にわたっていった。

　このように，教育実践をしつつ研究するという立場を，本書では「実践ベース・アプローチ」と呼ぶことにする。これは，教育現場での授業観察などを通して「教育実践について研究する」というのではなく，「自ら教育実践をもちながら研究する」という意味で使っている。英語でいえば，practice-based approach だと意味があいまいなので，practicing-based approach というのがふさわしいだろう。認知カウンセリングの初期に使ったフレーズに，「研究者も実践し，実践者も研究する」というものがある（市川，1993）。近年，心理臨床家のあり方として言われている「科学者・実践家モデル scientist-practitioner model」と，趣旨は類似している（坂本ほか，2010）。

0-3 教育心理学の新しい全体像

　自ら教育実践をしながら研究をするというアプローチを組み入れたとき，教育心理学の全体像は図0-1のように変わってくる。この縦軸は，教育実践にどれくらい強く関与しているかということである。一方，横軸として，一般的な知見を得ることに関心があるのか，個々の実践事例に関心がありそれを詳細に分析しようとしているのかを考える。

　従来の伝統的な教育心理学（図の左下）では，研究対象に対して実験や質問紙調査という方法で第三者的に関わり，それを分析して客観的・一般的な知見を得ようとしていた。あるいは，教育方法を考案してその有効性を検証しようとしたり，汎用的なテストや尺度を開発して測定・評価に活かそうとしたりするものもある。こうした「基礎的教育心理学」は，今でも主流といえる。ただし，現実の教育現場にはいり，教師や学習者の観察・記述・質的分析を詳細に行うようなアプローチが1980年代以降出てくる。これは，図0-1の右下に位置するもので，「(授業)観察研究」「談話分析」「フィールドワーク」「エスノグラフィ」などがここにはいる。

　これに対して，「実践ベース・アプローチ」は，自ら教育実践を行うので，関与の度合いは強く，図0-1の上側に位置する。ただし，その中にも，研究関

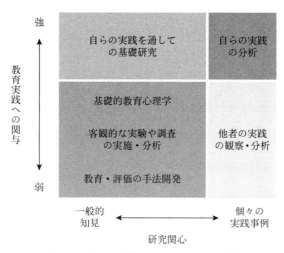

図 0-1 　教育心理学のアプローチの全体像

心によって 2 種類のものがある。代表的なものは，図 0-1 の右上にあるように，自らの行った実践を記述・分析して教育手法や研究仮説の提案に結びつけようとするもので，「ケース研究（事例研究）」「臨床研究」「アクションリサーチ」などと呼ばれてきたものがこれにあたる。一方，左上にあるのは，実践の計画・実施などは自ら行うが，目的としては何らかの一般的な仮説検証や法則定立を目指すもので，場合によっては統制群を置くこともあり，「授業実験」「教育介入研究」などとも呼ばれてきた（本書第 10 章参照）。

こうして見ると，実践ベース・アプローチにあたる上側の 2 つも，従来まったくなかったような種類の研究ではなく，別に奇抜なものではない。しかし，教授・学習という分野で，研究者がどれだけこうしたアプローチをとり，それが学界で研究として認められ，さらに教育界でも生かされてきただろうか。「教育心理学者が，子どもに教える活動をする」という，おそらく社会から見れば当たり前の姿に，一歩近づけることが，「不毛性」を克服する一つのカギになるのではないか，というのが実践ベース・アプローチの提案趣旨である。

それは，基礎的教育心理学や観察研究の重要性や役割を減ずるものではけっしてない。本書の執筆者にも見られるように，私たちは基礎研究を大いに参考にし，自らも行い，学会では研究交流し，大学で学生指導をしている。基礎研

究を背景として実践し、実践を生かした基礎研究を展開することが、実践ベース・アプローチをとる研究者としてのアイデンティティでもあるわけである。

0-4 本書の内容構成

前述したように、筆者（市川）が1994年に東京大学教育学部に赴任してから、認知カウンセリングのゼミを行ったり、研究会などで学校教員とも議論をしているうちに、自らも実践しつつ研究するというスタイルがしだいに浸透し、また、そういう研究活動に興味があったので、大学院生としてここに入学したという他大学からの学生も増えていった。そうした実践の場でのデータをもとに修士論文、博士論文を執筆したり、学会でも多くの学術論文を発表するようになった。

本書の第Ⅰ部では、もともと教育実践をもつ機会などなかった私たちが、どのようにして実践のフィールドをつくり、それを広げていったかをまず第1章で紹介する。さらに第2章では、そうした実践に基づく研究を学術論文として発表する「実践研究」というジャンルをめぐって、「日本教育心理学会」がどのように取り組んできたか、投稿するにはどんな注意が必要か、今後残されている問題は何かなどについて論じていく。

その後が本書の本体部分になるが、第Ⅱ部では、図0-1の右上にあるような、自らの教育実践そのものについてのケース研究が7編ある。発表当時、教育心理学の研究者仲間からは、「これが学術研究と言えるのか」「教育心理学者のすることか」と言われた（今も言われそうな）ものもある。しかし一方、教育関係者からは、「実践上の大きなヒントになった」という声も高いのである。教育心理学者ならではの教育実践として見ていただき、議論に供することになればと思う。

第Ⅲ部の7編は、図0-1の左上にあたり、自らの計画・実施した実践のデータをもとに、一般的な知見を得ようとしている研究である。学術誌である『教育心理学研究』においては、「実践研究」ではなく一般の原著論文として掲載されることが多い。ただし、もともとの問題意識が現実の教育的関心から出ていることと、自らが授業者となり学習者の様子をよく見て、授業計画や研究仮

説を絶えず練り直している点が特徴的である。だから,「この研究の結果は,教育にどう役立つのか」などと疑問視されることはまずない。

　まずは,本書を通じて,現時点での「実践ベース・アプローチ」がどのようなものかを知っていただき,今後の教育心理学,教育実践双方に活かせそうな点を見出していただければと思う。

引用文献

秋田喜代美・佐藤　学・岩川直樹（1991）．教師の授業に関する実践的知識の成長――熟練教師と初任教師の比較検討　発達心理学研究, 2, 88-98.

市川伸一（1989）．認知カウンセリングの構想と展開　心理学評論

市川伸一（編）（1993）．学習を支える認知カウンセリング――心理学と教育の一つの接点　ブレーン出版

市川伸一（2017）．認知心理学は教育にどう貢献するか　心理学評論

鹿毛雅治・上淵　寿・大家まゆみ（1997）．教育方法に関する教師の自律性支援の志向性が授業過程と児童の態度に及ぼす影響　教育心理学研究, 45, 192-202.

大村彰道（監修），秋田喜代美・久野雅樹（編）（2001）．文章理解の心理学――認知,発達,教育の広がりの中で　北大路書房

坂本真士・杉山　崇・伊藤絵美（編）（2010）．臨床に活かす基礎心理学　東京大学出版会

佐藤達哉（2003）．日本の教育心理学の歴史　日本教育心理学会（編）教育心理学ハンドブック　有斐閣

鈴木宏昭・鈴木高士・村山　功・杉本　卓（1989）．教科理解の認知心理学　新曜社

吉崎静夫（1991）．教師の意思決定と授業研究　ぎょうせい

第Ⅰ部　実践ベースの研究をどうすすめるか

「教えて考えさせる授業」のデモ授業

第1章　実践のフィールドをもつには

市川伸一

1-1　一人でもできることから始める

(1) 実践をもたない教育心理学者のひけ目

　何らかの教育実践に関わりながら研究したいという思いをもつ研究者や学生は少なくないようだ。筆者自身が認知心理学の基礎研究をしつつも、しだいに教育に興味をもつようになった1980年代、関心テーマはコンピュータ教育であった。基礎研究のツールとしてコンピュータを使うだけでなく、教育にどのように有効に利用していったらいいかということに興味が高まっていった。とりあえず、学校教員の研究会に出させてもらったり、知り合った先生の授業を見学させてもらうことからはじめた。そこで自分なりのアイデアが湧くこともあったが、実現するような場はとてももつことができなかった。

　当時、認知心理学がどのように教育に活かせるかという一般的な話を大学の講義や教員に対する講演などで行うこともよくあった。そうした場合、記憶や学習のメカニズムと有効な方略、概念的知識や手続き的知識の誤り、問題解決のプロセスなどの話をしていたが、それが学校教育にどう活かせるかということは具体的にはわからなかった。「最近はこういう基礎研究があるので、役に立ちそうなことは使ってください」と言わざるをえない。一番恐れていたのは、直接言われないにしても、「そんなことは現場の教員は経験上知っていて、とっくに教育に活かしている」と思われることだった。

　筆者に限らず、多くの教育心理学者は学校の授業を必ずしも見ているわけではないので、その実態もよくわかっていない。しかし、「学校を知らない」ということ以上に、より致命的な問題は、「子ども（学習者）を知らない」ということではないかと思うようになった。児童生徒への学習過程や教育方法を研

究対象としているのに，普段から子どもと関わったり，子どもに何かを教える経験をもっていない。講義や講演の内容は，論文や専門書に出ていることだが，それは間接情報にすぎない。しかも，認知心理学の実験的研究は，国内外を問わず，多くの場合，大学生を被験者（今でいう実験参加者）にしたものだった。それで，「子どもに教えるにはこうするとよい」という話をしても，およそ説得力はないだろう。

　当時，著名な実践者の本を読むことや公開研究授業などに参加することはあった。感心することもあれば，違和感をもつこともあったが，実践に裏付けられていない意見をこちらが言っても相手にされないのではないかと思い，実践をもっていないことに対するひけ目を感じざるを得なかった。では，どうすれば，教育実践と接点のない大学の一研究者や一学生でも実践の場をもつことができるのか。筆者自身と研究室の学生たちの体験をもとに本章では考えていきたい。

(2) 学習者を知ることと教えてみること

　そこで，1980年代後半ごろ思い立ったのは，臨床心理学が心理カウンセリングを日常的な実践として行っているように，「何かがわからなくて困っている」という，学習や理解について問題を抱えている学習者に面談をして，どのような点でつまずいているのか，どのような学習方法をとっているのかなどを探ることだった。もちろん，こちらから指導できることは教える。そこに認知心理学で言われているような効果的な方法を試してみれば，何か新しい指導法が生まれるかもしれないし，それが有効でないなら，新しい研究や指導法がまた生まれる可能性がある。

　思い起こしてみると，学生のアルバイトとしてではあるが，家庭教師の経験というのは，学部学生，大学院生時代を通して約9年間あった。そのときには，学習者の理解状態を探り，どう指導したらよいかということをごく自然に行っていたが，研究という意識はなかった。それを，認知心理学の知識を背景にしながら，研究として行っていけば，まさに実践しながら研究するということができるのではないか。「認知的な問題に対して，認知心理学を理論的背景としながら相談活動を行う」という意味を込めて，「認知カウンセリング（cognitive counseling)」という名称はすぐに浮かんだ。

　とはいっても，すぐに子どもたちに学習相談を行えるような環境にあったわけではない。そのころ筆者は初めての赴任先として，社会人教育を目的とした埼玉大学経済短期大学部に所属していた。そこで一般教育科目として心理学，統計学，コンピュータなどの講義を担当しており，学校教員とも児童生徒ともまったく接点がなかった。そこで，自分にもできる実践として，まず自分の講義で統計学やコンピュータ・プログラミングがわからないと言って困っている学生たちに認知カウンセリングを始めてみた。そうした学生は他大学や大学院にも多くいるので，知人に紹介してもらっては，一人で認知カウンセリングをして記録をとっていた。

　発表や検討の場こそなかったが，これは，学習者の理解状態や学習方法を知ることができ，うまく教えられたときは相手にも喜んでもらえるという，やりがいのある活動だった。当時の認知心理学で言われている，素朴概念，アナロジー，メンタルモデル，学習方略などが，学習者の中に息づいているのがよくわかったし，そうしたことを念頭に置きながら教えてみると，有効なこともよくあった。社会の中で学習上の問題で困っている人はいくらでもいる。発展しつつあった認知心理学を背景に，教育心理学者が日常的な実践的研究活動として，認知カウンセリングを行うという活動は，非常に脈があるように思えた。

(3)「認知カウンセリング」のアピール

　このころ，筆者が「認知カウンセリング」の存在をアピールするために実行に移したことは3つあった。第1に，「日本教育心理学会」の自主シンポジウムでそのアイデアを紹介し，他の教育心理学者にも議論してもらうことである。ただ，これは残念ながら不発に終わったと言ってよいだろう。概して，「そんなことをして何になるのか」「あなたは研究をして論文を書けばよい」「勉強を教えるのは，教師の仕事だ」「そもそも，あなたは教えるのはうまいのか」などと冷ややかな反応が多かった。しかし，関心をもち，応援してくれた人たちもいた。それは，障害児教育や心理臨床に携わっている研究者たちだった。（中には，「カウンセリング」という言葉がついていたので，間違えて来てしまったという参加者もいたようだ。）健常児たちでも，教科教育につまずいてい

る子どもたちはたくさんいるが，学校教員が一人一人にていねいな学習指導ができているわけではないことを実態としてよく知っている。「教授・学習」という分野で，そうしたごく普通の児童生徒たちを対象にした学習支援を教育心理学者が行うのは，子どもにとっても研究者にとっても意味があるという趣旨の応援をいただいた。

　第2には，『心理学評論』誌に「認知カウンセリングの構想と展開」という論文を投稿したことだった（市川，1989）。この学術雑誌は，いわゆる「レビュー論文（展望論文）」を掲載するものである。つまり，ある分野で行われてきた研究を概観して紹介し論評するという性格の論文が掲載される。筆者の論文は，「これから認知カウンセリングという研究活動をしていくつもりだ」という構想を述べたもので，その意義，既存分野との関係，展開の見通しなどを述べてはいるものの，実績らしきものはほとんど書かれていなかった。当然ながら，査読者（学術論文を掲載するかどうかの審査を行う委員）のコメントは最初厳しいものだった。筆者は，「評論とは，過去のことばかりではなく，未来志向のものがあってもよいではないか」「それは『心理学評論』という雑誌にとっても意義があるのではないか」というような僭越なことを述べて，何とか掲載を認めてもらうことができた。

　第3には，いくつかの大学で認知心理学の非常勤講師を頼まれたときに，初めの半年は一般的な講義をするが，次の半年は「受講者がそれぞれ認知カウンセリングを行ってきて，それを発表して議論し，最終的には1冊の報告集としてまとめあげる」というゼミにしてよいかということを打診した。依頼元の東京女子大学，日本女子大学，お茶の水女子大学はこれを快く引き受けてくれた。このゼミを通じて，学生からの質問もあるので，「認知カウンセリングとしての学習指導というのは，どのような特徴や技法があるのか」ということを筆者なりに整理するようになった（それらは，のちに市川，1991, 1993にまとめられている）。「学校の教師や家庭教師の指導とはどう違うのか」という質問に答えられないようであれば，教育心理学者が認知カウンセリングと称して実践することの意義が半減してしまう。学生たちは非常に熱心に取り組み，いい発表やレポートを残してくれた。わずか半年の認知心理学講義と基本的なインストラクションでも，一定の特色とレベルを備えた認知カウンセリングができると

いうことで，明るい見通しをもつことができた。（当時，日本教育心理学会にはフォーラムレポートという制度があり，通常の学術雑誌論文よりはゆるい基準で資料や報告などを認定・広報してくれるようになったので，学生たちの報告書はフォーラムレポートの形になっている。）

1-2　自分でフィールドをつくる——大学を地域のリソースに

(1) 学習相談室の開設と「認知カウンセリング研究会」

　認知カウンセリングという実践的研究活動は，前述したように，教育心理学者が一人でも，やろうと思えばすぐにできるものである。しかし，一人でやっているだけでは，内容をお互いに批判・検討して力量向上をはかることや，いろいろな研究と結びつけるということに限界がある。さらに，筆者がやはり望んでいたのは，社会的にもニーズのある子どもの教科学習について展開したいということだった。それが実現したのが，1988年秋に，筆者が東京工業大学の教職課程（学校教員養成の科目を担当する職）に異動してからである。当時の上司である坂元昂教授に「大学の研究室で，地域の子どもを対象にした学習相談室を開きたいのですが」という要望を話したところ，「ぜひやってみるといい」と激励してくれた。

　1989年度の夏休みから学習相談室を開くために，さっそく準備を始めた。まずはスタッフ（学習相談員）の募集になるが，認知カウンセリングをやってみたいという若手の教育心理学者の有志数名と，筆者の研究室に所属する学生数名，さらに前述した他大学のゼミで協力してくれる学生が若干名ということで，チームをつくってスタートした。子どもたちの募集は，東京都目黒区と大田区の区報に募集記事を掲載してもらうことで行った。そこでの内容は次のようなものである。

- 小・中・高校生で，教科の学習でわからないことや困っていることの相談にのる。
- 相談員と1対1で，1回は約90分。夏休み中に6～10回行う。
- 無料だが，研究のために指導記録をとったり，アンケートに協力してもらう。

・学習者は匿名にするが，研究会や学会で相談・指導の内容を発表することがある。

　最初の年，どれだけ子どもが集まるものか見当がつかなかったが，小学3年生から高校2年生まで，約100名もの申し込みがあり，ニーズの高さに驚いたものである。教科としては，算数・数学が圧倒的に多く，全体の6～7割にのぼった。夏休みなので，大学のゼミ室などはあいており，1人の相談員が平均2人くらいの子どもの個別相談にのった。しかし，すべての子どもを見ることはとてもできないので，リストに登録しておいて次年度には優先的に扱い，リスト登録者が少なくなるとまた区報で募集をすることにした。

　このころの認知カウンセリングの学習指導方針や技法についての解説やケース報告は，市川（1993, 1998）を参照していただきたいが，実践ベース・アプローチの一つとして本章で強調しておきたいのは，学習相談活動の意図とシステムづくりである。私たちは，近年「大学の社会貢献」といわれるようなサービス活動として学習相談室を始めたわけではない。子どもたちや保護者は無料の家庭教師のようなものと思っているかもしれないが，私たちは，子どもたちに来てもらって「教授・学習」の研究をさせてもらっているのである。そこにギブ・アンド・テイクの関係があり，こちらも相談員全員が力量を備えているとは限らないので，無料で行ってきた。（ちなみに，心理カウンセリングでは，大学院生が研修の一環として行う場合でも必ず有償にし，クライエントとカウンセラー双方の契約意識を高めるというが，伝統や実績のない認知カウンセリングでは，そこまで踏み切れなかった。）

　さらに重要なのは，それぞれのケースをやりっぱなしにしないで，月に1度のケース検討会で1件2～3時間はかけて，ていねいに報告し，子どものつまずきの原因，指導の妥当性，子どもの変容の理由とその解釈，基礎研究との関わりなどについて，スタッフの間で議論しあうことである。これも，臨床心理学のケース・カンファレンスにならったもので，アルバイトの家庭教師とは最も異なる点である。「認知カウンセリング研究会」と呼んでいるこのケース検討会は，スタート時には学校の先生方は皆無であったが，こちらから声をかけると，教科・校種を超えて参加してくれるようになり，今でも継続している。

> **コラム 1-1　認知カウンセリングに見る児童生徒の学習観と学習方略**
>
> 　認知カウンセリングの場では，1対1であることを生かして，問題を解いているときに，どう考えているのかをたずねたり，家での勉強方法についていろいろ聞いてみたりすることができる。子どもたちにとっても，授業の中と異なり，間違えると恥ずかしいというプレッシャーも少なく，評価を受けるわけでもないので，気軽に話してくれるようになる。
>
> 　相談に来る子どもたちを見ていて気になったのは，多くの子どもたちの学習観や学習方略がかなり偏っていることだった。たとえば，「答えがあっていたか，点数はどうだったかという結果ばかりを気にしてしまい，考えるプロセスをほとんど気にしていない」，「学習というのは，断片的な知識や，答えを出す手続きをどんどん暗記することととらえている」，「かけた時間や解いた問題数が多ければ成果が上がると思っており，勉強のやり方をほとんど工夫しようとしない」といったことである（市川，1990）。
>
> 　これは当時，「結果主義」「暗記主義」「物量主義」と呼ばれ，検討会の中でも，一つの大きなテーマになっていった。これは，認知心理学で言われている効果的な学習方略とは対照的なものだ。もし仮に，学校の先生方に「認知心理学で言われているようなことは現場ではわかっている」と言われたとしても，「しかし，子どもたちにはほとんど伝わっていないようですよ」ということは言える。それは，個々の子どもたちと直接接することによって生まれた私たちの大きな問題意識となり，その後の「学習法講座」や，学校の授業に対して改善提案するときの柱ともなった。

教科教育の専門家である学校教員との議論によって，教育心理学者の指導の特徴がどういうところにあるのかも自覚するようになった。たとえば，学習者の理解状態の診断，家庭学習を含めた学習観や学習方略，学習環境中のリソース（他者やツールなど）の利用といった視点は，教育心理学者の視点として特徴的であることがわかってきた。

(2) ゼミナール形式の実践活動

　1994年に筆者（市川）が東京大学教育学部に異動してから，学習相談室は

東大の学生をスタッフとし，文京区の児童生徒に募集をして学習相談室が継続されていくが，活動の幅を広げることも考えるようになった。教育学部なので，教育に関心があり子どもたちと関わりたいと思っている学生が多いことから，「大学を地域のリソースに」というコンセプトが生まれたのはこのころからである。学校ではなかなかできないような教育活動を大学の研究者や学生が企画・実施すれば，地域の子どもたちにとっても，私たちにとっても大きなメリットがあるのではないか。地域における自由参加の場であるから，教科，学年の枠なども取り払ったユニークな企画も可能になる。大学の学生にとっては，将来的に教育や研究のための経験ともなる。

1996年度と1999年度に行われた「遊びと学びゼミナール」は，そうした活動の一つの例である。本書第9章で詳述するが，半年にわたって定期的に子どもたちが集まり，大学のスタッフたちの支援を受けながら，コンピュータを活用した協同的な創作表現活動を行うというものである。1996年度は，小学校高学年が対象で，英語の歌からイメージしたそれぞれのCG（computer graphics）を，パソコンのスライドショー機能によって流していく作品全体をつくるという活動だった。1999年度は，小学生から高校生までがいっしょに参加し，興味のある職業について調べ学習やインタビュー取材をし，プレゼンソフトを使ってグループごとに発表するというテーマ学習を中心にした。当時はまだ学校に導入されていなかった教科横断的な総合学習を，学校・校種を超えた地域教育の場で試みたものである。

さらに，2001年度から実施されたのが，「夏休み学習ゼミナール」というプログラムである。筆者自身，学習相談室，遊びと学びゼミナールのほかに，通常の教科学習をクラス形式で行うような実践ができればいいとは思っていたが，それには研究室をあげてのパワーが必要だろうし，なかなか踏み切れるものではなかった。ところが，当時の大学院生であった村山航氏から，「自分の修士論文を実験授業としてやりたい」という申し出があり，他の大学院生とも相談して，中学2年生を100人ほど集めてクラス分けし，数日間にわたって，数学，国語，英語，社会の授業を受けるというゼミナールの実施に至った。生徒をどうやって募集するのか，本当に100人が集まるのか，授業はうまくいくのか，など，不安含みのスタートだったが，それから18年間，このゼミナールが継

> **コラム 1-2　夏休み学習ゼミナールの起こり　（村山 航）**
>
> 　最初の学習ゼミナールは，夏休み後半のおおよそ 2 週間にわたって，合計 6 日間実施された。もともとは 1 人の大学院生が修士論文のために始めようとした夏休み学習ゼミナールだが，それが可能になったのは，当時の研究室全体の大きな（そして自発的な）協力があったためである。私（村山）だけでなく，当時の研究室メンバーや，市川教授自らも授業案を練り，教材を作成し，教壇に立って授業を行った。授業をしないメンバーも，学習ゼミナールの当日は，会場の受付や授業の補助・記録といったことを行うボランティアスタッフとして参加した。まさに研究室総出のイベントであった。2 週間という短期間で生徒との信頼関係を確立するために，授業者やスタッフは生徒たちと積極的にコミュニケーションを取るよう心がけたこともあり，ドロップアウトする生徒もほとんどおらず，学習ゼミナールの後半には生徒たちが授業者に積極的に質問や会話をしに来る姿も見受けられた。

続しており，多い年は 150 名を超える生徒が来ている。軌道にのってから，企画運営の中心は完全に大学院生たちになり，東京大学近くの区の教育委員会の後援もとって，中学校を通じて募集をかけ，授業を計画し，データを収集し，修士論文・博士論文などに結びつけている。本書第Ⅲ部の各章で紹介される研究は，このゼミナールをフィールドとして行われたものも多い。

1-3　既存のフィールドにはいる──学校教育と地域教育へ

　すでに教育が行われているフィールドに，教育心理学者がはいるということはこれまでも少なからずあった。ただし，「自ら実践する」という意味ではいっていくのが，実践ベース・アプローチである。中には，連携協力しながらという場合もあるが，けっして，現場の実践者が行っているものを研究対象として観察し，分析するだけというわけではない。学校教育と地域教育という 2 つの大きなフィールドにはいっていく例をここでは示そう。

(1) 学校にはいる
保健室の学習版としての学習相談室

　認知カウンセリングを東京大学の学習相談室で行い始めた1990年代半ばから，学校の中で学習相談をやってもらえないかという依頼が来るようになった。筆者も当時の学生たちも，そうした要請に応じて，学校に行くようになった。児童生徒は悩みがあるとよく保健室に相談に行くという。しかし，教科の内容や学習方法まで相談にのってくれるわけではない。当時スクールカウンセラーの派遣事業も盛んになりつつあったが，教科学習の相談にはのってくれない。かといって，学校の先生方も放課後は業務を抱えており，なかなか個別指導に時間を割けないのが現状である。

　学校でケースを担当して，それを認知カウンセリング研究会で報告し議論するということは1990年代後半にはときおりあったが，学校で認知カウンセリングをすることの難しさもかなり感じるようになった。たとえば，学校側からは，希望する子どもに対してできるだけ公平に見るように要望されることがある。すると，長時間かつ長期にわたって一人の子どもの学習観や学習方略の変容を促すような認知カウンセリングはしにくくなり，「定期テスト前に希望者が増えて，一生徒あたり20分ずつ問題の解き方を教える」ということにもなってしまう。また，学習者本人の意志というよりは，「担任の先生に行くように言われたので」というような場合もあり，相談員の方もそれを断り切れず，双方にとって消極的な関わり方になることもある。こうなると，およそ，「実践を通しての研究」とはならない。学校での学習相談の展開のしかたについては，十分な工夫ができないまま下火になり，代わって，最近は，地域の教育センターでの活動として実施されるようになっている（コラム1-3参照）。

出張授業での実践

　家庭学習を含めた学習のしかたについては，筆者が高校生向けの書物（市川，2000）を刊行したこともあり，しだいに講義の依頼が増え，大学院生たちともいっしょに，「学習法講座」という形で出張授業（出前授業）をするようになった。これにはさまざまな形態があるが，こちらから認知心理学のデモ実験などをまじえて，反復練習だけでなく意味理解や失敗活用を重視した学習方法を教科横断的に紹介することが多い。こうした内容は，教科の専門性の強い中学

校や高校の教員には，かえって実施しにくいという．また，しだいに，英単語，文章理解，計算の工夫，数学の用語理解，文章題解決のように，各教科の内容に即した具体的な学習方法について，体験を交えた授業をすることも多くなっていった．これらのように，学校での出張授業を実践として行った研究は，本書の第6, 13, 14章で紹介する．

心理学からの授業提案

　学校で行われている日常的な教科の授業について，教育心理学の視点から実践提案をし，授業改善の取り組みをするようになったのは，筆者が「教えて考えさせる授業（以下，OKJと略記）」（市川，2004, 2008）を提案してからである．授業設計論としてのOKJについては，本書第7章で学校での長期的実践のようすとともに紹介するのでそこに譲ることとする．最初のうちは，筆者が個別に学校を訪問して授業検討会に参加するくらいだったが，そのうちに，授業づくり段階での検討や，算数・数学を中心にTT（チーム・ティーチング）でデモ授業をすることが増えていった．この10年間は，年間20〜30校，回数にして40〜50回くらいは校内研修や公開研究発表会に行くようになっている．

　OKJは，教育委員会が地域でとりあげる例もいくつかあるが，岡山県で福武教育文化振興財団の研究助成のもと合計10年間にわたって38の小・中学校で展開されたことは，大きなはずみとなった．助成事業開始のころは大学院生であった植阪友理氏も，ここで多くの学校と関わり，授業づくりの経験を積んでいる．最近は，研究室の卒業生や大学院生メンバーが，筆者からある程度独立して，OKJやそれに関連した授業研究に関わる事例も増えている．学校というのは，大学で行う学習ゼミナールのように内部で意思統一が必ずしもとれているわけではなく，さまざまな考えをもつメンバーのいる組織だけに，管理職，研究主任，各教諭たちと意志疎通しながら連携していくのは，多くの困難がある．しかし，それだけに若いころからこうした場にはいって，教育実践と心理学研究を結びつけていこうとする経験は，大きな意味をもつものであろう．

(2) 地域にはいる

地域における認知カウンセリング活動

　認知カウンセリングのその後であるが，前述したように学校での展開が下火になってしまった一方で，研究室としては2001年から「夏休み学習ゼミナール」が大きなイベントとして実施されるようになった。東京大学での認知カウンセリングのゼミや，「認知カウンセリング研究会」は現在に至るまでずっと継続されているものの，研究室として広く募集して学習相談をすることは，学習ゼミナール開始以降は行っていない。学生としても，大量のデータをとって修士論文や博士論文に利用できる学習ゼミナールのほうに力を入れるようになった。

　しかし最近になって，文京区教育センターから声がかかり，東京大学と文京区の連携事業の一環として，センターで認知カウンセリングによる学習支援が実施されることになった。この運営の中心となっているのは，本研究室で助教を務めている植阪友理氏であるが，東京大学の学部学生や大学院生だけでなく，他大学の教員志望の学生や教育心理学の大学院生などにも声をかけ，相談員の研修を行いながら展開している（コラム1-3）。

地域教育の組織化とプログラム提供

　社会における教育実践の場というのは，学校教育のほかにも，塾や習い事などの民間教育，自治体や市民団体などが行う地域教育，大学が行う高等教育，社内で行う企業内教育など，枚挙にいとまがない。それらは皆，教育心理学者が実践を行うベースとしての可能性をもつものである。筆者自身は，認知カウンセリングや学習ゼミナールで教科教育の素材を扱い，学校にはいるときも教科教育に関連した内容がほとんどだった。しかし，学校教育というのは，いろいろな意味で制約があり，また学校という場所も最初はガードが堅く，実践上の実績のない若い教育心理学者や大学院生がはいりずらいことも確かである。

　そういう意味で，内容的にも自由度が高く，実践に関わりやすい場として，地域教育をあげたい。地域教育には，学習指導要領もなく，教員免許もいらない。また人手が足りずに，ボランティア等の協力を求めているところも多い。地域には，都市部でなくても，地域の市民団体や，教育センター，文化施設，一般企業，大学などが実施している教育プログラムがけっこうある。筆者は，

> **コラム 1-3　文京区教育センターにおける学習支援活動**　（植阪友理）
>
> 　2015年から，文京区教育センターでは，センターと東京大学大学院市川研究室の協定事業として認知カウンセリングを公式に展開している。つまり，区内に在住在学の児童生徒であれば，「～が分からなくて困っている」ということについて無償で相談できる事業が始まったことになる。従来の教育センターにおける「教育相談」とは，名前だけから見ると学習についての相談が受けられそうにも思う。しかし，発達的な相談やいじめなどをはじめとする対人関係の悩みなどが中心で，教科学習のつまずきに直接向き合うことはほとんどなかった。教育センターの活動として極めてユニークなものといえる。
>
> 　とくに，認知カウンセリングでは，内容的な指導とともに，学習方法の支援を重視する。児童生徒を匿名にした上で，どのような指導を行ったのかを実践報告書にまとめている。たとえば，「教科書・ノート活用方略の獲得を目指した指導」（福田麻莉），「分からない点の自覚化とその解消を促す指導」（太田絵梨子），「自発的な予習の獲得による学習サイクルの改善」（植阪友理）などがあり，学習方法について指導し，自立支援を促しているようすがわかるだろう。学び方については，次期学習指導要領にも記載されているように，学校教育でも保証していくべき重要な力となっているが，学校教育だけで十分に指導するのは難しい。そうした点について，どのような家庭環境の子どもであっても利用可能な地域のリソースとして大学が機能している事例といえよう。

　内閣府の「人間力戦略研究会」（2002～2003）の主査を務めていたころ，児童生徒がこうした地域教育プログラムに参加して，社会人と学ぶことを促すしくみ「授業外学習ポイント制度」を提案した。当時は，いわゆる学力低下論争がほぼ収束して，教科学力の復活と同時に，社会に出てからの役割や責任を果たすための「人間力」をどう育てるかということも話題になっていた。

　「人間力戦略研究会」の報告書が出てまもなく，「授業外学習ポイント制度」の具現化として，地域教育プログラムにスタンプラリーのように参加するしくみ「学びのポイントラリー」ができた（市川，2004）。これは，筆者の知人で賛同してくれた市民ボランティアたちが中心となって「地域の学び推進機構」という組織をつくり，登録されたプログラムの広報やポイントカードの配布，一

定数のポイントをためた子どもへの認定証発行などを行って参加を促すというものである。プログラムの種類としては，「教科学習の補充発展」もあるが，「市民生活」「文化生活」「職業生活」という社会における生活に結びつくようなものが多い。それまで，プログラム実施団体が苦労するのは，子どもの参加を募ることと，実施場所や指導人材の確保だったのだが，参加募集のほうは機構が支援していく。大学の研究者や学生がプログラムを提供するのであれば，実施場所として大学キャンパスが使えるのであまり困らないだろう。

「学びのポイントラリー」は，実施地域や登録団体の入れ替わりはあるものの，約10年間続いている。実施している地域は，東京，大阪，奈良，岡山などの市区町村に広がっており，筆者自身も，学校教育とはかなり背景の異なる市民団体や教育ボランティアとの交流が増えた。機構の運営だけでなく，自らプログラムを企画・実施することがある。かつての「遊びと学びゼミナール」もこのしくみがあれば登録したであろうが，このように自由な発想で実践をすることができるのも，地域教育ならではの魅力である。子どもと関わり，自分たちのアイデアを生かした実践をしてみたいという教育心理学者・学徒には，ぜひ地域教育を選択肢の一つとして考えてみてほしい。そこでの経験は，学校教育に関わるときにも，必ず生かすことができるはずである。

1-4 心理学と教育実践の関わり方

本章の最後に，心理学と教育実践の関わり方についてまとめておこう。図1-1には，3つのモデルが示されている。「片道モデル」というのは，「優れた教育実践を研究対象として心理学的に分析する」とか，「心理学の知見を参考にして教育実践をする」というように，一方向的な利用・活用である。「往復モデル」では，「ある教育実践を心理学者が分析して，実践を改善する」とか，「心理学理論を実践の場で検討して，その結果から理論を再構成する」というように，フィードバックによって修正や改善を行っていく。これらのモデルでは，基本的に教育実践と心理学は分業体制をとることが想定されている。

「連結モデル」では，「心理学者が直接的に教育実践を行う」，あるいは逆に「教育実践者が心理学の理論的な背景に基づいて実践を行う」ということによ

って，新たな心理学的知見や教育実践を生み出していこうというモデルである。これは，個人で行うこともあれば，チームで行うこともあるが，大事なことは分業体制にしないということである。これがまさに実践ベース・アプローチということになる。本章では，心理学者がどうやってその実践フィールドをもつことができるかについていくつかの例を示してきた。

これら3つのモデルは，どれが望ましいとか優れているというものではない。どのようなモデルに立つにせよ，教育心理学の実践性が問われてきたこの半世紀，心理学と教育実践が相互に関わりあい，触発しあいながら発展しつつあるという事実と実績が必要である。さらに，今後の展開に期待したい。

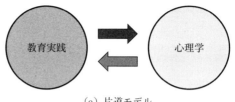
(a) 片道モデル

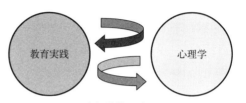
(b) 往道モデル

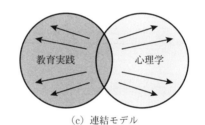
(c) 連結モデル

図1-1　心理学と教育実践の関わり方のモデル

引用文献

市川伸一（1989）．認知カウンセリングの構想と展開　心理学評論

市川伸一（1990）．学習相談に見る子どもたちの学習　UP（東京大学出版会），49(4), 25-31.

市川伸一（1991）．実践的認知研究としての認知カウンセリング　箱田裕司（編）認知科学のフロンティア　新曜社

市川伸一（編）（1993）．学習を支える認知カウンセリング　ブレーン出版

市川伸一（編）（1998）．認知カウンセリングから見た学習の相談と指導　ブレーン出版

市川伸一（2000）．勉強法が変わる本――心理学からのアドバイス　岩波書店
市川伸一（2004）．学ぶ意欲とスキルを育てる――いま求められる学力向上策　小学館

第2章　実践ベースの研究の発表の場

市川伸一

2-1　学会誌に実践研究を載せることの難しさ

(1) 実践研究が学会誌に認められない時代

　第1章では,「実践ベース・アプローチ」をとりつつ研究をすすめていくためには, どのように自分のフィールドをもったらよいのか, という実例をいくつか示してきた。しかし, フィールドでの実践を通して, 何らかの研究をしたとしても, それらは学術論文になるのだろうか。もし, 学会では認めてもらえないのであれば, 学会が実践的なものにはおよそならず, 研究者個人としても学術業績にならないため, 研究意欲は大きく減退してしまうだろう。筆者がかつて教育心理学の先達からも, 若い大学院生からもしばしば言われたのは,「実践などしても, 研究にならない」ということであった。ここでいう「研究」とは, 具体的には「学術雑誌に掲載されるような論文」ということであり, 内容的には,「実験や調査などの伝統的な手法を用いたもの」ということである。

　筆者が認知カウンセリングを始めたころも, それは大きな危惧であった。というより, 教育心理学の学術雑誌に認知カウンセリングのケース論文が掲載されるということは, ほとんど期待できなかった。そこで, とりあえずは実践としての研鑽を積みながら, 機会があれば書籍として出版し, いずれ学術雑誌論文になる道が開ければよいと考えた。幸いにも, 心理系の出版社である「ブレーン出版」が実践事例を含めた本を1993年, 1998年に相次いで刊行してくれたために, 認知カウンセリングは, 学校教育関係者, 教育心理学関連の研究者・学生にもある程度知られるようになった (第1章引用文献リスト参照)。

＊本章は, 文献リストにある市川 (1999) に基づいている。

しかし，日本教育心理学会の学術誌『教育心理学研究』に投稿して掲載される道のりは遠かった。実のところ，認知カウンセリングのケース論文を投稿した研究会メンバーもいたが，ある査読者からは，「1ケースでは一般化できないから，同様のケースを蓄積するように」と言われ，他の査読者からは，「ケース研究なのだから，もっとこのケースを掘り下げて詳しく分析するように」と相反するコメントが来て，とても対応できずに修正を断念したという経緯がある。その後まもなく，筆者が学会の編集委員に任命されたときに，そうした実践研究をめぐる査読のあり方を再検討すべきことを訴えたが，大きな声にはならなかった。主たる意見は，「今でも，実践研究を排除しているわけではない。質の高いものが投稿されれば載せる用意はある」ということである。しかし，実際に，実践研究といえるようなものが載ることは，数年に1本あるかないかであった。

(2)「実践研究」というジャンルの成立

学会での趨勢が変わってきたのは，「学校心理士」という資格を日本教育心理学会が出すことになった1990年代後半からである。のちに学校心理士は学会連合資格となり，さらに学会から独立した組織が認定するようになったが，当初は，教育心理学会が認定主体であり，しかも，学会員であることが資格取得要件であった。そのため，現職の学校教員が多く入会し，学会は実践色を強くすることが求められるようになった。つまり，学校教員が読んで実践に生かせるような論文が掲載されることや，学校教員からも投稿ができるような学術雑誌になることが望まれたわけである。

そこで，教育心理学会では，2度にわたってワーキンググループを立ち上げ，「実践研究」というジャンルを作って，一般の原著論文とは異なる基準で評価することを検討した。賛否両論はあったものの，筆者は当時常任理事という立場でワーキンググループにはいり，審議に加わってきた。新しいジャンルを設けることで，学会として実践研究を積極的に受け入れる態度を示せることと，査読者たちにも従来の一般論文とは異なる評価の視点をもつよう促すことができるという趣旨の発言をしてきた。結果的に，学会は『教育心理学研究』の原著論文の中に，「実践研究」というサブカテゴリーをつくるということになり，

1999年に会員向けに広報された。

では,「実践研究」というものを,学会ではどう定義づけたのだろうか。ワーキンググループの答申を踏まえて,編集委員会では次のように規定している。

原著論文の内,実践研究は,教育方法,学習・発達相談,心理臨床等の教育の現実場面における実践を対象として,教育実践の改善を直接に目指した具体的な提言を行う教育心理学的研究を指す。この場合,小・中・高校の学校教育のみでなく,幼児教育,高等教育,社会教育等の教育実践を広く含めるものとする。

この定義にしても,解釈の多様性は残るが,ひとまず,学会として実践研究の投稿を受け付ける素地はできたことになる。

2-2 実践研究はどう評価されるか──「査読実験」に見る判断の個人差

実践研究とは何かをめぐっては,当時活発な議論があったが,定義論だけではなかなか概念が明確になるものではない。そこで,議論と並行して,筆者は学会誌の編集委員にあたるような研究者たちが,具体的にどのような論文を実践研究論文としてふさわしいと考えているのか,そこにはどのような個人差があるのかを調べるための一つの実験をしてみることにした。ここでは,それを「査読実験」と名付けることにする。すなわち,教育実践に関わる論文ですでに刊行されているものを素材にして,『教育心理学研究』の編集委員の有志20名に評価してもらい,その評価得点を分析してみたのである。これは,学会の常任理事会の承認を得て各委員に協力を求め,その結果は,『教育心理学年報』に掲載された（市川,1999）。以下はその査読実験の概要である。

(1) どのような手続きで行われたか

対象論文として,『教育心理学研究』(日本教育心理学会),『発達心理学研究』(日本発達心理学会),『心理臨床学研究』(日本心理臨床学会),『日本教育工学雑誌』(日本教育工学会),『教育情報研究』(日本教育情報学会),『日本数

学教育学会誌』(日本数学教育学会),および,その他の雑誌や紀要等から,教育実践に関わると思われる論文を17編選定した。選定者は,学習,発達,心理臨床をそれぞれ専門とする3人の研究者で,うち1人は筆者(市川:学習領域)である。これらを素材として利用することは,各著者(共著の場合は第1著者)から了承を得た。以下の記述では,論文1～17と名付ける。それぞれのタイトル,掲載雑誌等の詳しい情報は市川(1999)を参照してほしい。

　1998年2月初旬に,17論文を収録した小冊子を評定者宛てに配布した(著者名,掲載雑誌名,謝辞等は削除してある)。それぞれの論文につき,

・「教育心理学研究」の「実践研究」としての適切性
・「教育心理学研究」の一般原著論文としての適切性

を次のように5段階評定することを求めた。

　5:極めて適切(ぜひ掲載すべきである)
　4:まあまあ適切(掲載してさしつかえない)
　3:どちらともいえない(掲載すべきかどうか迷う)
　2:やや不適切(どちらかといえば掲載したくない)
　1:極めて不適切(本誌の論文にはそぐわない)

さらに,そのように判断した理由を記すよう求めた。なお最後に,

　①「実践研究」はどのような基準で判断したか
　②一般の原著はどのような基準で判断したか
　③「実践研究」をどのように規定したらよいと思うか
　④その他,このたびの調査についての意見,要望等

という4つの質問への回答を求めた。

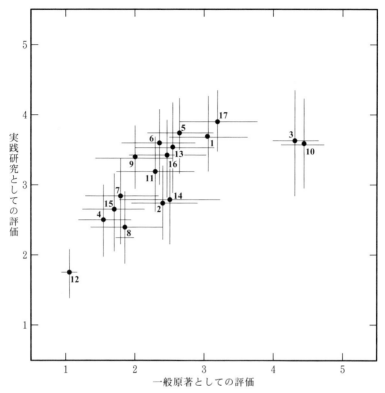

図2-1 各論文に対する2種の平均評定値のプロット

(2) 平均的な実践評定値と原著評定値

論文ごとに,実践研究としての評定値(以下,実践評定値)と,一般原著論文としての評定値(以下,原著評定値)の20人分平均値を求めてプロットしてみると,図2-1のようになる。ここでは,標準偏差×0.5の値を,平均値からのバーの長さとして表示してある。全体として,2種の評定値は正の相関が極めて高いことがわかる。とはいえ,各論文に対する2種の平均評定値のプロット点3を基準にすると,4つの象限に分かれるのでそれぞれのタイプについて,どういう論文が属するのか見てみよう。(ただし,実践評定値が低く,原著評定値が高いという右下の象限に属するタイプの論文は今回存在しなかった。これは,論文の選定のしかたから来たものであろう。)

右上のタイプは，実践評定値も原著評定値も高いもので，論文 1, 3, 10, 17 が属する。論文 1 は小学校の授業における児童の認知過程の詳細な分析で，論文 17 は障害児に対する治療過程の記述と考察である。これらは，教育実践場面でのリアルな姿をとらえているものとして，実践評定値が高い。論文 10 は教師の教育観が，児童の自己有能感や学校適応感にどのような影響を与えるか，また，実際の授業場面ではどのようなやりとりが行われているのかを詳細に分析したものである。論文 3 は，中堅の教師が行っている授業のビデオを素材にして，熟練教師と初任教師がそれをどのように見てコメントするかをテープにとり，両者の観点や推論の違いを明らかにしたものである。これら 2 つの論文は洗練された緻密な分析方法をとっているために，一般の原著論文として高い評価を得ていると考えられるが，評定者によっては，著者自らの実践ではないとして実践評定値を低くする場合も見られた。

左上のタイプは，一般原著としての評価は低いが，実践研究としては高く評価されたもので，新たに「実践研究」というジャンルを設ければ「教育心理学研究」に掲載しうる可能性のある論文群といえよう。ここには，論文 5, 6, 9, 11, 13, 16 の 6 論文が属する。論文 5 は学習者の思考過程の分析，論文 6 は教師教育の技法の開発，論文 9, 13, 16 は新しい教育方法の提案・実施・評価，論文 11 は心理カウンセリング事例をもとにした考察と，場面や領域はさまざまである。しかし共通することは，研究者が面接・指導なり授業開発なりに直接関わっており，文字どおり「実践的に」研究しているものといえる。ただし，これらの研究も一部の評定者からは，「単なる実践報告にすぎない」として低く評価されることがあり，バラツキは大きい。実践において何らかの心理的データをとって考察している点や，心理学的な研究との関連づけは多かれ少なかれ見られるものの，評定者によってはより高い水準のものを期待するのであろう。

左下のタイプは，今回の調査では，「実践研究」としても，一般の原著論文としてもあまり適当でないと判断されたものである。評定者の記載した理由は個々の論文で異なるが，今後投稿しようとする著者にとっては参考となるだろう。たとえば，「領域としてそぐわない」，「具体的な実践についての研究というよりモデルの提案としての色彩が強い」，「開発報告が主体で実践場面での評

価データが十分でない」,「実践をとりあげてはいるが,心理学的なデータや理論に基づく分析があらい」などの指摘が見られる。今回の評価はあくまでも,『教育心理学研究』という学術誌の実践研究論文としての評価であり,学術的,もしくは,実践的な価値そのものではないが,どのような研究が本誌では受け入れられにくいか,また,どのような点に留意すれば受け入れられやすくなるかという点では参考になる結果である。

(3) 各評定者の特性――量的個人差と評定者間相関

20人の評定者をここでは,A～Tとしよう。各評定者がどのような特性をもっているかを把握するためには,評定の厳しさ,評定の分散の大きさ,実践評定値と原著評定値の相関などから見ることができる。評定者が17の論文に対して評定した実践評定値の平均値は,その評定者の「厳しさ・甘さ」を表している。これは,評定者Lの1.65から,評定者Fの4.19にまで及ぶ。ただし,こうした極端に厳しい,あるいは甘い評定者は,けっして多くはない。20人中17人が平均2.0以上4.0未満に収まっている。論文に対する評定のバラツキについては,標準偏差0.72の評定者Hから,1.48の評定者Iまでいるが,0.8から1.3の間に17人がはいっており,とりわけ大きな個人差はない。ただ,平均にしてもバラツキにしても,極端な評定者が2,3人はいることになる。なお,同様の分析は原著評定値についてもなされた。今回の論文の選定のしかたからすると当然かもしれないが,原著評定値は全体として低めであった。

次に,実践研究としての評価と,一般の原著論文としての評価がどれくらい独立しているものかを見るために,各評定者ごとに2種類の評定値の相関係数を求めてみた。その結果,0.6以上の相関係数になる評定者が12人とかなり多いことがわかった。これは,評価基準が実践研究と一般原著とであまり分化していないことを示すものといえよう。しかし一方では,非常に弱い正の相関,もしくは弱い負の相関となる評定者も3分の1ほどいた。こうした評定者は,それぞれどのような基準で判断しているかを,質問①～④への記述回答から見てみよう。

評定者L：日頃,教師は種々の工夫を凝らしながら実践活動を行っています。

その工夫の中にはごくありふれた工夫もありますが，他の教師にとって有益な工夫もあるはずです。そうした日頃の工夫が教育上望ましい効果をもたらすことが示されるなら，その実践活動を「実践研究」論文として掲載すべきではないかと考えます。もちろん，評定した論文の中にもありますように，著者自身が活動の場を設けて行った実践活動も，論文の対象になります。あくまでも著者自身の実践活動であることが基本です。教育現場に焦点を当てても，著者が実践活動を行っていない場合（観察研究）は，「実践研究」論文の対象外であると思います。

評定者T：実践研究とは——授業者・実践者・開発者の報告であること／実証性，客観性など実践の評価を含めていること／事例報告の場合は実践の重要性や事例から得られた知見の普遍性があること／教材開発の場合はその有効性評価を含むこと／臨床事例については教育面とのつながりがあること。一般の原著論文とは——授業者・実践者からやや距離を取り，客観的にまた厳密に教授・学習を評価測定していること／理論的背景の中で研究が位置づけられ，理論的貢献が見られること／サンプルのある程度の普遍性・一般性に配慮がなされていること。

このように，実践研究とは，実践者自らが行っている研究であることが強調されている。すると，いわゆる研究者が教育実践を子細に分析した研究は，いくら現実場面の実践を対象にしているといっても，実践研究に含まれないことになり，低く評定される。これが別の評価基準となって実践評定値と原著評定値の低い相関を生み出していると考えられる。

(4) 実践評定の背後にある評価軸——開発志向と分析志向

実践評定値における評定者間の相関は，どれくらいあるものだろうか。評定者間の相関を求めてみると，最も高いのは，評定者MとNの間の0.777で，最も低いのは，評定者PとQの間の−0.555である。全190の組合せ対のうち，負の相関は24対（約13％）を占めていた。ちなみに，原著評定値のほうは，−0.063の1対を除きすべての相関係数が正の値である。これと比較すると，

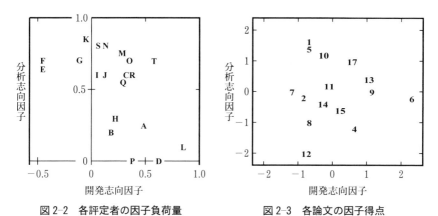

図2-2 各評定者の因子負荷量　　図2-3 各論文の因子得点

実践研究としての評価は評定者によってかなりまちまちであることがわかる。

全体としての様相を把握し，観点の個人差がどのようなことに基づくのかを探るために，それぞれの評定者を変数，各論文を個体とみなして因子分析を行った。（初期解は主成分解，バリマックス回転を行い，因子としての安定性と解釈可能性から2因子解を選択した。）回転後の因子負荷量は図2-2，各論文の因子得点は図2-3のようになった。ただし，論文3と16は，評定に欠損値があったため，因子分析にあたって削除したので，因子得点は算出されていない）。

これらの因子を解釈するには，それぞれの評定者がどのような観点で実践研究を評価したかという自由回答を参照するのが一つの方法である。しかし，ここでは，論文に対して算出された因子得点を参照して因子の意味を探るほうが明瞭である。第1因子の得点が高いのは，論文1，5，10，17等であり，いずれも学習者ないしは授業の過程を詳細に分析しているものであるため，この因子は「分析志向」の因子と命名する。一方，第2因子は，論文6，9，13の因子得点が高く，これらの論文は教育方法の提案・実施・評価という内容的な特徴をもっていることから，第2因子を「開発志向」と名付けることにする。それぞれの因子に負荷量の高い評定者は，そうした志向を強くもって評価をしていると見ることができる。

ここで特徴的なのは，開発志向の因子負荷量が負になる評定者（E，F）が

いることである．因子分析は各評定者ごとに標準化して行っているので，水準の差を度外視すれば，分析志向的な研究を高く評価し，開発志向的な論文を低く評価するという傾向があることになる．記述回答では，彼らは，次のように述べている．

　評定者E：新しいユニークな授業の提案もおもしろいとは思いましたが，「教育心理学」として考えるならば，方法の提案・紹介だけでなく，この方法を実施したときの生徒の心理的変化の様相について，多少とも言及がほしかったと思います（もともと掲載された雑誌がそういう性格のものではなかったのでしょうから，無理な注文だとは思うのですが）．

　評定者F：［実践研究は］ある教材やシステムを開発したとか，ある教授法や介入法を行ったということの記述ではなく，それを行った実践者やその実践に参加した研究対象者の心理過程に関する知見が提示されているということである．（中略）なんらかの心理過程モデルやデータが示されているかどうかということが一つの基準である．（中略）一般化，定式化を志向する印象が強いものがどちらかといえば原著向きであるのに対し，一般化よりはその実践が行われた文脈や固有性，その実践に参加したものの固有性を微細に記したものが実践研究向きと判断した．

　実は，今回の17論文ではいずれも，対象者に求めるアンケートや感想文，行動観察等も含めれば何らかの心理的なデータをとって，その心理過程に言及している．したがって，評定者Eが「多少とも言及がほしかった」と言うのは，少なくとも他の評定者との比較で見ればかなり水準の高いものを要求しているものと考えてよい．評定者Fのコメントでは，一つの実践に踏み込んで「心理過程のモデルやデータ」を示すことが強調されている．「分析志向」の因子負荷量が最も高く，「開発志向」の因子負荷量がほぼ0である評定者Kは，具体的に次のような評定とコメントをしている．

　評定者K：［論文3に対して］実践知に真正面からとりくんでいく問題意識

は鮮烈で，しかもモデルはシンプルで明快。授業という時間の流れに沿うことも，実践研究に欠かせぬ姿勢であろう。発話プロトコル法は新鮮で，これからも重要な分析法になっていくと思われる（評定値5）。［論文6に対して］視聴覚，教育指導の実践例としては，幅広く総合的な内容になっているだろうが，教育心理学は一線を画したい。プログラム作成重視よりは，対人交流の場で失敗成功例を含めた分析が求められる（評定値2）。［論文9に対して］実践活動の記述は臨場感あふれていて，その中で参加者たちが獲得し，変化していく姿はよく読み取れ具体的である。しかし，アンケートの粗述だけに終わっている感があり，もの足りない（評定値3）。［論文13に対して］教育実践報告としては貴重だし，現代的テーマを扱っている。分析のしかたも手際よいが表層的な印象。観察者の立場や視点がさらに加わってくるとおもしろい。失敗例の分析などが必要（評定値3）。

これらの観点は，開発志向因子への負荷量が高い評定者（D，L，T）とは対照的である。すでに，評定者LとTの意見を紹介したように，彼らは実践者が行った研究であることを重要な基準と考えている。教育実践を自ら行った場合の著者は，その実践の背後にある教育理念や，自らの実践の特色をまず強調するであろう。次に，他の実践者にも内容がわかるように計画や方法を記述することに紙数を費やす。そのあと，実践のようすや評価を書くとしても，詳細なデータをとって心理的分析や理論づけをすることは，関心からいっても，論文の紙数の制約からいっても手薄にならざるを得ない。もちろん，その両方を満たせる論文が理想的であろうが現実にはほとんど存在しない。そこで，あくまでも実践者としての開発的立場に立った研究を評価する評定者と，教育心理学的研究としての緻密な分析を重視する評定者とに分かれてくるものと考えられる。

2-3 動き出してからの「実践研究」と今後の課題

こうして，一方では，ワーキンググループや編集委員会を通じて，実践研究の定義づけが検討され，他方では，『教育心理学年報』に上記の査読実験の結

果が紹介された。査読にあたる委員たちにも，自らの論文評価基準を相対化して，「実践研究」というジャンルがこれまでなら掲載されなかったような論文を吸収できるようにすることが求められたといえる。もちろん，一般の原著論文にあたるか，実践研究論文にあたるかの明確な線引きができるものではないので，その選択は各著者に委ねることとなった。エスノグラフィ的な観察研究については，議論の余地はあるものの，分析がていねいになされていれば，一般原著論文でも採択されうるものである。重要なことは，図2-1の左上にあるような，これまでの基準だと落ちてしまうが実践的な価値はあるという論文を，新ジャンルによってすくい上げていくことという，全体的な合意は得られたように思う。

　実際に「実践研究」というジャンルが創設されて20年近くが経過し，『教育心理学研究』（年4号刊行）に毎号掲載される10編近くの論文のうち，2～3編は実践研究が載るようになった。本書でいえば，第Ⅱ部の第3～7章が，実践研究のジャンルで掲載された論文にあたる。いずれの論文も，おそらく，かつての原著論文の審査基準であれば，採択されるのは困難であったに違いない。全体としてみても，授業開発や発達臨床などの実践的な論文が幅広く掲載されるようになり，学校教員の投稿も増えた。また，「日本教育工学会」や「日本教育実践学会」にも，実践研究論文というカテゴリーができ，論文としての発表の場は大きく広がったといえるだろう。

　しかし，まだ多くの問題も残されている。私たちが投稿したときの査読コメントを見る限り，査読実験で見られたような，査読者の判断の偏りは必ずしも解消されているわけではない。それは，「どのような査読者にあたるかによって，採択されるかどうかが大きく変わってくる」ということにほかならない。『教育心理学研究』では，1論文に3人の査読者がつき，最終的には編集委員会での合議で採否が決まるのであるが，それでも，査読者の評価が大きく分かれたり，特定の査読者の意見に影響されるということは起こりうる。これは，一般原著論文の場合よりも，実践研究論文では起こりやすいことである。査読者には，自らの観点を相対化して，厳格さと寛大さのバランスをとることをぜひ求めたい。

　しかし，それは急にできることではないので，論文投稿者としては，つぎの

ような姿勢が必要と思われる。

① 研究らしいオリジナリティを示すこと
　その実践が，教育実践の文脈の中で，あるいは，学術的に見てどのような新しさがあるのかを自ら書くことである。ここで，従来の実践や研究との関連付けが必要になってくる。学校教員の「教育論文」には，そうした論考がないことが多いが，これは大きなマイナスになる。筆者は個人的には，先行研究や実践について網羅的に調べてから論文化することを求めるのは，教員文化の習慣的にも，現実的にもかなり無理があると思っているが，学術雑誌ではできる限りそれをしないと，「単なる実践報告」と評価されてしまうことが多い。
② 具体的データをもとに，実証的・批判的に省察すること
　データというのは，数値的なものとは限らず，発話記録，ノートの記述，アンケートの自由記述のようなものも含まれる。重要なのは，実践者の主観的印象だけを述べるのではないということである。また，よかった点ばかりを強調するのは，逆に検討が不十分と見なされやすい。すぐれた実践でも，問題点，改善点，残された課題などはあるはずで，そうした点まで深く批判的に省察し，実践者自身にどのような新たな気づきがあったのかを書くほうがよい。それは，読み手にとっても，重要な情報となるだろう。

　実践研究が学術論文として認められるようになったという機会を活用し，ぜひ多くの実践が学術誌に投稿されるようになってほしいものである。ただ，それは，「ひとりよがり」の論文を書けばよいということではない。上にあげたような2点をクリアするためには，研究会などでの発表や討論を通じて，さまざまな視点から実践を検討しておくことが有効である。査読者から批判されるような点は，身近な研究グループ内でも出てくることがよくある。忌憚のない意見を言い合える実践研究の仲間をもつことは，そうした意味で非常に重要である。

引用文献

市川伸一(1999).「実践研究」とはどのような研究をさすのか──論文例に対する教心研編集委員の評価の分析　教育心理学年報, 38, 180-187.

第 II 部　自らの教育実践を研究にする

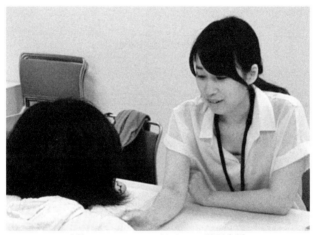

認知カウンセリングとしての学習支援

第3章 学習者の言語的説明を重視した認知カウンセリング

市川伸一

3-1 問題の所在——言語化することの難しさ

　認知カウンセリングにおける学習指導の特徴の一つは，一対一の状況であることを生かして，学習者に自分の概念や思考過程を語ってもらい，それを診断の糸口とするところにある。これは，発話思考をもとにプロトコル分析を行うという認知心理学の手法と，カウンセリングにおける傾聴を重視する姿勢の共通項にあたるところである。それはまた，通常の個別学習指導が，ややもすると個に応じたていねいな解説をすることに終始してしまいがちなのと対比される点でもある。つまり，認知カウンセリングでは，指導者側からのインプットを工夫するだけでなく，学習者のアウトプットを促す工夫を積極的に入れるようにしている。

　ところが，相談に来る生徒に，「○○（たとえば，逆数，元素，不定詞など）とは，どのようなものだと思っているか，説明してくれる？」というように概念を語るように求めても，その答え方そのものがわからないという場合が少なくない。つまり，言語的説明を通じて素朴概念を診断しようにも，自分の知識状態を言葉で説明すること自体に慣れていないということである。これは，社会科や理科の学習において，何をどう理解しているのかが不明瞭なままになったり，数学の問題解決で定義にたちかえって思考をすすめられないということの大きな原因にもなっていると思われる。以下に，認知カウンセリングの中から，いくつかのケースを紹介する。

　中1のA子は，主に社会科におもしろさを感じられないということで相談

＊本章は，文献リストにある市川（2000）をもとに執筆したものである。

に来た。母親によると、要点をつかむことが全体的にうまくないということであった。実際，学習した内容の概要を説明することが得意ではなかった。数学の指導の中で，教科書のごくはじめに習っている事項の説明を求めてみた。たとえば，逆数については，「分子と分母をひっくり返す」という手続きは覚えているが，「2つの数をかけると1になるとき，互いに逆数という」という定義は言えなかった。結合法則については，内容はもとより，「結合」という語の辞書的意味を知らなかった。こうした様子から，用語の定義や由来については，ほとんど注意が払われていないことがうかがわれた。

　中2のB子は，図形の証明がうまくできず，定義と定理がどう違うのかがわからないという。彼女は，「二等辺三角形とは2辺が等しい三角形のことである」という定義を，「二等辺三角形の2辺は等しい」という事実に言い換えて覚えていた。すると，これは，「二等辺三角形の底角は等しい」という定理と形の上で区別がつかなくなる。彼女に対しては，「定義とは言葉の意味を定めた約束であるから証明はいらないこと」，「定理は，定義やそれまでにわかっていることを使って，必ずそうなることが論理的に示された性質で，証明が必要なこと」を例をあげながら指導したところ，1回のセッションの中でかなり理解でき，簡単な問題ならば，仮定，結論，証明という構造を踏まえた論証が書けるようになった。それだけに，「定義」という言葉が中2の数学の図形の証明の単元まで教えられずに来て，多くの生徒に突然混乱を招いている教育課程に，あらためて疑問を感じさせられた。

　C子は，図形の証明の解決過程を調査するときに志願してくれた中学2年生で，成績は全般的にかなりよいほうであった。いくつかの図形の定義もきちんと言うことができ，基礎的な証明問題もよく解ける。しかしながら，図形の証明以外の単元で，習った概念の定義を言葉で述べることができるというわけではなかった。たとえば，関数の定義については，「習っていないはずだ」と強く言うので，彼女の中1の教科書を開いたところ，そこにかなり目立つように記述してあるのを見て，自分でも驚いていた。図形の証明問題では，確かに，定義を利用したり，定義に帰着させたりすることが多いので，定義の必要性が明白だが，他の領域や教科でも，用語の意味を不明確にしていると，問題文の意味を誤解したり，教師の説明や教科書の記述が正しく理解できないというこ

とが生じうる。これは，学力の比較的高い生徒にも起こっている問題であることが示唆された。

3-2 言語的説明の認知心理学的背景

(1) 定義と具体例からの概念獲得

　意味を理解しているとか，言語的に説明できるということは，単に定義を形式的に言えればよいということではない。ただし，概念（学校の学習でいえば，用語の意味）に関する限り，少なくとも，定義（definition）と具体例（または事例 example）というものが理解の基礎にあることは確かであろう。定義とは，狭義には「内包的定義」であり，その概念に含まれる事例の共通属性を「意味」として述べるものである。一方，「外延的定義」は，その概念に属する事例を列挙するやり方である。たとえば，「教科」の内包的定義は，「学校で子どもたちに教える知識・技能を内容的に区分したまとまり」であり，外延的定義は，「国語，社会，数学，理科，体育，音楽，……など」ということになる。

　認知心理学では，その初期にブルーナー（Bruner et al., 1956）により，事例からカテゴリー概念の必要十分属性（内包的定義にあたる）を帰納する過程の実験的研究が行われている。これは，一種の人工概念であるが，のちに，ロッシュ（Rosch, 1978）によって，日常生活上の自然概念は，典型事例との共通属性の多さによる典型性（typicality）をもち，その境界はあいまいであることが指摘されている。ただし，人工概念にしろ，自然概念にしろ，概念獲得において事例の役割が重要なことは明らかである。私たちは，事例のもついくつかの特徴に着目して，その特徴をもとに「～のようなもの」というイメージとして概念を形成していく。その一方，個人が接する事例には限りがあるため，社会的な一致をみるために定義（言語による内包的定義）が不可欠になってくる。

　たとえば，数学であれば，学術社会での合意を経た定義（一種の人工概念）を提示すればある概念に属するものかどうかが判断できることになる。ところが，学習者のほうは，事例から一般化して概念を形成するという学習メカニズムがもともとあるため，抽象的な言語で述べられた定義だけではイメージがわかない。そこで，定義と事例の双方を参照しながら学習することが有効でもあ

り必要でもある。実際，数学に限らず，教科書や事典などでは定義と具体例をあげることによって，わかりやすい説明をめざしたものが多い。

　こうした概念獲得の認知過程について，教師や，学習がうまくすすめられている生徒は暗黙的に了解しているものと思われる。しかし，「わかっているのか，いないのか。自分でもよくわからない」という学習者は，定義にも具体例にも注意を払っていないことがうかがわれる。A子やB子が典型的な例であるが，学習相談に来る子どもたちの様子を見ると，教科書の叙述を読むことが励行されておらず，問題演習の数をこなすことだけに向かいがちである。定義と具体例に注意を向かわせ，言語的な説明を求めることは，教科書を読んだり，授業を受けたりする際の視点を与え，要点を押さえた学習をすることを促すだろう。

(2) イメージ論争からの示唆

　図式や手続きに対する言語的説明については，1970年代に行われた「イメージ論争」についても触れておく必要があろう。この論争は，ピリシン（Pylyshiyn, 1973）が，「視覚的イメージをもつということは，写真やビデオ映像のような未解釈の画像を保持していることではない」と主張したことから起こった。人間は，像の構造や意味を抽出し，それを保持しているのであり，それらは言語を通じて得られた知識と同様，抽象的な命題（proposition）によって表現されるものであるという。ここで，命題というのは，「言い回し」を含めた自然言語（日本語，英語など）の文そのものではなく，一定のルールに沿って，意味内容を記述したものである。自然言語の「～は…だ」という形式が使われることもあるが，コンピュータのプログラミング言語やデータなどでもよく，表している意味内容が同じであれば等価なものである（Anderson, 1980；宮崎, 1980）。

　この主張は，イメージを独自の知識形態とする当時の研究者には理解されにくく，一般的にも，知覚像や記憶イメージがすでに高次の解釈を含んでいることは自覚しにくいのではないだろうか（図3-1）。たとえば，図を使って教師が説明をするとき，教師側はその図をどう見るかという解釈を自明のものとしてもっているが，学習者側も同じ解釈を伴って理解し記憶しているとは限らない。

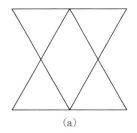 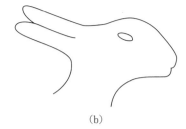

(a) (b)

図3-1 像が同じでも見方によって異なる構造や意味をもつ図形
(a) 4つの小さな三角形，上向きと下向きの2つの三角形，2つの平行四辺形などいろいろな見方ができる。(b) ウサギにもアヒルにも見える多義図形。

解釈（すなわち命題）が共有されているかどうかは，学習者側がその図をどのように見ているかを説明させてみることによって明らかになる。

　ここで画像を言語的に記述することの意義は，明示的な命題を作るのを促すことにほかならない。たとえば，「$y=ax$ はどのようなグラフか」に対して，座標平面に右上がりの直線を1本書いただけでは，学習者がどのような意味理解をしているのかはわからない。「直線はいつも右上がりなのか」「a の値は，グラフのどこに表れているのか」「グラフと x 軸，y 軸との交点は何を表しているのか」，……　などを説明できれば，理解内容が確認されることになる。理解が深まるとは，同じ図に対してさまざまな解釈（命題）が生成されることであり，それは，数式や，解法手続きなどに対してもあてはまることである。

3-3 学習指導場面の実際

　ここでは，D子という中学3年生に対する認知カウンセリングのケースを例に，どのような学習上の問題があったのか，言語的説明を促す指導をどのように行ったのかを具体的に紹介する。とくにD子をとりあげた理由は，言語的なコミュニケーション力をある程度備えているが数学に自信がないという，中学生の女子生徒によく見られる例であり，こうした方針の学習指導を受け入れやすいと思われたためである。

(1) 学習指導の経緯と方針

D子は，数学や理科の成績が思わしくないということで，筆者らが大学で行っている夏休みの学習相談（本書第1章参照）に来談した。通常の学習では，それなりに時間をかけてまじめにやっているのだが，あまりわかっている気がしないのが悩みだという。数学については，最近の定期テストの関数の問題，理科では業者テストで出題された力学の問題が非常に悪かったという。一方，国語，英語，社会などの成績は比較的よいほうである。

テストでどのような問題を間違えたのか，今ならできるかどうかを検討することから始めた。その過程で，普段の勉強のしかたや，基本事項の理解を確認していったところ，教科書やノートに書いてある用語の意味が極めてあいまいであることがわかってきた。しかし，会話の様子からは，基礎的な表現力がしっかりしているように見受けられたため，言語的な説明を求めるような指導をしていくことにした。また，本人にも，概念，意味，手続きなどを言葉で表現することが，自分の理解度を把握するためにも，コミュニケーション能力を伸ばすためにも重要であることを伝え，こうした方針で行うことの了解を得た。

(2) 場面1：「反比例」の説明における定義と具体例

それまでの指導で，1年生で習った比例・反比例のところがあやふやだったため，教科書のその部分を使って，定義と具体例をあげることの大切さを強調した。認知カウンセリングとしては，相当に指示的・教示的にはたらきかけている部分ではあるが，学習者が意識していなかった学習方略に注意を向けてほしいために，あえて強く促している。

Co：自分がある概念をわかっているかどうか，チェックするための大切な条件というのがあるんだ。それは，「定義が言葉で言える」ということと，「具体例が言える」っていうこと。教科書で，反比例のところを見てごらん，定義は，反比例がどういうことかを一般的に表したもの，そのあとに反比例の具体例があるでしょ。これは，ノートに書いておこうか。

Cl：（ノートに書く。）

反比例の例
　・面積が一定の長方形の2辺の長さを，それぞれx，yとしたとき，yはxに反比例する。
　・ある歯車とかみあって動いている歯車の歯数をx，1分あたりの回転数をyとすると，yはxに反比例する。

Co：じゃあ，教科書のこの例を自分で表現してみると，どうなるだろう。書いてみようか。
Cl：（ノートに書く。）
　ある水そうに，1分間に入れる水の量をx，水そうに水がいっぱいはいるのにかかる時間をyとすると，yはxに反比例する。
Co：これは，完璧にできてるね。出された問題を解くっていうだけが勉強じゃないよ。数学でも，習ったことが説明できるかどうかをいつも自分で試してみるといいよね。説明するときに，定義と具体例が言えるかどうかがポイントだよ。うまく言えなかったら，いつでも教科書に戻ればいいんだから。

(3) 場面2：「関数」の定義と表現方法

やや抽象的で難しい例になるが，1次関数を復習するにあたって，「関数」の定義に立ち返った。

Co：1年生の1次関数のところに戻ろうか。ここが最初の目標だったんだしね。ところで，しつこいようだけどもう一度。（ノートに書きながら）「関数とは？」
Cl：（すぐには書けなかったので，教科書を見ながら，書いた。）
　変数xの値を決めると，それにつれて変数yの値も決まるとき，yはxの関数であるという。
Co：具体例も書いておこうか。自分で何か思いつくものをあげてみようよ。
Cl：（ノートに）
　水そうに入れる水の量と，水そうがいっぱいになるまでの時間。
Co：うん，いいんだけど，もうちょっと厳密にしようか。（ノートにも書き

ながら)「水そうに入れる1分あたりの水の量 x と，水そうがいっぱいになるまでの時間 y」とかね。「1分あたり」って入れたほうが正確だよね。

　このあと，関数関係を表す方法として，数式，数表，グラフをあげて，それぞれの長所，短所をいっしょに考えながら，ノートにまとめていった。グラフとは何か，という定義は教科書にも出ていなかったので，「x の値と，それに対応する y の値の組（x, y）を集めたもの」と説明した。どのようなものか，漠然とはわかっているようなことでも，言語的に説明できること，また，それによって意味がはっきりすることを示す意味で行っている。ここで，「対応」という言葉を知らなかったらしく，彼女から質問してきた。

Cl：「対応」って何ですか。
Co：ああ，これまでもよく出て来た言葉だね。教科書に説明はあるかな。
　　（教科書の索引や本文に説明が見当たらず，いきなり使われているので，以下のように，ノートに書きながら説明した。）
　　「$x \longrightarrow y$　　ある x の値から求められる y の値」
　　これを「x に対応する y の値」って言うんだよ。たとえば，反比例 $y=\dfrac{12}{x}$ という関数を例にしてみようか。$x=2$ に対応する y の値はいくつだろう。書いてごらん。
Cl：「$y=\dfrac{12}{x}=\dfrac{12}{2}=6$」　6 です。
Co：そうだね。$x=2$ に対応する y の値は 6 だね。

　教師側は何気なく使っている言葉だが，意外と理解されていないことがある。「対応」については，定義そのものを知るよりも，この言葉をどのように使うかが重要と思われたので，意図的に対話の中でくり返し用いた。

(4) 場面3：1次関数のグラフの特徴

　もともと彼女のほうから問題意識としてあがっていた事項をとりあげた場面である。まず1年生の「比例」の復習をしたあと，最近の定期テストの出題範

囲であった1次関数のグラフに戻ってきた。

 Cl：関数の式をグラフから求めるという問題が，よくわからなかったんですけど。
 Co：式とグラフの関係がよくわかってないってことかな？
 Cl：そうだと思います。
 Co：簡単な比例の場合からいこうか。比例 $y=ax$ のグラフはどんな形かな？
 Cl：（ノートに，座標軸と，右上がりの直線を書く。）
 Co：いつも右上がりなの？
 Cl：a がマイナスだと右下がりになりますよね。（と，右下がりの直線を書き入れる。）
 Co：このグラフを言葉ではなんといったらいいだろう？
 Cl：「原点を通る直線」かな？
 Co：もうちょっと詳しく，こう言ってみようか。（ノートに書きながら）「原点を通り，傾き a の直線」。ところで，傾き a というのは，どういう意味だろう？
 Cl：……
 Co：（ノートに書きながら）「傾き a：x が1増えるごとに，y が a 増える」

ここで，グラフを見ながら対話をしているうちに，D子は，「y の値がいくつか」ということと，「y の値がいくつ増えるか（y の増分）」ということを混同していることがわかってきた。そこで，y 軸の値がいまいくつかということと，それがどれだけ増えたかということの違いをグラフに書き入れて説明した。また，x が1増えたときの増分が a になるので，それをグラフから読み取れば $y=ax$ という式が立てられることを説明した。

 Co：それではいよいよ1次関数 $y=ax+b$ がどんなグラフになるのか書いてみよう。
 Cl：（即座に，座標軸と右上がりの直線1本を書く。）

Co：この，y 軸と交わるところの y の値は？
Cl：（1分ほど考えてから）b。
Co：なんで？
Cl：そう習ったような気がする。

切片 b の値とは，グラフと y 軸の交点の y 座標であることは知っているが，これが「$x=0$ に対応する y の値」であることは意識していなかったと言う。

Co：このグラフを言葉で言うと何だろう？
Cl：……
Co：教科書には何と書いてあるだろう。見てごらん。
Cl：ああ，「傾きが a，切片が b の直線」
Co：これははっきりノートに書いておこうね。

「$y=-2x+3$ はどんなグラフになりますか？」「傾き -2，切片 3 の直線」のようなやりとりが，学校の授業の中ではまずないと本人は言っていた。そこで，「どんなグラフか？」と聞かれても，何と答えていいか困惑してしまうらしい。

(5) 場面4：「力の分解」における手続きの言語化

理科では，力の合成，分解，つりあいがよくわからないということだった。たとえば，合成の場合，図3-2（a）のような典型的な場合にどうなるかはわかるが，2力が正反対の向きの場合に（b）のようにしてしまったり，力が3つ以上になるとどう合成していいのかわからなくなったりするという。以下は，力の分解において，作図の手続きを言語化して意味を明確にするように指導する場面である。

Co：（ノートに）「ある力を，与えられた2つの方向に分解するにはどうすればよいか」（力の矢印と，2つの分力の方向を与えた。）
Cl：（図3-2（a）のように平行四辺形を書いて，作図はできた。）
Co：そのやりかたを，言葉で言ったらどういうことになるんだろう？

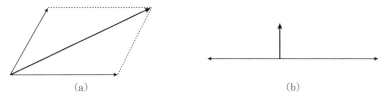

図 3-2 (a) 平行四辺形の法則による力の合成・分解
(b) 180 度逆向きの力の合成で，誤ってしまった例

C1：（1 分ほど考えて，まず口頭で言ってからノートに筆記した。）
　　与えられた力（「力」は，「方向」のミス）に平行な線をひき，平行四辺形をつくり，その平行四辺形の面積の 2 つの辺が分解したもの。
Co：うん。感じは出ているね。十分正確とはいえないかな。ぼくなら，たとえばこんなふうにしてみるよ。「与えられた力を対角線とし，2 方向を辺とする平行四辺形をつくると，その 2 辺が分解した力（分力）となる。」じゃあ。教科書の書き方を見てみようか。
　　（教科書『東京書籍 理科第Ⅰ分野 3 年上』の記述をいっしょに読む。）
　　「2 つの分ける方向をそれぞれ x 軸，y 軸とする。力 F_1 を対角線とし，x 軸，y 軸方向に 2 辺をもつ平行四辺形をつくれば，その 2 辺 F_2，F_3 が分けられた力である。1 つの力を，これと同じはたらきをする 2 つの力に分けることを**力の分解**といい，分けて求められた 2 つの力を，もとの力の**分力**という。」
　　うまく書いてあるでしょう。教科書とまったく同じ表現にする必要はないけれども，はっきり意味が伝わる書き方をする必要があるよね。

(6) 学習指導の効果と評価

　D 子には，夏休みの間に，1 回 90 分の相談・指導を合計 8 回行った。母親によれば，非社交的な性格で，あまり自分から話すほうではないということだったので，考えさせることや，表現させられることが苦痛かもしれないと思い，途中で本人に聞いてみたところ，「普段は次々と問題を解いていくやり方だったけれど，1 つの問題についてじっくり考える今回の学習のほうがいい」とい

うので，同じ方針で継続した。

　このケースを担当していたときの筆者としては，学習者が通常行っていないような学び方を経験してみて，学習者自らが自分の学習方法を見直す機会を提供できればよいと考えていた。そのため，テストによって何らかの効果検証を行うということはしていない。ただし，その後の学習に何らかの影響を及ぼしたかどうかは，相談終了後のアンケートで回答を求めている。

　終了3週間後の回答によれば，まず「教科書をどう読むかなど，勉強の方法が変わった」といい，漠然と読んでいた状態から，自分で説明することを意識して要点をつかもうとしていることをあげている。さらに，「習ったこと一つ一つについて深く考えるようになった」と述べ，日常的にも理解を重視する態度を促したことが示唆される。ただ，こうした変化がどれくらい持続するものなのか，学業成績の向上へとつながっていくかは追跡的に検討されておらず，長期的にみての評価や，指導面でのフォローは今後の課題として残された。

3-4　討論とその後の展開――学校教育の中でどう生かすか

　認知カウンセリングをしてみると，自分の知識を言葉で表現することが苦手な児童・生徒は少なくないことがわかる。しかし，学校の授業やテストの中で表面化してこないために，本人自身にも学校の教師にも十分認識されていないように思われる。個別学習場面でのやりとりを通じて明確になってきたことは，言語による説明を求めることによって，理解状態が，本人にも指導者側にも把握できるという学習上の利点，また，それを指導すれば着実に向上していくという手ごたえである。実際，研究会等での筆者のこうした指摘に対して，学校教員からは，「自分がわかりやすい説明をするようにこころがけていたが，子どもに説明を求めることはあまり注意を払ってこなかった」という声が多く寄せられる。

　とくに，本章であげたような理数系の教科では，学習の目標は「問題を解けること」とみなされがちである。すると学習の過程においても，解き方を覚えて，ドリル等で多くの問題にあたって習熟することが中心となり，概念を理解して表現することがおろそかになりがちである。これは，問題文の理解や，教

科書や教師の解説を理解することにも支障をきたすこととなろう。一方，しばしば「暗記もの」と生徒に思われがちな地理・歴史や生物といった科目でも，学習者自身が説明する機会は，あまり多くないようである。中学校の生徒が相談場面に持ってくる定期テストを見ると，問題文に説明があって，生徒のほうはそれにあてはまる事項を空所補充するような形式が圧倒的に多い。大学のレポート課題や，社会での仕事上のコミュニケーションでは，自分の知っている知識や主張を叙述的に説明するのと対照的である。

　授業や評価の中に，児童生徒自身による説明をもっと取り入れるということに関しては，反対論もある。たとえば，「学習者に難しいことを要求しすぎではないか」「（とくに理数系教科では）問題が解けることこそが重要であり，言葉で説明できてもしかたがない」「言葉で説明できない知識もあるではないか」「説明の正しさを厳密には評価しにくい」といったものである。こうした反論や疑問に対しては，原論文（市川，2000）でも議論してきた。筆者はすべての知識を無理に言葉で表現させようと言っているわけではない。教科書や教師が使うような詳しさの説明を学習者にも求めることが，理解の診断や促進にもなり，社会におけるコミュニケーション力の基礎にもなるということである。

　教室での一斉授業における相互説明については，その後，「教えて考えさせる授業」（本書第1章，第7章参照）の理解確認活動の中で，日常的に行われるようになっている。日々の学習活動の中に自然な形で説明活動を取り入れることによって，短期間の個別学習指導を越えた効果が現れるようになっている。また，評価に関しては，その後私たちの開発したCOMPASSという数学の学力診断テスト（本書第14章参照）の中に，概念理解を診断する課題を入れている。中学2年生用では，用語の意味（定義）と具体例をあげる問題を課しているが，学校教員の期待（正答率の予想）を大幅に下回る結果となっており，また，それをフォローアップする講座（本書第1章参照）も実施されるようになっている。

引用文献

Anderson, J. R. (1980). *Cognitive psychology and its implications*. New York: W. H. Freeman.（富田達彦（訳）(2000). 認知心理学概論　誠信書房）

Bruner, J. S., Goodnow, J. J., & Austin, G. A.（1956）. *A study of thinking*. New York: John Wiley.（岸本弘（訳）（1969）. 思考の研究　明治図書）

市川伸一（2000）. 概念，図式，手続きの言語的記述を促す学習指導——認知カウンセリングの事例を通しての提案と考察　教育心理学研究, 48, 361-371.

宮崎清孝（1980）. メンタルイメージは絵か命題か——認知心理学におけるイメージ論争について　教育心理学年報, 19, 112-124.

Pylyshyn, Z. W.（1973）. What the mind's eye tells the mind's brain: A critique of mental imagery. *Psychological Bulletin*, 80, 1-24.

Rosch, E.（1978）. Principles of categorization. Rosch, E., & Lloyd, B. B.（Eds.）, *Cognition and categorization*. Mahwah, NJ: Lawrence Erlbaum Associates.

第4章 教訓帰納に着目した認知カウンセリング
教科をこえた「学習方略の転移」はどのようにして起こるのか

植阪友理

4-1 問題の所在——自己学習力の重要性と学習方略の転移

　自己学習力の育成は，教育の重要な目標の一つである（例，波多野，1980）。自己学習力には，学習全体の目標や計画を自ら立てる力や，具体的な学習場面においてつまずきが生じたときに，自らのつまずきの原因に自覚的になり，修正する力などが含まれる。自己学習力の重要性は古くから議論されているものの，学習者がこれらの力を十分に獲得しているとは言い難いだろう。これは認知カウンセリングの事例において，「勉強のやり方が分からない」「勉強しているものの，成績に結びつかない」などと訴える学習者が少なくないことからも分かる（市川，1993, 1998）。

　学習指導要領改訂の方向性を示した中央教育審議会の答申（2016年12月21日）では，資質・能力という言葉によって学び方も含めて学校教育で育成する必要性が示されており，「メタ認知の育成」も明記されている。しかし，学校現場では具体的にどのような内容を指導すべきかについては十分な理解が共有されていないのが実態であろう。学校現場を対象とした学習法の調査（例，植阪・瀬尾・市川，2012）から，「学習法の手引き」を作成して配るといった試みは行われるようになってきていることが分かる。しかし，自己学習力の育成につながる長期的かつ継続的な指導に必ずしも結びついていないことが指摘されている。今後の学校現場では，より重要になる視点と言えよう。

　効果的な学習方法指導を考える上で，心理学における方略研究は参考となる。方略とは「作戦，方法」といった意味であり，学習方略研究はまさに学習方法

＊本章で紹介する研究は，文献リストにある植阪（2010）に基づいている。

に関する研究領域である。この領域を概観すると，特定の教科に使用する目的で提案された方略と，複数の教科で利用する目的で提案された方略とに大別できる。中でも，複数の教科に利用できる教科横断的な学習方略は，特定の教科の学習のみならず，他の様々な教科の学習にも活かすことができるため，特に有用である。指導した方略が，指導した単元や教科をこえて利用されるようになることは「学習方略の転移」と言えるだろう。学習方略が転移する，すなわち他の場面でも利用されるようになると，特定の教科における指導が学習全体の質の向上につながり，学習改善を図ることができると考えられる。その一方で，認知カウンセリングの実践からは，指導してもなかなか自発的にその方略を使うようにならないという問題が繰り返し指摘されており，学習方略の転移がなかなか生じにくい実態もうかがえる。どのように，「学習方略の転移」が生じるのかは実践的な視点からも，重要な検討課題である。

しかし，従来の学習方略研究では，学習方略利用の背景要因や学習の促進効果を示すものが中心で，「学習方略の転移」がいかにして生じるのかはほとんど議論の俎上にあがってきていない。すなわち，これまでの研究は方略の使用を促す介入研究であっても，算数・数学や読解など，特定の領域に限って検討した研究が中心であり，指導した方略がその他の学習内容においてどのように利用されていくのかを明らかにした研究はほとんど行われていない。また，指導した方略が家庭学習においてどのように利用されているかを検討した研究もほとんど見られない。

学習方略の転移は，内容が複雑化し，かつ，増加する中学生以降により重要となるが，指導は教科ごとに行われており，学校現場では提案しにくいという特徴がある。一方で，認知カウンセリングは，教科横断的な方略の指導に向いていると考えられる。なぜならば，複数の教科を担当することも多く（例，植阪ほか，2018)，また心理学を背景としていることから，学習方略を指導するという発想を持ちやすいためである。しかし，認知カウンセリングにおいても，前述したようになかなか学習方略の転移は生じない。そこで本章では，認知カウンセリングの事例の中で，学習方略の転移が生じた珍しい例を取り上げ，学習方略の転移が生じるプロセスを提案するとともに，学習方略の転移を促す諸要因を考察する。

4-2 本研究で焦点を当てる学習方法——教訓帰納

　後述する事例では，教科横断的な学習方略である教訓帰納に着目して指導を行った。教訓帰納（lesson induction）とは，この問題をやってみたことによって何がわかったのかを教訓として引き出す学習方法である（市川，1993）。具体的には，問題解決後になぜ間違ってしまったのか，どこに気づかなかったのかなどを考え，メモとして書きとめておく。こうすることで，表面的には似ていなくても構造的に類似した問題を解決する際に対処しやすくなると考えられる。

　教訓帰納に関する実証研究としては，寺尾（1998）やエリスら（Ellis & Davidi, 2005; Ellis, Mandel, & Nir, 2006）の研究が挙げられる。エリスらは，After-Event Reviews（AERs）という呼び名で認知カウンセリングとは異なる文脈から同様の方略を提案している。これらの研究から，効果的な教訓が引き出せた場合には，学習の促進効果が認められること，また，質の高い教訓が問題解決に寄与すること，学習以外の広い文脈においても利用可能であることなどが示されている。しかし，教訓帰納の自発的な利用がどのように他の学習へと広がっていくのかは明らかにされていない。いかにして教訓帰納の活用が直接的に指導していない教科や領域へと転移するのかという本研究の問いは，教訓帰納研究に対しても示唆をもたらすものであろう。こうした問題意識を踏まえ，以下では，実際の認知カウンセリングの事例を紹介し，学習方略の転移が生じるプロセスを考察していく。

4-3 認知カウンセリングの実践事例

(1) クライエントと主訴

　本事例のクライエントとなった生徒（以下，生徒）は，都内公立中学校に通う2年生の女子である。主たる悩みは一生懸命に問題を解いているが，成績に結びつかないとのことであった。数学において顕著であり，この指導を希望してきた。この生徒によると1年生の半ばまではあまり勉強しなくてもある程度の成績が取れていたという。しかし，1年生の後半から急激に成績が低下し，

2年生の夏休み前の定期考査では，これまでにないほど勉強したにもかかわらず，前回以上に低下してしまったという。「どうやって勉強したらよいのか分からないし，自信がない」と訴えていた。成績が上がるまで部活を休んでいるが，部活に復帰するめどが立たないと元気がなかった。実施回数と時期については，2005年10月から翌年2月まで合計9回の個別学習指導を行った。1回は約90分から120分であった。

(2) 初期の診断的指導

この生徒の学習上のつまずきの原因を診断するために，カウンセラーであった著者（以下，指導者）からこれまでどのように学習を進めてきたのかを問うた。成績が下がったことへの対処方略を問うたところ，「とにかくたくさん問題を解いて何とかしようとした」とのことであった。理由を問うと，以前，理科の学習で同様に学習してうまくいったからと述べていた。

しかし，生徒の教科書や学校のノートを見せてもらったところ，間違った箇所に印をつけるといった活動すら行われていないところがあり，確かにたくさんの問題を解いているが，問題を解き終わった後に，ほとんど振り返っていないことがうかがわれた。本人も間違った場合には赤で正解を書き込むこともあるが，丸つけもしないこともあると述べていた。間違った理由は考えているかを聞くと，「全く考えていない」とのことだった。小テストが定期的に行われていたが，「点数が悪いので，見たくもない」と言う。こうしたやりとりから，学習成果が上がらない原因の一つは，解いた後に振り返りを行わないことがあげられると考えられた。

第2回には，実際に問題を解いてもらって普段の学習行動をより詳細に把握した。その中で，一度不正解であった問題を説明しながら解いてみたら正解したということがあったが，自発的に振り返る様子は見られなかった。指導者が「なぜ最初は間違えたの？」と問いかけても，首を傾げて頭の中で原因を考えようとするばかりで，ノートを見比べたりはしなかった。指導者がノートを覗き込む様子を見せたところ，やっとノートをじっくりと見比べ始めるといった具合であった。このような様子からも，間違いの理由は全く分析していない様子が確認できた。すなわち，教訓帰納は全く行っていなかった。

図 4-1　指導前のクライエントの状況

　さらに，こうした行動をとっている背景には，学習観の問題も存在することがうかがわれた。この生徒に「なりたい自分」「なれたらうれしい自分」を書き出させたところ，「点数を上げる」「数学を好きになる」「部活にでる」「友達にわかりやすく説明してあげられるようになりたい」「授業中，今よりたくさん発言できるようになりたい」などを挙げていた。その一方で，「なりたい自分になるためには，どうしたらよいと思うか」を書かせたところ，「たくさんの問題を解く」など，練習量だけに頼ろうとする発想が強かった。また，小テストは見たくないという発言から，学習中に間違うことは，自らの弱点を知る良い機会であるという発想も薄いことが示唆された。さらに，学習意欲の問題も感じられた。初回では「勉強をしても成績が上がらないので最近では机に向かう気力が出ない」と訴えていた。この生徒は，学習観の問題が学習方法の問題を引き起こし，最終的には学習意欲の低下を引き起こしていると考えられた（図 4-1）。

(3) 指導の方針と指導上の工夫

　初期の診断的指導を踏まえて，まずは教訓帰納に着目し，この方略を学習者が使いこなせるようになることを指導方針とした。根本的な原因である学習観は長年の経験の蓄積によって形成されたものであり，それ単独で変容させるのは難しいと考えた。また，効果的な学習方法を身につけていなければ，学習観が変容してもそれに応じた学習方法を取れず，結果として学習成果に結びつかないと考えたこともその理由である。

　また，教訓帰納に着目することで，学習意欲を直接的に高めることも期待された。なぜならば，「これまでの学習がうまくいかなかったのは間違いの原因を分析していなかったからだ」と，失敗の原因を学習方略に帰属することになるから

だ。帰属理論では内的で不安定な要因が重視され，努力が取り上げられることが多いが，努力に帰属してもなかなか成果が上がらないとかえって学習性無力感に陥る。方略帰属を促し，学習意欲の向上を促した。

ただし，一時的に新しい学習方法を利用しても，学習者の信念と整合的でなければ，指導終了後に，元の学習方法に戻ってしまう。そこで，学習者が暗黙裏に持っている学習観を意識化させ，変容を促すきっかけを作ることをした。このため，面談では学習観の問題点を指導者の中にとどめるのみならず，生徒に語って聞かせ，本人の考え方を意識化するように促した。学習観が変容することで，学習方法がより定着するのではないかと期待した。

初期の診断的指導とそれに基づく指導方針を踏まえ，本格的指導の際には，以下の指導上の工夫を取り入れた。一つは，「教訓帰納という方略の価値」自体を，教訓として書きとめるということである。教訓帰納では学習内容に関する教訓が書きとめられることが多いが，学習方法について書きとめることも奨励されている。そこで「何を学んだかを教訓として書き残しておくとよい」といった具合に，教訓帰納を行うことそのものについても書きとめさせた。さらに教訓帰納を実際に体験する場を多く設けた。学習方略の自発的な利用には，その方略の「有効性の認知」と「スキル」を獲得することが重要である（本書第12章参照）。教訓帰納についても，価値を理解するだけでは不十分であり，教訓を引き出せるだけの力を獲得している必要がある。カウンセリングでは生徒自身が持参した教材に即して教訓を引き出す体験を重ね，指導者がいない場面でも自ら教訓を引き出せる力の獲得を支援した。

（4）本格的指導の経過──中期の指導と学習者の変化

第3回以降，本格的な指導に入った。第1，2回にも連立方程式を題材にしながら教訓帰納を促している。しかし，第3回に確認したところ，教訓帰納は行っていなかった。ただし，以前は放置していた小テストの解き直しは行うようになっていた。解き直しは行ったが，教訓帰納は行っていない理由として，これまでの指導では，「分からなかった問題をもう一度解く」という活動と「教訓を引き出す」という活動を連続して行っており，「教訓帰納を引き出す」という活動に注目が集まりにくかったのではないかと考えた。そこで，教訓帰

納に焦点を当てた指導を行うために，第3回では，新たな問題は取り上げず，あえて家庭で解き直してきたノートを題材として指導した。家庭で行ったテスト直しを見直し，なぜテストでは解けなかったにもかかわらず，解き直しの時には解けたのか，1問1問考え，教訓を書き加えるという活動を行った。Clには「こうした活動を行うことで，自分の弱点を分析することができる」と教訓帰納の価値を改めて伝えた。こうした活動を繰り返す中で，同じような間違いを繰り返していることにCl自身が気づき始めた。

　　Co：この問題はどうして間違ったのかな？
　　Cl：……これはね，移項しないで計算しちゃったから間違っちゃった。あっ，これって前にもあった！
　　Co：そうだね，どこだっけ？
　　Cl：4（3）でもやった間違いだよ！（Clは4（3）を解き直したノートを開いた。）
　　Co：じゃあ，もう間違わないように2重に囲っておこうか。

　教訓としてこれまでの間違いの理由がノートに残っているため，間違いを繰り返していることが意識化されたのであろう。この後，「解き直した後には，もともとなぜ間違ったかを書いておこう。書きためて，自分の弱点を分析しよう」とノートに書き残した。同様のやりとりを繰り返し，第3回の終了間際には，Cl自身が教訓の価値を口にするようになった。

　　Cl：これってすごくかいがある気がする！
　　Co：かいがあるって？
　　Cl：これやったら，力がつく気がする。
　　Co：そう，そう思ってくれたらうれしいな。
　　Cl：うん，これはいいよ。これまでノートに詳しくまとめるってめんどくさくて嫌いだったし，今まで何度も解いて何とかしようと思っていたけど，こっちのほうがかいがある。正の字とか書いたら何回間違ったかも分かるし。

Co：そう，そう。はじめはポイントを書くことが大変かもしれないけど，結局，その間違いをしなくなったら，将来的には楽になるんだよ。
Cl：学校では何度も解きなさいって言われたから，これまで一生懸命やってきたけど，こっちのほうがいいなって思った。
Co：繰り返し解くことがだめなわけじゃないんだよ。繰り返すだけじゃなくて，ポイントも引き出すともっと良い，っていうことだよ。

　こうした発話は，教訓帰納の価値を理解するとともに，学習観が変化してきていることも示している。この手記はこれまで学習量に頼った学習をとってきたことを反省し，学習方法を工夫する必要があると考えるようになっている。つまり，これまでの練習量志向を批判的に捉え，方略志向へと変化している様子が分かる。また，見ることさえいやだった間違いを振り返ることに価値を感じているため，失敗活用志向が高まっていることも分かる。
　また，第3回には，学校での活動と教訓帰納との共通点に生徒自身が気づいた。生徒の学校では，定期考査後に誤答レポートの提出が求められていた。しかし，生徒は提出すること自体ができないでいた。第3回の終了後の雑談の中で，今回の教訓帰納を誤答レポートの中でやってみると良いと伝えたところ，「ああそうか」と納得した表情をみせた。帰宅する前には，「今度のテストが楽しみ」「勉強とか数学が楽しくなってきた」という発話が聞かれた。
　こうした指導の結果，第4回の冒頭に家庭学習の様子を確認したところ，家庭での数学学習において，教訓帰納を行っていることが初めて確認された。図4-2は，この日に生徒が持参したノートである。一次関数に関するグラフが与えられて式を求めるという課題において，正誤と間違えた理由が書かれている。例えば「＊間違えた理由は，グラフの切片を見ていなかった」（下波線は生徒自身がつけたもの）などである。なお，一次関数はこの時点ではカウンセリング内で取り上げてこなかった内容である。そうした内容でも教訓帰納を自発的に利用することになったことは，距離は近いものの方略の転移と捉えられる。
　ただし，教訓帰納の質は必ずしも高くはない。今回の指導では，学習方法に関する教訓（例，教訓を書き出すと良い，図をかくと良いなど）と，学習内容に関する教訓（例，移項しないで間違がったなど）の両方を引き出すことを目

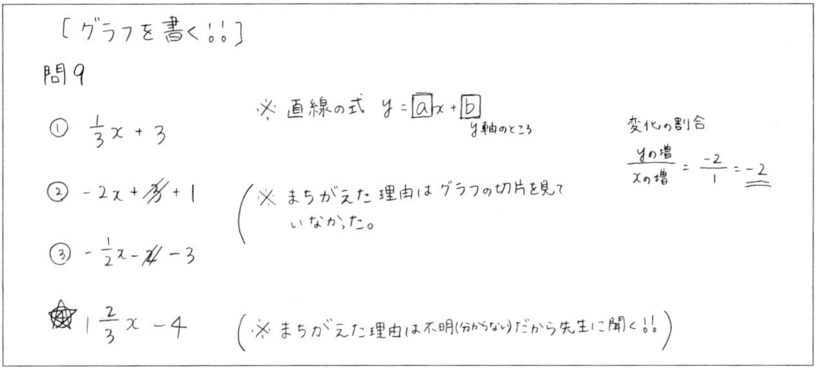

第4章 教訓帰納に着目した認知カウンセリング

```
[グラフを書く!!]
問9
 ① 1/3 x + 3
 ② -2x + 1̸0 + 1    (※ まちがえた理由はグラフの切片を見て
                      いなかった。)
 ③ -1/2 x - 4̸ - 3
 ☆ 2/3 x - 4       (※ まちがえた理由は不明(分からない)だから先生に聞く!!)

※ 直線の式 y = [a]x + [b]
              y軸のところ

変化の割合
 yの増/xの増 = -2/1 = -2
```

図4-2 クライエントがはじめて自発的に教訓帰納を行ってきたノート
（原本を転記したもの）

指したが，学習内容に関する教訓の質には問題が残る傾向が見られた。この背景には，授業中に十分に意味理解をしていない様子がうかがえた。例えば，「2点 (2, 6), (1, 3) を通る1次関数を求めなさい」という問題を取り上げていた際，一次関数の傾きの意味が理解できていないことが明らかになった。第4回以降は，こうした学習領域の意味理解をどのように達成するのかといったあたりについても補いながら，教訓帰納の質を高めることを目指した。生徒がうまく教訓を引き出せない場面では，指導者がモデルを示す形で，指導を行った。

　こうした指導を続けた結果，中期の後半には，学校での生活が好転していく様子が確認された。例えば，誤答レポートを提出できるようになった。誤答レポートの記述を確認したところ，解き直しに加え，間違えた理由も加えていた。「間違えた理由がきちんと分析されてよい」という教師からのコメントが添えられており，Cl はとても喜んでいた。

　さらに，以前は「何が分からないのか分からず質問に行けない」という状態であったが，質問に行けるようになったという変化が生じた。自分から質問に行くようになったため，「やる気が出た」と教師から評価されるようになったという。質問ができるようになった背景には，教訓帰納の指導を通じて，メタ認知が促され，どの部分が分からないのかが明確化したためと考えられる。さらに，友人に教えられるようになった。これは Cl が目標としていることでもあった。Cl は後ろの座席の友人と仲が良く，頻繁に一緒に勉強しているとこ

ろであった。以前は教えてもらうことばかりであったが，最近は教えてあげられるようになったという。教えた内容を問うたところ，「例えば，グラフのかき方を教えてあげた。後ろの子は，グラフをかくときに切片から取らないで，正しいグラフがかけなくて困っていた。切片を取ってから x 1 つ分，y いくつ分と取るとうまくかけるよ，と教えてあげた」と話していた。友人の間違いの理由を分析し，解くためのコツを伝えている。11 月の定期考査では平均を超えたという。来談する前の 7 月の定期考査では平均を大きく下回っていたことを考えると大きな変化である。また，この時期に部活にも復帰した。

(5) 本格的指導の経過——後期における学習者の様子

後期（第 7 回から第 9 回）になるとより大きな変化が見られた。数学の自発的な教訓帰納の利用に加え，理科において自発的に教訓帰納を行うようになったのである。理科は指導で全く取り上げていない。より大きな転移が生じたと考えられる。

第 7 回の冒頭に，冬休み中に理科において教訓帰納を行いながら勉強したと報告してきた。ノートやワークブックを持参するのを忘れてしまったが是非見て欲しいと訴えてきた。「生まれてからこんなに必死に勉強したことはない」という。第 8 回に確認したところ，「間違えた理由」「ポイント」といった書き込みが見られ，教訓を引き出している様子が確認できた。教訓の内容については，「教科書を見て重要語句を確認する」など，内容的に深くないものもあるが，理科でこうした活動を行うようになったことは大きな変化である。

また，第 8 回には学校との連携の必要性をうかがわせる事例も生じた。この生徒が理科の教師にワークブックを見せながら自分の学習方法の変化を伝えたが，ほとんど関心を示さなかったという。このことが原因でカウンセリングではかなり気落ちしていた。これは数学の教師が教訓帰納の価値を深く理解し，生徒の活動を積極的に評価したことと対照的であった。やりとりの中で，指導者の知り合いの理科教師に自分のワークを見てもらいたいと強く希望してきた。そこで，第 9 回には著者の知り合いの理科の教師も交えて指導を行った。生徒の学校の教師ではないが，その理科教師から評価されて，満足した様子で帰っていった。

4-4 「学習方略の転移」のプロセスモデルとそれを可能にした条件

　以上を踏まえて，学習方略の転移のプロセスを考察する。指導前の生徒は，練習量に頼ろうとする志向が強く，失敗を活用しようとする志向が弱いなどという非適応的な学習観を持っていた。このため，問題はたくさん解くが，なぜ間違ったかを振り返らないという不適切な学習行動を取っていた（図4-1）。そのため，成果が上がらず，意欲も低下していた。

　そうした問題に対して，学習方法である教訓帰納に着目し，それを自ら利用できるようにするという目標を立てて指導を行った。より根源的な学習観については，学習者自身の学習観を自覚化させる働きかけにとどめた。連立方程式という数学の特定の単元ではあるものの，教訓帰納が学習成果に結びつくという実感が得られるようになると，より効果的な学習方略につながる学習観へと変容が見られるようになった。学習観の変容は，「かいがある」といった発話や，練習量に頼る学習法から学習法を工夫する必要性に言及した発話などからもうかがわれた。すなわち，学習成果が学習観の変容を促進していると考えられ，図4-3の点線で示したようなフィードバックプロセスが生じたと推測できる。学習観が変容したことで，数学の他単元や，理科の学習へと方略利用が転移していったと考えられた。

　このプロセスモデルは，従来の心理学的理論に対しても新しい情報を含んでいる。従来は，学習観から学習方略への影響や，学習方略から学業成績への影響などは検討されているものの，図4-3のような学習成果から学習観へのフィードバックプロセスを組み込んだ統一的なモデルは提案されていない。また，数学の他の単元，理科の学習へと転移が広がっていったことは，類似度が高い領域から順に転移が生じる可能性を示唆している。1事例から考察されたものであるが，今後の実証的な検討が行われることを期待したい。

　最後に，学習方略の転移を促した指導上の工夫とクライエントの特徴について考えておきたい。指導上の工夫としては，教訓帰納のみに着目させる指導に切り替えていったことが挙げられる。初期の診断的指導で教訓帰納を促す指導は行っていたものの，「問題を解く→教訓帰納を行う」という流れでは必ずし

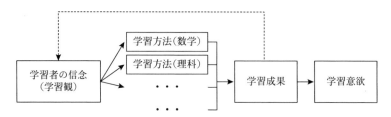

図4-3 学習方略の転移が生じるプロセス

も教訓帰納に焦点が当たらないと判断し，解き直しノートを取り上げることで教訓帰納に焦点が当たるように工夫を加えている。さらに，「問題解決に関する教訓帰納」を引き出すための支援を加えている。効果的な教訓を引き出すためには，自らの認知プロセスを客観的に捉えるメタ認知と領域知識の理解が不可欠である。こうしたことがすべての領域で指導できたわけではないため，最後まで問題解決に関する教訓の質については限界が残った。しかし，学校の教師に質問できるようになったという事実からも分かるように，適切な教訓が引き出せなかったとしても，「自分が理解していないのはどの部分か」というメタ認知能力は育成されつつあると考えられた。教訓帰納を支える認知活動が可能になったことで，教訓帰納が行いやすくなったと考えられる。

また，生徒の学習環境を考える上で，友達同士の教えあいが多い学習環境は見落とせない。この生徒は初回に「友達に教えてあげられるようになりたい」と述べていた。教訓帰納は言語化をする方略である。また教えあうという活動も言語を中心とする活動である。教訓帰納を十分に獲得していると，学習者同士の教えあいの場面でうまくふるまえる。本事例でも後ろの座席の友人に教えられるようになったという報告が聞かれた。友人との教えあいが多いというこの生徒の学習環境と教訓帰納の特色が合致し，指導した方略の価値が認識されやすかったと考えられる。生じにくい学習方略の転移を促す重要な背景要因であっただろう。

4-5 その後の展開

教訓帰納研究の分野では，その後いくつかの進展を挙げることができる。柴

(2016) は，言語的な説明を行う学習環境が，教訓帰納の自発的な利用に影響を及ぼすことを実証的に示している。このClのように，学習場面において説明する機会が教訓帰納を自発的に行う際の素地になることが実証的にも示されたといえよう。また，瀬尾ら（本書第12章参照）は，教訓を教える学習法講座を開催し，教師の日々の指導と組み合わせることで，教訓帰納の利用が増加していく様子を示している。さらに，柴（2018）は，教訓の質が必ずしも高くならないという問題に取り組み，質の高い教訓が産出されてくるプロセスや指導法についても検討を行っている。さらに，近年では教訓帰納を活用する力を促す通信教材が開発されたり（e.g., 佐藤・植阪・床，2013），高校において，こうした力を高めようとする実践が行われるようになってきている。教訓帰納の研究が具体的な指導法も含めて発展してきている点に進展が見られる。

　もう一つの展開は，学習方略の転移という考え方に基づく，具体的支援策の展開である。学習方略の転移という発想は，ゲイナー（Ganer, 1990）の議論でも言及されているが，どうすれば，具体的にそうした効果を生起させることができるのかは十分に議論されていない。一方，本研究のみならず，他領域でもこうした発想で検討が行われている。マナロら（Manalo, Uesaka, & Chinn, 2017）は学習方略や思考スキルを転移させるメカニズムやそれを促す指導について国内外の知見をまとめ，書籍にまとめている。一つの進展のあり方といえるだろう。

引用文献

Ellis, S., & Davidi, I. (2005). After-event reviews: Drawing lessons from successful and failed experience. *Journal of Applied Psychology*, 90, 857–871.

Ellis, S., Mandel, R., & Nir, M. (2006). Learning form successful and failed experience: The moderating role of kind of after-event review. *Journal of Applied Psychology*, 91, 1–38.

Garner, R. (1990). When children and adults do not use learning strategies: Toward a theory of settings. *Review of Educational Research*, 60(4), 517–529.

波多野誼余夫（1980）．自己学習能力を育てる――学校の新しい役割　東京大学出版会

市川伸一（編著）(1993)．学習を支える認知カウンセリング――心理学と教育の新た

な接点　ブレーン出版

市川伸一（編著）（1998）．認知カウンセリングからみた学習の相談と指導　ブレーン出版

Manalo, E., Uesaka, Y., & Chinn, C.（Eds.）(2017). *Promoting spontaneous use of learning and reasoning strategies: Theory, practice for effective transfer.* London: Routledge.

佐藤昭宏・植阪友理・床　勝信（2013）．メタ認知方略の自発的利用を促す通信教材の開発　植阪友理・マナロ　エマニュエル（編著）『心理学からみた効果的な学び方の理解と支援――学習方略プロジェクトH24年度研究成果』Working Papers, Vol. 2, pp. 39-51.

柴里実（2016）．問題解決経験から帰納する「教訓」の質に関する検討――指導方法と学習者特性に着目して　日本教育心理学会第58回総会発表論文集, 786.

柴里実（2018）．質の高い教訓帰納を促す認知プロセスとは　植阪友理・マナロ　エマニュエル（編）『「主体的な学び」の実現に向けた教授・学習――学習方略プロジェクトH29年度の研究成果』 Working Papers, Vol. 7 東京大学（東京大学機関レポジトリより入手可能）

寺尾　敦・楠見　孝（1998）．数学的問題解決における転移を促進する知識の獲得について　教育心理学研究, 41, 461-472.

植阪友理（2010）．学習方略は教科間でいかに転移するか――「教訓帰納」の自発的な利用を促す事例研究から　教育心理学研究, 58(1), 80-94.

植阪友理・瀬尾美紀子・市川伸一（2012）．日本の小中学校における学習法指導のあり方とその課題　植阪友理・エマニュエル　マナロ（編）『学び方の上手な学習者を育てるために――学習方略プロジェクトH23年度研究成果』, pp. 22-26.

植阪友理・柴　実・市川伸一（2018）．『2017年度学習支援事例――自立的な学習者を育てる認知カウンセリングの実践』東京大学・文京区教育センター

第5章 読解の個別学習指導における相互説明
対象レベル−メタレベルの分業による協同の効果を探る

清河幸子・犬塚美輪

5-1 実践と研究の背景

　本実践研究は，当時（1999年），夏休みに東京大学教育学部にて実施されていた認知カウンセリングに，「説明文の読みを改善したい」という動機でクライエントが申し込んできたことがはじまりとなっている。当時は，クライエントの主訴やプロフィールをもとに，担当を希望する者が手を挙げるという方式が採られていたが，本実践では，協同問題解決を研究テーマとする清河が，読解を研究テーマとする犬塚に声かけをして，2名のカウンセラーで指導にあたることを申し出た。

　通常，認知カウンセリングはカウンセラーとクライエントが一対一で行われる。しかし，本実践において2名のカウンセラーを置いたのは，第1著者（清河）が当時，実験研究として取り組んでいたテーマ（後述する，対象レベルとメタレベルの分業による協同の有効性）と関連づけながら実践にあたりたいと考えていたためである。また，そのパートナーとして読解を研究テーマとする犬塚を選んだのは，クライエントの主訴が読解に関するものであったため，実践の中で必要となるアセスメントツールや教材を提供してもらうとともに，効果的な指導法について一緒に考えてもらうことを期待してのことであった。

　提案を受けた第2著者（犬塚）は，当時，読解方略を実践的に指導する枠組みを提案した研究が特に国内では少なかったこと，また，認知カウンセリング研究会の参加者からも「国語（読解）は教えにくい。どうやって教えていいのかわからない」と言われる状況を踏まえて，具体像を伴った形で読解方略指導

＊本章で紹介する研究は，文献リストにある清河・犬塚（2003）に基づいている。

のあり方を示す必要性から提案を承諾した。単に基礎的な知見を実践に適用するのではなく，実践を研究として成り立たせるためには，当該研究領域において新規な貢献があることが前提となる。以下では，それぞれの研究領域における本実践が行われた当時の動向について述べておきたい。

(1) 協同問題解決研究における動向

三宅（Miyake, 1986）は，ミシンで縫い目が出来るしくみを理解することが求められる場面を設定し，熟達者と初心者の相互作用を仔細に検討している。その結果，課題そのものを引き受ける「課題遂行者（task-doer）」と，課題遂行者の説明を理解し，不明な点があれば質問を行う「モニター役（monitor）」への分業がメンバー間で自然に生じることを見出している。また，両者のやりとりによって，課題遂行者，モニター役のそれぞれにとってのより深い理解へと到達することが示されている。清河（2002）でも，あらかじめ「課題遂行役」「相談役」という役割分担をした上で問題に取り組むことにより，課題遂行役の中で一旦形成された不適切な問題の捉え方が適切なものへと作り変えられやすくなることが示されている。

これらの知見は，本来，個人内の処理である「対象レベル」の活動と「メタレベル」の活動が個人間に分かち持たれ，両者の相互作用という形に置き換えられることによって促進された結果生じたものと解釈できる。なお，先行研究において，この対象レベルとメタレベルの分業による相互作用は，協同問題解決場面で自然に発生し，問題解決の結果に影響するものと捉えられていた。しかし，この構造は協同問題解決場面に限定されたものではなく，モニタリングやコントロールといったメタ認知活動を指導する枠組みとしても有効なのではないかと清河は考えていた。

(2) 読解研究における動向

読解研究に関しては，上述のように，認知カウンセリング研究会でも，国語，中でも読解を対象とした指導は難しいことが指摘されており，それを反映してか，読解に関する指導実践は少ない状況にあった。また，いかにして読解におけるつまずきを特定するかというアセスメントについても十分な検討がなされ

てきておらず，加えて，個別の指導実践を対象としてその効果を明確に示す研究がほとんど見られなかった。

その一方で，集団を対象とした介入研究では，方略の明示的指導により読解成績が向上することや，学習者がその方略を使い続けるためには「効果がある」ことを実感することが重要であることが示されていた。また，説明文の読解を促進するための方法の1つとして，説明文理解のための方略（以降，読解方略）の指導があり，その代表例として，パリンサーとブラウン（Palincsar & Brown, 1984）の相互教授法（Reciprocal Teaching）による指導が影響力を持っていた。この指導法では，教師に援助されながら，生徒が交代で要約・質問・明確化・予測を行いながら読解方略を獲得することが目指された。20日間にわたる指導の結果，直後テストだけでなく，3週間後のフォローアップの段階でも読解成績の向上が維持された。

このように持続的な効果が得られた理由としては，方略知識を教授するだけでなく，それを「いかにして使うか」について学習させたということが指摘できる。すなわち，方略知識について教授した後に，①本来は個人の内的な処理を個人間の役割として外化して明確化した上で，②指導者が適宜援助を行いつつ，③各役割を担う個人同士にやりとりを行わせたことが，「いかに方略を使用するか」の理解につながり，方略の定着，ひいては読解の改善にとって有用であったと解釈された。こうした知見をもとに，より効果的な指導枠組みを検討し，その実践像を示したいと犬塚は考えていた。

5-2 実践の計画と実施

以上を踏まえて，個別の指導実践において，読解におけるつまずきを特定するアセスメントを十分に検討した上で，効果的な方略指導を行い，その具体的な姿を実践研究として示すことは読解研究において大きな意義があると考えられた。また，その際に，パリンサーとブラウン同様，個人の内的な過程を個人間の役割として外化することが有効である可能性が考えられた。この点は，まさに協同問題解決研究の知見をもとに想定していた指導枠組みのアイデアと重なるものである。これらの点を念頭に置きつつ，もともとは「説明文の読みを

改善したい」というクライエントの申し出によって開始された実践であることから，その主訴に応じることを第一の目的として，本実践を開始した。

(1) クライエントのつまずきの特定

　本実践では，はじめにクライエントと母親に対して面接を行い，クライエントのつまずきを特定することにした。クライエント自身によると，随筆などを読むことは嫌いではないが，小説や説明文を読んで問題に答えるのは不得意であるとのことであった。また，母親によると，学業成績は，学校では上位4分の1，塾内では中程度とのことであった。また，普段あまり本を読まないが，母親の勧めにより，新聞の社説を毎朝音読するという取り組みがなされているとのことであった。これらの情報から，文字を読み，音に変換するという基礎的なプロセスには問題がなさそうだということが推測できた。もし，この時点でつまずいているのであれば，社説の音読は困難であろうし，学校での成績も低くなることが想定できるからである。また，読むのが嫌いではないということから，「楽しみのために読むこと」はできるものの，「正確に文章の内容を把握すること」が難しいために問題を解くのは苦手，という状態なのではないかと推測された。

　面接に加えて，文章の要約課題を事前テストとして実施したところ，クライエントが作成した要約はおおむね重要な情報を捉えており，文章のはじめから終わりまでを含めようとしていることがうかがえた。一方で，作成された要約には重要な情報だけでなく，不要な情報も少なからず含まれており，また，題材文からの抜き書きがほとんどで，情報間のつながりが適切に理解されていないことが見て取れた。このことから，文章全体に目を向けようとしているものの，その構造が捉えられておらず，情報の重要度が把握できていない点がつまずきとなっているのではないかと考えられた。

(2) つまずきに介入するための指導枠組みの提案

　このつまずきに効果的に働きかけるために，我々は，パリンサーとブラウン（Palincsar & Brown, 1984）を踏まえて，特定の方略知識を教授するだけでなく，それを「いかにして使うか」についても指導を行うという基本方針を立てた。

また，①本来は個人の内的な処理を個人間の役割として外化して明確化した上で，②指導者が適宜援助を行いつつ，③各役割を担う個人同士にやりとりを行わせるという点を取り入れることにした。

なお，読解においては，理解構築活動とメタ認知活動の両方が重要だと指摘されている（秋田，1991；三宮，1996）。理解構築活動とは，文章中の情報を頭の中で組み立て，「表象」と呼ばれる知識を作り上げることである。一方，メタ認知活動は，理解構築活動における状況をモニター（点検・評価）し，活動をコントロールする働きである。このような理解構築活動とメタ認知活動の相互作用という枠組みに照らすと，パリンサーとブラウンが設定した役割では，両者が混在している状況にあり，理解構築活動およびメタ認知活動がそれぞれどのようなものであるのかについて十分に理解することができないと考えられた。

そこで，我々は，両者をより直接的に捉えるための役割分担をするために，メタ認知活動を「対象レベル（object-level）」と「メタレベル（meta-level）」の相互作用と捉える枠組み（Nelson & Narens, 1994）を援用することにした。すなわち，個人が認知的な課題に取り組む際の内的な処理を，課題に直接働きかける認知的な処理と，それをモニターおよびコントロールするメタレベルの処理とに切り分け，2つの処理レベルでのやりとりによって，メタ認知的な機能が発揮されると捉える枠組みである。これに基づき，本実践では，課題に直接働きかける対象レベルの働きを担当する「課題遂行役」と，その活動をメタ的に捉える働きを担う「モニター役」という役割設定を行うことにした。

こうした発想をもとに，我々が開発したのは「相互説明」という指導枠組みである（図5-1に概要を，図5-2に指導の流れを示す）。この枠組みのもとでは，「課題遂行役」は理解構築を担うことから，読んだ内容を「モニター役」に対して説明することが求められる。一方のモニター役は理解状態の点検・評価を担うことから，課題遂行役の説明について，十分理解ができなかった点や不明確な点について質問することが求められる。なお，通常の読解指導では同じ文章を共有することが多いが，本実践では課題遂行役が読む文章はモニター役には提示しなかった。そのため，モニター役は課題遂行役の説明だけを頼りに内容を把握するという状況になる。これは，「どうせ相手も同じ文章を持っ

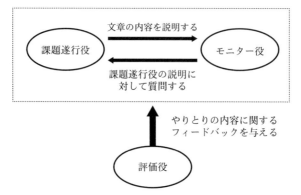

図5-1 「相互説明」の枠組み（清河・犬塚, 2003）

ているのだ」と課題遂行役が考えて，説明不足になってしまうのを防ぐと同時に，モニター役が「気を利かせて」あるいは「自分で課題遂行をして」課題遂行役の説明が不十分であることを見逃してしまうことを防ぐためであった。なお，本実践では，指導を担当したカウンセラー2名のうち1名が，クライエントと交代で課題遂行役とモニター役を担い課題に取り組んだ。

ここで，もう1名のカウンセラーは，図5-1にある「評価役」を担当した。課題遂行役とモニター役がいわば「1人の頭の中で行われている読解活動」を模した役割であるのに対して，評価役はその読解活動の遂行状況を外から見ている他者を模した役割であると言ってよい。上述のように，課題遂行役とモニター役は文章を共有していないため，文章の本質から離れる方向にやりとりがそれていってしまう可能性がある。また，自分たちだけでは「ちゃんと読めたか」の評価が困難になる。そのため，評価役は2人のやりとりの方向づけとフィードバックの役割を担った。

5-3　実践の経過

（1）実践における工夫とクライエントの変化

この相互説明という枠組みを用いて，読解方略の指導を開始したものの，はじめから説明や質問といった活動をうまく行えるわけではなかった。そのため，

第 5 章　読解の個別学習指導における相互説明　　　77

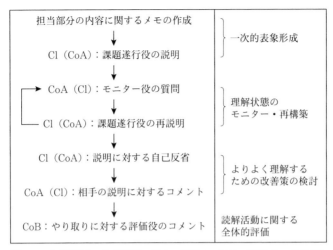

図 5-2　相互説明による指導の流れ（清河・犬塚，2003 を一部改変）

これらの活動をうまく行えるようにするための工夫が必要となった。まず，必要だと考えられたのが，「なぜこのような活動をするのか」についてクライエントの理解を得ることであった。クライエントからすれば「読解の指導をしてほしいと言っているのになぜ『説明しろ』とか『質問しろ』とか言われるのだろう？」という疑問がわくはずである。そこで，「人が文章を読むとはどのようなプロセスなのか」「なぜ相互説明がいいのか」についての説明を行った。次に，説明および質問の仕方についてのガイドライン（図 5-3）を示した。

このガイドラインによって，説明や質問の際のポイントをクライエントがつかめたようではあった。しかし，ガイドラインによって抽象的な「よい説明」や「よい質問」については理解できているものの，それを具体化することに困難があると考えられた。そこで，ガイドラインに沿った「よい説明」および「よい質問」の具体例として，カウンセラーである清河がその役割を担っている際に「モデル」を提示することにした。

まず，クライエントの説明は，目につくところ，印象的なところを中心とする構成になっており，情報間のつながりが明示されていないという特徴があった。そこで，「よい説明」として，カウンセラーの清河は，課題遂行役を担う際に，文章全体をまとめるような一言を説明の冒頭に示す，「A と B の関係

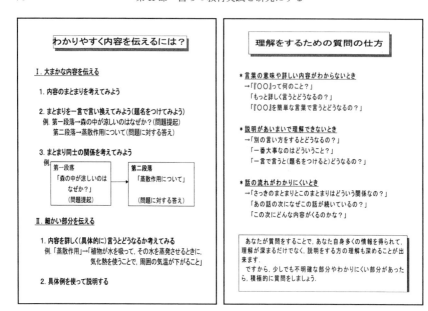

図5-3 説明および質問の仕方に関するガイドライン

は」のように本文にない言葉を用いて情報間の関係性を示すという点を意識的に行った。これに加えて，評価役であるもう1人のカウンセラーの犬塚が実際の説明の直後に「こういう説明のしかたをしていたのがよかった」と評価することで，モデルとしての位置づけを明確化した。さらに，清河がモニター役を担当した際に，クライエントに対して，情報間の関連についての質問することで，構造を明確化する働きかけを行った。以下はその例である（会話記録中のClはクライエントを指している）。

清河：合成樹脂のその例として乾電池がっていうところがわからなかった。つながりは？
Cl：つながりは，その処置に困っていることのつながり。
清河：同じく処置に困って，……
Cl：いるもので，乾電池がある。
清河：じゃあ，食べ残しは？ その処置が大変だっていうつながり？

第5章　読解の個別学習指導における相互説明

Cl：ちょっとは。人間はこっちも関係あるけど，食品を包むものみたいなやつが書いてあって，こっちには生ごみみたいなジャガイモの皮や魚の頭が書いてある。

　質問については，クライエントは「特にありません」と言うことが多く，モニター役や評価役に促されて初めて「○○って何ですか？」のように，単語の意味について尋ねたり，モニター役がメモに書いていた矢印を見て，「これはどういうことですか？」と尋ねたりするという状況であった。上述の会話記録に示したように，「よい質問のモデル」をカウンセラーが示してはいたものの，クライエントの注意が，「質問に答えること」に向いてしまうため，モデルを参照することが難しいことが推察された。また，当初，カウンセラーである清河は「よい説明」を提示することに重点を置いていたことから，その説明を聞いてクライエントが十分に理解出来てしまったため，あえて質問をする必要性が感じられなかった可能性が考えられた。そこで，以下に示すように，清河が課題遂行役となり，あえて関連性を明示しない「不十分な」説明を意図的に行い，モニター役のクライエントから質問を引き出すよう工夫した。

清河：私のところは，人口増加をどうにかしようってことが書いてあって，だから，タイトルをつけるとすると，人口増加の解決について。今，人口増加に悩む国の対策は，少子化政策になっています。これはあまり根本的な解決策になっていません。かつては，自分の食べる分は，自分で作ればすんだのに，こんにちでは，その分のお金を稼がなくてはなりません。本当の理由を解決しなくては，人口問題も解決しないのです，と書いてありました。

この説明では，「本当の理由」が何かが説明されておらず，あいまいなままとなっている。それを受けて，以下のやりとりが進展した。

Cl：本当の理由って？
清河：本当の理由？　本当の理由の中身？　それとも何に対する理由か？

Cl：理由の中身。
清河：少子化政策で，子どもをあんまり産まないようにしてるんだけど，なんで子どもを産むかって言うと……
Cl：生活が苦しくなって働き手が。
清河：うん。さっき出てきたことで，西洋式の農業で。
Cl：ああわかった。
犬塚：「本当の理由」っていうのはいい質問でしたね。

なお，評価役である犬塚がクライエントの質問に対してポジティブなフィードバックを与えることで「よい質問」についての明確化を図っている。これらの工夫のもと，相互説明を用いた実践を進めるうちに，クライエントの説明および質問が変化していく様子がうかがえた（説明の変化を表5-1，質問の変化を表5-2に示す）。

（2）ポストテストに見られた変化

相互説明を用いた指導の効果を測定するために，指導前同様，指導役にも文章の要約を作成するよう求めた。作成された要約には，関係性を明示するようなことばや説明が加えられており，単なる抜き書きではないことがうかがえた。また，不要な具体例などは削除し，より重要な情報に焦点化した要約となっていた。本実践では，「方略を明示的にトレーニングする」「要約作成のポイントを指導する」というような直接的な指導はほとんど行っていない。しかし，「相互説明」という指導枠組みと読解活動の関連性をクライエントに示し，より必然性のある場面設定で読解に必要な2つの活動を練習したことで，読解プロセスを改善させることができたと考えられる。

5-4　その後の展開

（1）実践および研究としての展開

本実践は，その後，①新たな場面への適用という実践としての展開と，②実践から得られた仮説の検証という研究としての展開がなされている。まず，実

表5-1 クライエントの説明の変化

回	説明内容
第3回	ほぼそのまま読み上げ
第4回	「前半と後半の関係は」「1段落目は……が書いてあって,で,その例として第2段落に……が書いてあって」
第6回	「この話は○○のことが書いてあって」「第1段落では……と言うことが書いてあって,その理由として,原因として,第5段落目に……ことがここには書かれていました」

表5-2 クライエントの質問の変化

回	説明内容
第3回	(カウンセラーが作成した図を指して)「この矢印なんですか?」
第4回	(カウンセラーの主題を捉えていない説明に対して)「信望って言い換えると信頼って言うことですか?」
第5回	(カウンセラーの関連性が不明確な説明に対して)「一言でまとめるとこれ何?(カウンセラー「どれ?」)これこれ,1(段落)」
第6回	(カウンセラーが主題である「人口増加の本当の理由」を十分に説明しなかったことに対して)「本当の理由って? 理由の中身」

践としては,犬塚が2つの方向で発展させている。第1の方向の展開としては,本実践はカウンセラー2人に対してクライエントが1人というやや変則的な設定で実施されていたが,それをより一般的な状況に適用可能な形とすることを目指した犬塚(2010)がある。この実践では,心理学を専攻する大学2年生を対象に,論文の読解をテーマとした補習を実施した。具体的には,学生たちは,論文の構造や用いるべき方略について指導を受けた後,2人1組になり,自分が担当した論文について「課題遂行役」を担い,相手が担当した論文については「モニター役」を担うことが求められた。第2の方向の展開としては,読解以外の題材への適用を行った犬塚(2003)がある。そこでは,数学の証明問題を課題として,中学生2人の学習相談を行う中で,相互説明の枠組みを適用することが試みられた。

実践から得られた仮説の検証という研究としての展開については,主として清河によりなされている。本実践では,本来は個人内の処理である「対象レベル」の活動と「メタレベル」の活動が個人間に分かち持たれ,両者の相互作用

という形に置き換えられることによって他者との協同による促進効果が生じたという想定に基づき，指導枠組みを提案した。そして，実践の結果，一定の効果を確認できたが，この「他者との相互作用によるモニタリング機能増進仮説」については，その後の実験によってより厳密な検討が行われてきている（清河・伊澤・植田，2007；清河・植田・岡田，2004；小寺・清河・足利・植田，2011など）。

(2) おわりに

以上，「相互説明」を用いた読解の指導実践とその後の展開について見てきた。本実践を研究としてまとめる中で，本実践の特徴や我々が重視していた点が明確化されたように思われる。まず，本実践においては，「指導枠組み」を提案するという点にこだわった。これは，具体的な手続きではなく，ある程度抽象化された形で指導の原理を示すことへのこだわりである。具体的な手続きは，一見すると「すぐに使える」知識のように思われるかもしれない。しかし，具体的な手続きを示すことによって，「何をどのような順番で行うのか」という点が強調されることになるため，結果として，柔軟な変更が難しくなり，適用可能な場面が限定されてしまう危険性が高い。また，「なぜそのような手続きとなっているのか」について注意が向きにくくなり，機械的な適用が促されてしまうことも懸念される。そのため，我々が示したいのはあくまで「指導枠組み」というある程度抽象化された情報であり，ポイントさえ外さなければ具体的な手続きは状況に応じて変更してもよいというメッセージを発することを意識した。

2つ目には，先行研究を踏まえて入念に計画・考案した指導枠組みであっても，最初からうまくいくわけではないという点を「正直に」示すことを意識した。抽象的な知識として有効であることが期待される指導であっても，それを個別の具体的な事例に適用する際には必ずと言っていいほど困難にぶつかる。一般論文では，そのような適用上の困難の記述に紙面を割くことは少なく，実施した指導の有効性を主張することが中心となると考えられる。しかし，実践論文においては，有効性の主張よりもむしろ実践上の困難やそれにぶつかって行った工夫を詳細に記述することによって，読者にとっての有益な情報提供が

可能となるのではないだろうか。

　最後に，本実践を通じて，逆説的ではあるが基礎研究の重要性を認識することができた。本実践で得られた効果は頑健なのであろうか？　またどの程度の一般性があるのだろうか？　さらには，その効果が頑健であり，一般性が高いものであったとして，それはどのようなメカニズムによるものなのだろうか？　これらの点について明らかにするためは，基礎研究によりさらなる検討を進めていく必要がある。そして，その結果が実践の効果をより高める上での重要な礎となると考える。

引用文献

秋田喜代美（1991）．メタ認知　児童心理学の進歩，30, 75-100.

犬塚美輪（2003）．学習者の自立を目指す認知カウンセリングの実践――数学の証明問題が分からない生徒に対する学習相談　月刊生徒指導，33, 142-149.

犬塚美輪（2010）．相互説明を用いた学術論文読解の指導　読書科学，50, 83-93.

清河幸子（2002）．表象変化を促進する相互依存構造――課題レベル-メタレベルの分業による協同の有効性の検討　認知科学，9, 450-458.

清河幸子・犬塚美輪（2003）．相互説明による読解の個別学習指導――対象レベル-メタレベルの分業による協同の指導場面への適用　教育心理学研究，51, 218-229.

清河幸子・伊澤太郎・植田一博（2007）．洞察問題解決に試行と他者観察の交替が及ぼす影響　教育心理学研究，55, 255-265.

清河幸子・植田一博・岡田　猛（2004）．科学的推論プロセスにおける他者情報利用の効果　認知科学，11, 228-238.

小寺礼香・清河幸子・足利　純・植田一博（2011）．協同問題解決における観察の効果とその意味――観察対象の動作主体に対する認識が洞察問題解決に及ぼす影響　認知科学，18, 114-126.

Miyake, N. (1986). Constructive interaction and the iterative process of understanding. *Cognitive Science*, 10, 151-177.

Nelson, T. O., & Narens, L. (1994). Why investigate metacognition? In J. Metcalfe, & A. P. Shimamura (Eds.), *Metacognition*. Cambridge, MA: MIT Press. pp. 1-25.

Palincsar, A. S., & Brown, A. L. (1984). Reciprocal teaching of comprehension-fostering and comprehension-monitoring activities. *Cognition and In-*

struction, 1, 117–175.

三宮真智子（1996）．思考におけるメタ認知と注意　市川伸一（編）思考　東京大学出版会，pp. 157–180.

第6章　教えあいを促す高校の学習法講座

深谷達史・田中瑛津子

6-1　実践の背景と実践1

(1) 教えあいの広まりとねらい

　近年，学校教育の中で生徒同士が学んだことを教えあう活動が重視されている。現行平成29（2017）年度時点の学習指導要領では，「言語活動」の充実が謳われ，考えたことを表現する活動が学校で多く行われるようになった。また，2020年度以降全面実施される新しい学習指導要領でも「対話的な学び」が目指すべき学習の方向性の一つとして掲げられていることから，学習者相互の活動はより一層積極的に行われるようになると考えられる。

　教えあいをはじめとする協働的な活動には，主に2つのねらいが存在する。第1に，内容について理解を深めることである。教えあいの場合，教え手と聞き手という2つの役割が存在するが，どちらの側においても教えあった内容の理解が促されることが期待される。第2のねらいは，様々な教科の学習に応用可能な能力（たとえば，効果的な学習の仕方である学習方略を利用する力）を高めるというものである。教えあいの過程では，効果的な学習法の存在に気づく機会が存在する。たとえば，「分かった」と思った事柄でも，実際説明してみると，うまく説明できないことがある。こうした経験から，学習者は「自分が理解できたかを確かめるには，説明することが有効だ」ということを実感するかもしれない。

　ただし，これまでの研究では，内容理解という1つ目のねらいについては効果が報告されているものの（Cohen et al., 1982），2つ目のねらいについてはほ

＊本章は，文献リストにある深谷ほか（2016）に基づいている。

とんど研究が行われていない。学習方略のような，様々な学習に応用可能な汎用的能力の育成は，新しい学習指導要領でも「学びに向かう力」として「育成すべき資質・能力」の一つに位置づけられており，自立的に学習を進めるうえでも非常に重要である。本章で紹介する講座は，後述するように，学校現場の課題を解決するために実施されたものだが，「教えあいが本当に学習方略の使用に影響を与えるかを明らかにする」という研究的な意義も有するものであったといえる。

(2) 実践の経緯

本実践は，もともと関東圏の高等学校に勤務する西尾信一教諭が，自校の生徒の学習改善を目的として，心理学で明らかにされている効果的な学習方略を生徒が身に付ける「学習法講座」を実施したことが端緒となっている。高校での学習法講座というと受験テクニックを教えるといった印象を持つ読者もいるかもしれないが，ここでの焦点は，受験でしか使えないテクニックではなく，知識を習得したり他者とコミュニケーションをとったりする際に不可欠な力を身に付けることにある。西尾教諭も，自校の生徒が生徒同士でやりとりしあう習慣に欠けるという課題意識のもと，生徒同士が教えあう文化を創ることを一つの目的として，教えあいをテーマにした実践を企図したわけである。

筆者らが参加する研究会において，研究会メンバーでもあった西尾教諭から，「教えあいをテーマとした学習法講座を企画しているため，その企画に参画してほしい」と相談があり，筆者らを含む数名で研究グループを組織し，1回目の講座（実践1）を実践したのが2010年度であった。しかし，実践1での教えあいは，活動は活発になされていたものの，必ずしも質の高いものでなく，「活動あって学びなし」の状態に近いものであった。そこで，教えあいの質が低くなってしまう原因と質を高める方策を改めて議論した上で，2012年度に2回目の実践（実践2）を実施した。本章では，実践1の概要とそこで見られた教えあいの問題と原因を簡単に紹介し，さらに，それを改善した実践2では，何を変え，その結果どんな成果が得られたのかを詳しく紹介したい。

(3) 実践1の概要

実践1は，県立A高校に在籍する2年生8クラスを対象に，総合的な学習の時間3回分を使って実施された。まず，第1回の授業では，西尾教諭から，教えあいの目的と教えあいスキルを学ぶための講義を行った。具体的には，長期的な記憶のためには丸暗記よりも理解する方が有効であることを，具体的題材（数字列）を使って解説した。また，理解を深めるために教えあいが有効であることを伝えた上で，教えあいのポイント（説明時に図表を使う，説明後には相手の理解を確認する）を示した。加えて，これらのポイントを練習するため，生徒同士で概念（化学における「モル」について）を説明しあう活動を行った。

第1回が終わった後，4名で1つのグループを作った上で，(1) 次週までにどの内容で説明役を担うかを決めること，(2) 説明する内容はうまく教えられるように，説明される内容は分からない箇所を明確にしてくるように準備を進めることを指示した。第2回には実際に生徒同士の教えあいを実施した。教えあう内容は，近く実施される予定だった中間試験の範囲から生徒自身が選んだ。教えあい時には教えあいのポイントを再度確認し，グループに分かれて教えあいを行った。その際，筆者らは教えあいの様子をビデオカメラで撮影した。

2回目終了後，研究メンバー間で良かった点と改善が必要な点を協議し，第3回には講演形式で生徒にそれらの点をフィードバックした。3回目の最後には，感想として自分たちの教えあいの良かった点，改善点などについて記述を求めた。

(4) 質の低い教えあいとその原因

2回目終了後，研究メンバーで議論を行った際に中心的な話題となったのは，教えあいの質の低さであった。具体的には，(1) 生徒の問いが表面的で，深い学びになっていない，(2) 教え手が聞き手の理解状態に配慮しない，という特徴が多くのやりとりに共通して見られた。(1)について，例えば，あるグループでは，一問一答式の「クイズ型」のやりとりが交わされた（以下，Tは教え手の生徒，Sは聞き手の生徒を表す）。

T：インシュリンは体内の特定の部分で作られますが，それはどこですか？
　S：肝臓？
　S：甲状腺？
　S：すい臓？
　T：あー，すい臓の名前がカタカナで……
　S：あ，ランゲルハンス島。

　他にも，聞き手が分からない英単語の意味をたずね，教え手が単語の訳のみを答えるといったやりとりも見られた（「訳語伝達型」のやりとり）。質の高い教えあいでは，「なぜ」といった情報の関連づけを促す質問が活発なやりとりの契機となる（Roscoe & Chi, 2007）。しかし，実際のやりとりは，「なに」という断片的な情報に焦点化したものであった。
　次に，(2)の問題について，あるグループでは次のような「答えチェック型」のやりとりが見られた。

　T：はい，じゃあ解いてみて。
　　（聞き手はもくもくと解く）
　T：そう，合ってる。じゃあ，次解いて。
　　（解くが途中で間違う）
　T：違う違う，そこはそうじゃなくて……
　　（間違いを指摘して説明。説明が終わると次に進む）

　このやりとりでは，答えが合っているかのみが関心の的となり，不十分な理解の確認しかなされていない。他にも，教え手が一方的に説明を続け，聞き手は重要と言われた情報のみをノートにとるだけのやりとり（「一方的説明型」）も見られた。チーら（Chi et al., 2004）によると，教え手は聞き手が十分な理解を達成していないにもかかわらず，聞き手の理解状態を過大に評価する傾向があるという。こうした問題も，説明が一方的で，聞き手の断片的知識をチェックするだけという教え手の行動に起因すると考えられる。
　生徒の教えあいがこのように質の低いものになってしまうのはなぜだろうか。

われわれ人間は，何かを学んだり教えたりする経験の中で，「学ぶ（あるいは教える）とはどういうことか」という暗黙の知識を獲得し，この知識に基づいて行動すると考えられる。ここでは，その暗黙の知識を「教授・学習スキーマ」と名づけた（スキーマとは認知心理学の専門用語で，「ある概念に関する既有知識の枠組み」を表す）。上記の教えあいのやりとりからは，生徒が「断片的知識／解法手続きを」，「教え手の生徒から一方的に」教えるというスキーマをもっており，そこに個々の内容を入れて発話行動をしているということが推察される。

　心理学の知見を踏まえると，「有機的に関連づけられた情報を」「教え手と聞き手が相互的に」教えあうというスキーマを持つことが望ましい。先のインシュリンの内容に基づけば，「インシュリンはどこで作られるか」という断片的情報のみならず，「なぜインシュリンが作られるのか」（機能），「それはどう可能になるのか」（仕組み）を，教え手と聞き手が質問と説明を相互に行いながら理解していくことが重要だろう。

　以上を踏まえると，質の高い教えあいを達成するには，生徒が自身の不適切なスキーマを自覚し改善するための明示的な働きかけが必要となると考えられる。実践1では，例えば「理解を目指す」といった目標は伝えていたものの，「そもそも『理解』とはどんな状態か」を明確に示していなかった。また，実践1では，自由度の高い教えあいが1回行われたのみで，生徒に十分な足場かけが与えられなかったため，実践2ではその点の解決も試みた。

6-2　教授・学習スキーマへの介入──実践2

(1) 実践の改善に向けた方策

　実践2では，教授・学習スキーマに対して明示的に介入を行うため，授業に改善を加えた。まず，「そもそも『理解』とはどのような状態か」「なぜ理解することが重要か」を教科内容に基づく具体例を用いながら明示的に分かりやすく伝えた。また，実践1の授業では，教わったスキルをどうやりとりに活かせばよいかを学ぶ機会が不十分だったため，スキルを活用した発話例をモデルとして示すとともに，不適切なやりとりを適切なものへと改善させるという活動

表 6-1 教えあい講座の構成

回（日にち）	構成	トピック
1回（09/05）	講演1	学習方法を学ぶ意義
2回（09/14）	講演2	望ましい学習観と学習スキル
3回（09/19）	講演3	望ましい教えあいと教えあいのスキル
4回（09/26）	教えあい1	研究者が設定した内容で教えあい
5回（10/03）	ふり返り講演	教えあい1の良かった点，改善可能な点
6回（10/10）	教えあい2	生徒自身が設定した内容で教えあい

を設定した。

　次に，実際の教えあいを行う際にも，ふり返りを挟み2回の教えあいの機会を設けた上で，1回目の教えあい（教えあい1）では足場かけを多く，2回目（教えあい2）では足場かけを少なくすることで，自発的なスキルの活用を促す工夫を設定した。足場かけの工夫として「内容の習熟度」「グループ形態」「ワークシートの有無」という3点を変化させた。まず，教えあい1では，前の学期の範囲から選ばせ，習熟度の高いものとした。一方，教えあい2では，既習ではあるが試験はまだ終えていない，習熟度が低い内容を扱った。第2に，教えあい1では，4人グループの中で2人ペアを2組設定させた。グループ内で2つのペアが並行して教えあうことで，どの生徒も説明と質問の機会を持つことができ，かつ，片方のペアのやりとりが停滞した際，もう片方のペアのやりとりを参照できると想定された。一方，教えあい2では，4人グループでやりとりを行った。第3に，教えあい1では，教えあう内容とともにやりとりのヒントを記したワークシートを用意した（詳しくは後述）。一方，教えあい2では，自分たちで内容を選定させ，ワークシートは与えなかった。

(2) 実践前半の概要

　実践2は，2012年度，A高校1年生（8クラス）を対象に「総合的な学習の時間」6回分を使い実施された。前半3回は講演・講義を中心とし，後半3回はふり返りを挟んで2回の教えあいを行った（表6-1）。

　前半3回のうち，教えあいに特に関連する2・3回目の概要を紹介する。2回目では，まず，丸暗記するのではなく，意味や規則，原理を理解することで，

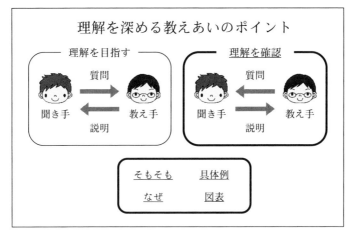

図 6-1　教えあいのポイント（3 回目の授業で使用）
注）太線の枠は強調したスキルを表す。

応用の効く知識を効率的に獲得できることを述べ，その例として英文法の「現在形」と「現在進行形」を取りあげた。現在形は「現在を中心とした広がり」，現在進行形は「今だけ」を指すという規則の中心的イメージを図式的に解説した上で，「Sugar (be) sweet.」などの文について，be 動詞を現在形か現在進行形のどちらかにして英文を完成させる問題を解かせ，規則の中心的イメージを理解すれば簡単に問題が解けることを実感させた。さらに，学習の進め方として，「そもそも」「なぜ」を考えるよう伝えた。「そもそも○○とは何か」「なぜ△△するのか」といった疑問を考えることで，定義や原理との関連づけを意識した学習が促されると考えられた。

　3 回目の冒頭では，「教えあいによって理解を深められる」という教えあいの意義と「理解を深める教えあいを行おう」という目的を伝えた。さらに，理解を深める教えあいを達成するスキルを提示した（図 6-1）。「そもそも」「なぜ」を考える他，「具体例・図表を使う」ことを教えあいのスキルとして提示した。また教え手が説明した後は，聞き手が本当に理解したかを確認するため，教え手と聞き手の役割を交代し，聞き手が説明することを強調した。次に，既習内容である数学（1 次関数）の「変化の割合」の問題を題材にスキルを用い

た発話例を示した．例えば，悪い説明の例として演算手続きのみを説明した発話を，よい説明の例として「そもそも変化の割合は，x が増える量に対して y がどれくらい増えるかを表したもの」といった定義を表す発話の他，手続きの理由，具体例，図表を用いた説明を提示した．

さらに，スキルの活用法を本当に理解したかを確認するため，質の低い教えあいの発話例を示し，よりよい教えあいにするにはどうすべきかを考えさせた．発話例は，英文法の不定詞の問題を解けなかった聞き手が教え手に答えをたずね，教え手は答えのみを述べるというものだった．10分ほど考える時間をとってから，隣の人と意見を交換した後，生徒にどんなことに気づいたか発表を求めたところ，「答えのみをたずねる質問をしている」「説明の後に理解確認をしていない」といった問題点が指摘された．その後，見本となる改善案として，「理解を目指す」「理解を確認」の2つの段階に沿って，聞き手と教え手それぞれについて望ましい質問や説明の発話例を示した．

(3) 実践後半の概要

4回目（教えあい1）では，ワークシートを元に生徒が教えあいを行った．ワークシートには，既習範囲から化学（原子構造），古典（動詞の活用），英語（現在完了），数学（2次関数）に関する問題を記載した．ワークシートにはあえて問題の答えも示し，答えだけでなく「なぜそうなるか」を考えるよう求めた．さらに，ワークシートには「答えだけではなく，『そもそも』や『なぜ』を大事にしよう」，「そもそも陽子とか中性子，質量数って何？」といったヒントも提示した．授業では，学級担任が10分を目安に次の問題に進むよう指示した．なお，教えあいの間，筆者たちは生徒同士のやりとりをビデオカメラで記録した．

5回目（ふり返り）では，教えあい1で見られた発話例を交えながら，生徒の教えあいに見られた問題とその改善ポイント（図を用いる，聞き手にも「なぜ」を説明してもらう）を解説した．また，よりよいやりとりをするポイントとして，聞き手は分からないことを積極的に表明すること，考えが分からないときは教科書や参考書などを活用することを述べた．次に，生徒の理解を深める活動として，実際のやりとりを元にした発話記録を示し，良いと思った箇所

に線を引くよう求めた。発話として，教え手の説明に対し聞き手から「そもそも電荷とは何か」と質問がなされ，2人で教科書を確認する様子が示されていた。生徒に線を引いた箇所の発表を求めたところ，「『そもそも』を質問しているところ」，「教科書を使っているところ」という2点を指摘できた。

6回目（教えあい2）では，主要5教科の中間試験の範囲から生徒自身が教えあう教科と内容を選定した。また，4名1グループで1人が他の3人に説明するという形をとった。教えあい当日は，班で扱うテーマやペースに違いがあったため，担任から説明役を交代する指示は出さず，班ごとの進捗にゆだねた。全員が教え役を務めたかは判断できないものの，一人ひとりが納得できるまでやりとりを行えることを重視した。

6-3 効果検証

(1) 教えあいにおける発話分析

8クラスのうち1クラスで，生徒にICレコーダーを配布し，教えあい1と2でのやりとりを記録し，教科ごとに教授したスキルがどの程度見られたかを分析した（分析の詳細な手続きは原著を参照）。なお，教えあい1はペア，教えあい2はグループでやりとりするなど違いがあったため，教えあい1と2の比較は行わなかった。

教えあい1の発話を分析した結果，「なぜ」や「そもそも」といった知識の関連づけを伴うやりとりが大半を占めていた（観測したうちの83％）。例えば以下のような発話が見られた（G3はグループ3を表す。以下同様）。

("Bob (　　) an English book." という問題について)
G3-A：1番の，Bob なんとか an English book ってあるじゃん。「Bob は英語の本を読んでいる」って，何々しているじゃん。何々しているっていうのは，現在進行形っていって，今の動作を表すことなの。図に表すと，今，過去，未来，ってあって。この現在進行形っていうのは，今だけの……
G3-B：今の期間だけ？

G3-A：のことを表すのね。

　英語の現在進行形と現在形は日本語にするとどちらも「何々している」となりうるが，教え手のAは時間軸に沿った図を用い，抽象的な規則に基づくと両者がどう異なるかを整理していた。また，以下のように，自らの疑問を積極的に表明する様子も確認された（全やりとり中70％）。

　G9-A：じゃあ2番の，なんでここは現在完了になるの。
　G9-B：なんで現在完了か。え，なんだろう，うちが分かんない。
　G9-C：うち分かるんだけど。
　　（隣のペアとやりとりを始める）

　このやりとりでは，聞き手であるAがはじめに「なぜ2番の問題が現在完了になるのか」を質問することで，自分の分からない点を明確化していた。
　足場かけを減らした教えあい2でも，同様に，「なぜ」「そもそも」についてのやりとりが多くみられた（85％）。以下のやりとりでは，「そもそも受動態とは何か」を聞き手であるDが問い，それに対して教え手であるCから具体例が挙げられている。

　G1-D：じゃあ，受動態ってなんですか？
　G1-C：受動態は主語が何かをされること。
　G1-D：はいはいはい。
　G1-C：例えば，猫が洗われているみたいな，誰かに。

　他方で，教えあい1でも2でも説明後の理解確認が行われることは少なかった（教えあい1は18％，2は33％）。教えあい2では聞き手が3人いたことから説明を求めづらかった等の要因も影響していると思われるものの，教えあい1でも同様の結果が見られたことから，聞き手が理解したと思ったことを自分でも言語化してみることを積極的に促す工夫が必要だと考えられる。

（2）教えあい1で扱った内容に関するテスト

　教えあった内容に関する理解が実際に促されたかを確かめるため，教えあい1のワークシートに記した内容についてテストを作成した（4項目）。いずれも断片的な知識を問うのではなく，理由など知識の関連性をたずねたものであった。分析の結果，いずれの教科でも，教えあい講座の1週間前に測定した事前の正答率に比べ，講座終了の2週間後に行った事後の正答率の方が高いという結果が確認された（各教科の事前から事後への正答率は化学32%→46%，古典20%→29%，英語10%→24%，数学33%→47%）。事後テストは講座終了2週間後に実施されたため，生徒は教えあい1の約1ヶ月後にテストに回答したことになる。にもかかわらず，テスト成績の向上が認められたのは，生徒の教えあいが，情報の関連づけを伴う質の高いものになっていたためだといえる。

（3）学習方略の使用

　教えあいを通じてふだんの学習で用いる学習方略が変わったかを調べるため，質問紙調査を3時点（事前，事後，遅延）で実施した（事後調査は講座終了2週間後，遅延調査は講座終了2ヶ月後）。生徒には，ふだんの自分の勉強を思い出して，項目にあてはまる程度を5件法で評定するよう求めた（1「全くあてはまらない」〜5「大変よくあてはまる」）。測定したのは，学習内容を説明することで自分が理解しているかを確かめる「説明方略」，答えだけでなく考え方を含めて人に教えてもらう「自律的援助要請方略」，周りの人と学習したことを教えあう「教えあい方略」などだった（詳細は割愛）。

　各方略に関する結果を図6-2に示した。説明方略と教えあい方略は，事前から事後にかけて向上が見られ，また，遅延にかけても向上が維持された。一方，自律的援助要請方略については全体的に高く変化が認められなかった。事前の平均値（5件法で4.01）を見ても，もともと生徒は考え方を周りの人にたずねるという方略を比較的よく使用しており，そのため効果が得られにくかったものと考えられる。

　以上から，教授・学習スキーマの枠組みに基づき，関連づけられた情報を相互的に教えあうことを明示的に促し，教えあいにおいて足場かけと足場外しを行うことで，質の高いやりとりがなされたことが分かった。また，説明方略の

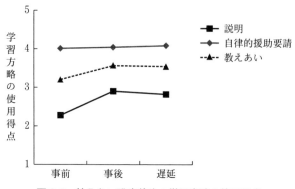

図6-2　教えあい講座前後の学習方略の使用得点

使用得点が向上するなど，普段の学習で生徒が効果的な学習方略を使うようになったことが示されたことから，教えあい活動は，様々な教科の学習に応用可能な能力を育成する上でも有効であることが示されたといえる。

6-4　実践をふり返って

　本研究は，学校現場からの要請に対して，教員と研究者が研究グループを組織し，ともに実践を創りあげたものであった。こうした研究は，学校現場で起こるリアルな課題に対して解決を試みる，教育的な意義があるものであるが，いわゆる通常の調査・実験研究と異なる，独自のアプローチが求められる。一般の研究では，研究者の専門的な関心に基づき研究が行われるため，「ある学年におけるある単元の教材開発」のような，狭い限定的なテーマとなることが多い。一方，学校現場での課題は，「学習意欲が低い」「思考力に課題がある」「学習面での個人差が大きい」など，より広く漠然としている傾向がある。そのため，こうした要請に応えるため，研究者には，ある特定の研究知見のみならず，自身の専門分野の発想法や理論を幅広く活用することが求められると思われる。

　自身らのことをふり返ると，認知カウンセリングや学習ゼミナールなどを通じて自ら実践を行ったり，研究会などで他の人の実践を聞いたり議論したりす

る経験を長年行っていたことが，今回の実践を創りあげる土台となったように感じる。今回の実践では，実践1の生徒たちの教えあいの様子を観察した後，生徒の教えあいの問題と原因を考え，その問題を解決するための新しい実践を考案するというプロセスにおいて，特にこうした経験が活きたと思われる。生徒の学習のつまずきを捉え対応する「つまずき把握力」「つまずき対応力」を高めることは，教育現場の課題解決を目指す実践研究を行う上で重要であると考える。

　ただし，研究者には，行った実践を単に自分たちの知恵とするだけでなく，実践について理論的な考察を行ったり，他の研究者や実践者と共有できるよう論文などの形でまとめたりすることも求められる。実践研究を論文化する上で，筆者ら自身が重要だと考えている一つとして「実践の文脈化」が挙げられる。実践の文脈化とは，行った実践が先行研究の中でどういうオリジナリティを持つのかを考え，これまで行われた研究文脈の中に実践を位置づけることを指す。本実践の場合，(1) ある教科に限定的な介入ではなく，「学ぶこと・教えること」という一般的で抽象的な考え方（教授・学習スキーマ）に焦点化して介入を行った点，(2) 評価においても学習方略という教科横断的な資質・能力への影響を調べた点が，教えあいに関する先行研究に見られなかった視点であった。また，論文化する際にも，行ったことを客観的・抽象的にまとめることに加えて，介入のプロセス（実践1の失敗をいかに実践2に活かしたかなど）を詳細に記述したり，学習者の具体的な様子や反応を紹介したりすることで，実践ならではのリアリティが読み手に伝わるよう工夫した。

6-5　その後の展開

　前述したように，実践2には一定の効果が認められたが，重要な課題も残された。例えば，今回の実践では，学習法講座は単発の取り組みとして実施され，授業など他の取り組みとの連携が図られなかった。本研究で成果が認められたとはいえ，例えば，内容テストの正答率を見ると，必ずしも高い値は得られていない（6-3 (2) 参照）。やはり日々生徒が受ける授業において，理解したことを友達と説明しあうといった活動を日常的に行ってこそ，深い理解の達成と方

略の習得が可能になると考えられる。単発の取り組みとなりがちな学習法講座のみならず，日々の授業のあり方についての検討が求められる所以である。

　日々の授業を含めた学習指導の改善を実現するには，教師自身が「学ぶ／教えるとは」について豊かなイメージを有している必要があるが，教師自身が学習の質よりも量を過度に重視するなど，偏った考え方を持っている場合もある。そこで，筆者らは，その後の展開として，教師を目指す学生や現職教師を対象とした実践研究を行っている。一つには，教職課程の授業において，受講者に対し，認知カウンセリングを体験する課題を課し，その効果を検証した（深谷・植阪，2017）。認知心理学の発想を学び，学習に悩む人を実際に支援することで，学習のつまずきへの指導の仕方が変容することが明らかとなった。また，現職教員に対しても，生徒の説明活動や協働を取り入れた授業デザインである「教えて考えさせる授業」を軸とした授業改善に取り組むことで，児童の学力や教師の指導にどのような変化が見られたかを検証した。この研究については本書第7章で詳しく紹介したい。

引用文献

Chi, M. T., Siler, S. A., & Jeong, H. (2004). Can tutors monitor students' understanding accurately? *Cognition and Instruction*, 22, 363–387.

Cohen, P. A., Kulik, J. A., & Kulik, C. C. (1982). Educational outcomes of tutoring: A meta-analysis of findings. *American Educational Research Journal*, 19, 237–248.

深谷達史・植阪友理（2017）．個別支援の実践体験を取り入れた教員養成課程の授業実践　日本教育工学会論文誌，41, 157–168.

深谷達史・植阪友理・田中瑛津子・篠ヶ谷圭太・西尾信一・市川伸一（2016）．高等学校における教えあい講座の実践――教えあいの質と学習方略に対する効果　教育心理学研究，64, 88–104.

Roscoe, R. D., & Chi, M. T. (2007). Understanding tutor learning: Knowledge-building and knowledge-telling in peer tutors' explanations and questions. *Review of Educational Research*, 77, 534–574.

第7章 | 小学校と研究者が連携した授業改善の取り組みとその分析

深谷達史・植阪友理・太田裕子・小泉一弘・市川伸一

7-1 実践の背景——学力差に対応した授業づくり

(1)「教えて考えさせる授業」導入の経緯

本書第6章の最後に述べたように，学習者の深い理解や学習方略の習得を達成するためには，日々の授業を改善していく取り組みが重要だと考えられる。そこで本章では，深い理解の達成と学習方略の習得を目指す授業枠組みである「教えて考えさせる授業」（以下，OKJと略記）を中心とした授業改善に取り組んだ公立小学校の2年間の実践について紹介する。

日本の小学校では，とくに算数において日々の授業のやり方として問題解決型の授業が展開されることが多いとされる（市川, 2004）。問題解決型の授業では，その授業で学ぶ内容に関する基本的な課題が提示され，児童はこれまで学んできたことをもとに，課題の解法を個人や集団でじっくり考える，という形で授業が展開される。しかし，低位の児童にとっては，自分で解法を考えたり，他の児童の発表を理解したりすることが難しい。一方，塾などに行っている児童は，授業で扱う内容をすでに先取りして学んでいることが少なくない。こうしたクラス内学力差への対応は，公立の学校でしばしば問題となり，平均的に見れば学力の高い本実践の対象校でも大きな課題として認識されていた。

OKJは，学力差を克服し，すべての生徒が意欲的に授業に参加できることを目指して提案されたものである（市川, 2004）。OKJは，(1) 教師からの説明，(2) 理解確認，(3) 理解深化，(4) 自己評価という4つの段階からなる

---

* 本章は，文献リストにある深谷ほか（2017）に基づいている。なお，実践にあたっては，当時東京大学大学院の学生であった福田麻莉，太田絵梨子，和田果樹の諸氏に認知カウンセリングや授業検討会等で大きな協力を得た。記して感謝する。

（市川, 2008）。まず, 教師からの説明では, その授業で習得が目指される基本的な内容を, 教材や教具を工夫しながら教師が分かりやすく対話的に説明する。次に, 理解確認では, 生徒が本当に教師の説明内容を理解したかを確かめるため, 学んだことを生徒自身が説明しあうなどの活動を行う。理解深化では, 一通りのことを学んでも生徒が誤解しそうな課題や知識の活用を求める課題に対して, 生徒同士の協働も行い, 発見的に学習を行う。最後に, 自己評価では, 生徒が授業で分かったこと, 分からなかったことなどをまとめ, 授業をふり返る。

OKJの一つの特徴は, 授業で習得すべき基本的事柄は, 授業の前半で教師から説明していくという点にある。学力低位の児童にとっては, 既習事項でさえあやふやな中で考えを持ち話しあいにはいることは難しい。実際, 先行研究でも, 基本的な知識がない状態で問題解決を行っても, 十分な学習効果が得られないことが明らかにされている（Tuovinen & Sweller, 1999）。そこで, OKJでは, 基本的事柄については教材・教具を工夫したり既習事項との関連を説明したりすることで, 教師から分かりやすく対話的に解説を行うこととなる。ただし, 教師の説明を受動的に学習したのでは, 児童生徒がその内容を本当に理解できるわけではもちろんない。そのため, OKJでは, 理解確認において, 説明された内容を自分自身の言葉で説明することが求められる。

他方, 授業後半の理解深化では, 知識の活用や一通りのことを学んでも残る誤解に焦点をあてた課題を提示し, 生徒はグループで相談しあいながら解決を図る。先取りして学習していた上位の生徒にとっても取り組みがいのある課題が設定されるが, 教師からの説明と理解確認で得た知識を共通の土台にできるため, 低位の生徒も協働的問題解決に意欲的に取り組むことができる。このように, OKJは, 教師から直接的に事実や解法を教わる受容学習と, 学習者自ら解法を見出す発見学習とを, 授業の前半と後半にバランスよく配置したものとなっている（市川, 2008）。

また, OKJは効果的な学習方略を獲得させ, 学習者の自立を図ることもねらいとしている。そこでは, 様々な学習方略の習得が目指されているが（植阪, 2012）, その一つが図表活用方略である（図表活用方略については本書第12章も参照）。例えば, 教師からの説明の場面で, 教師が意味理解のツールとして図表

を使って説明したり，理解確認や理解深化で，生徒自身に図表の活用が求められたりする。こうした活動を通じて，頭だけで考えるのではなく，手を動かしながら情報をうまく整理・表現できる学習者の育成が目指されるのである。

ただし，これまでOKJを導入した学校の成果が報告されることがあっても（e.g., 市川，2013，2017），教科内容に関する理解と学習方略を個別に測定するなどした，厳密な検証はなされてこなかった。そこで，本実践では，OKJを中心とした算数の授業改善に2年間取り組んだ公立小学校を対象とし（その後，研究が継続し，現時点では4年間の取り組みとなっている），取り組んで日が浅い時点での1年目と時間が経った2年目を比較することで，児童の学力や教師の指導にどのような変化が見られたかを検討した。

(2) 本実践の取り組み

前節で述べたように，OKJでは，すべての生徒において深い理解を達成し学習方略を習得できることが目指されている。しかし，形式的にOKJを導入すれば学力が上がるというわけではもちろんなく，いかにそのコンセプトを的確に実践に結びつけるかが重要だといえる。例えば，OKJを導入しても，教師の説明が公式や手順の丸暗記を促すものであれば，十分な効果は得られないだろう。「なぜそうなる（する）のか」という意味理解を促すとともに，児童がつい勘違いしそうな内容を説明として取り上げるなどの工夫が求められる。これに関連して，市川（2013, 2014）は，授業に先立ち子どもにとって何が難しいかを考えることを「困難度査定」と呼び，学習者の困難の所在を明確にし，それに応じた手だてを設定することが重要であると指摘している。

今回の実践校でも，OKJのコンセプトの理解を深めるため，様々な取り組みが実施された。具体的には，OKJを算数で日常的に行うほかに，(1)年度に一度各学年で研究授業を実施する，(2)授業検討会では「三面騒議法」（市川，2013, 2016）というワークショップ型の協議形式を取り入れる，(3)研究者が研究授業を参観しコメントをする，(4)夏休み研修として認知カウンセリングについて研究者が講演を行う，(5)大学院生が，勉強に悩みを抱える実践校の一部の児童に認知カウンセリングを実施し，年度に一度学校の教員とともに事例検討会を行う，などが行われた。研究者が教壇に立って授業そのものを行

ったわけではないが，授業改善や教員研修にかなり関与し，現場の教師とともに実践を展開したという意味で，本研究も実践ベース・アプローチの1つであるといえよう。

7-2　実践の概要

(1) 研究授業にむけてのやりとり

先に，OKJのコンセプトをどう実践として具体化するかが重要と述べたが，本実践の対象となった学校においても，実践当初からOKJが効果的に実施されたわけではなかった。その様子を示すため，研究開始直後にある研究授業を実施した際の学校と研究者とのやりとりを簡単に紹介したい。

当該の授業は，1年目の1学期に行われたもので，内容は小学6年生の「倍と割合」の1時間目（3時間中）であった。教科書（学校図書）では，「3試合分のバスケット・シュートの入る数について，5年生時の数（20本）と6年生時の数（50本）を比べる」という課題が扱われていた。もともとの指導案には，教師からの説明として，「くらべられる量÷もとにする量＝割合（倍）」という公式を提示した上で，基準とする量が「もとにする量」，何倍かを知りたい量が「くらべられる量」であり，何倍かを求めるには割算を使う，といったことを説明する，と記されていた。

こうした指導案に対して，研究者側である第1・第2著者から，「説明において意味理解が重視されているように見えない」ということが共通して指摘された。具体的には以下のようなコメントが伝えられた。「指導案を拝見すると，教える場面で『くらべられる量÷もとにする量＝割合（倍）』と示し，課題をこの式にあてはめていく，と説明しているように見えます。これだと，児童には（1）文章から『もとにする量』と『くらべられる量』を見つける，（2）公式にあてはめる，という流れで問題を解くのだ，と意味理解が完全に抜けてしまった形で伝わってしまうのではないかと危惧しています」（第1著者）。

さらに，両者から「自分であればこう説明する」という代替案も伝えられた。例えば，「ここで理解すべき大事なポイントは，もとになる量を『1つ分』として考えるということです。（中略）具体的な課題としては，自分ならば，

10 m, 50 m, その半分の 25 m の 3 つを挙げ，テープ図などを使いながら説明します。例えば，10 m を 1 つ分と見ると，50 m は 5 倍，25 m は 2.5 倍になります。一方，50 m を 1 つ分としてみると，10 m は $\frac{1}{5}$，25 m を 1 つ分としてみると，10 m は $\frac{2}{5}$ になります。いつも『1 つ分にあたる量×倍＝くらべられる量』という関係になっていることも確認します」（第 2 筆者のメール）という意見が提示された。

　もちろん，研究者からの意見はあくまでも参考であり，最終的にどのように授業するかは学校と授業者にゆだねられたが，こうしたやりとりを行うことで，OKJ がどのような児童像を目指すものなのか，徐々に共通理解が図られ，実践の中にも取り入れられていった。実際，上記の授業においても，当日の指導案では，教師からの説明において，公式を提示しそこに数値をあてはめていくのではなく，課題を数直線に表しながら「もとにする記録を 1 とすること」などをていねいに説明する計画に変更された。

(2) 三面騒議法による授業検討会

　また，本実践では，研究授業後の授業検討会において「三面騒議法」が取り入れられた。三面騒議法とは，研究授業における授業検討会において，(1) 授業のよかった点，(2) 代案つきの改善点，(3) 他の学年や教科でも使える点を，それぞれ赤，青，黄の付箋紙に書き込み，個人で書き込んだ付箋紙をグループで話しあいながらまとめていくという協議法である（市川，2014, 2016）。三面騒議法には，通常の検討会と異なり，グループで話しあうことで意見が出しやすくなる，抽象的な批判に留まらず代案を出しあうことで相互の研鑽につながりやすくなる，といったメリットがあるとされる。OKJ と三面騒議法を組み合わせると，教師からの説明など 4 段階ごとに授業のよかった点など 3 つの観点から議論することになり，1 つの授業を多面的に詳しく検討できる。また，各グループで話しあった内容を互いに紹介した後には，参観した研究者からもコメントが述べられた。意味理解や学習観，学習方略といった，研究者が重視する観点からのコメントを伝えたり，そのコメントについてさらに協議したりすることで，OKJ のコンセプトがよりよく理解されたと思われる。

　一例として，2 年目の 6 年生の「速さ」の授業（9 時間中の 1 時間目）の授

業内容と協議会の様子を紹介したい。まず，授業では，教師からの説明として，「300 km を 3 時間で走る赤い車と，250 km を 2 時間で走る青い車のどちらが速いか」という課題について，1 時間あたりの道のり（速さ）を出せば青い車が速いと分かることが説明された。このとき，単に公式を提示するのみならず，速さと時間が示されたブロック図を用いながら，速さ，時間，道のりの意味と関係が説明された。理解確認では，個人で同じ問題を数直線に表した後，ペアで図を説明しあう活動が行われた。理解深化では，「36 km 先まで進むのに自転車で 3 時間かかった」，「1 時間に 12 km の速さで走ったら 3 時間かかった」などの文が提示され，速さ，時間，道のりの関係を数直線で整理し，分からない量をどう算出できるかを児童が説明しあう活動が設定された。

　こうした授業に対して，授業後の三面騒議法による協議会では，授業のよかった点，改善可能な点，他の授業でも活かせそうな点が活発に協議された。協議会では，いくつかのグループから，「道のり÷時間＝速さ」といった公式の丸暗記に陥る児童も少なくない内容について，半具体物を用いて 3 つの量の関係の理解を促した点がよかったといった意見が出された。一方で，理解確認では，数直線にうまく表現できなかったり上手に説明できていなかったりする児童も散見されたことから，教師からの説明で用いた教具と数直線が必ずしも結びついていなかったのではないかといった課題が指摘された。参観した研究者からは，代替案として，教師からの説明で数直線を使ってどう説明するか（説明のモデル）を示しておくといった案や，問題を解く道具としてしか図を捉えていない児童に，考え方をうまく説明する道具としても図が有用であることを伝えるといった案が示された。

(3) 個別学習相談との連携

　本実践校の取り組みの中では，OKJ による授業改善に加えて，認知カウンセリングも実施された。主なカウンセラーを務めたのは市川研究室の大学院生 3 名であったが，夏休みには，教員も交え，認知カウンセリングがどのようなものかという研修や，認知カウンセリングの事例を発表し協議を行う検討会が行われた。回数自体は必ずしも多くなかったものの，これらの機会も OKJ の実践の質を向上させる上で重要な役割を果たしたと考えられる。

研修では，認知カウンセリングが，丸暗記ではなく深い理解を目指すことが解説され，深い理解とはどのような状態を指すかが詳しく解説された。さらに，自ら学習を進める「学ぶ力」として，効果的な学習方略やバランスのとれた学習観を育むことが重要であることが強調された。これらの認知心理学に基づく学習者像は，OKJ で目指すものとまさに一致しており，研修を受けた教師からも，OKJ がどのようなことを目指すのかがよく理解できたといった声が聞かれた。

また，事例検討会では，大学院生が本実践校の児童に対して行った認知カウンセリングの報告がなされた。例えば，1 年目では，3 件の事例が発表され，それぞれについて協議を行った。ある事例では，割り算の文章題に苦手意識を持つ 4 年生の児童に対してどのように考えているかをていねいに診断したところ，「大きい数÷小さい数」というように形骸的に立式をしていたこと，意味を理解するために図をかかせるといった指導を通じて意味理解が促されたことなどが紹介された。検討会では，対象となった児童数は多くなかったものの，報告された児童のつまずき（形骸的な問題解決の仕方や非効率的な学習方法など）は一部の子どもだけに限定されるわけではなく，日々の指導のあり方を見直す必要性が議論された。

実際，研究 2 年目の年度末に行ったアンケートでも，「認知カウンセリングを知ることで授業での指導法に変化があったか」という問いに対して，変化を記述した割合は 80%（20 名中 16 名）にものぼった。具体的な記述内容として，「授業の『教える』段階で，こういうミスをしやすいとか，『深める』段階で，あえてこういう間違いをしそうだという間違いを示し，どうしてこういう間違いをしたのか説明しあう協働学習の場面を設けたりしました」など，つまずきを意識して授業を設計するようになったといった回答が多く見られた。

7-3　どのような効果が見られたのか

本章第 2 節で述べたような実践の結果，児童の学力や教師の指導において客観的にどのような変化があったかを調べるため，3 つの調査を通じて検証を行った。児童の学力に関する調査として，一つには全国学力・学習状況調査にお

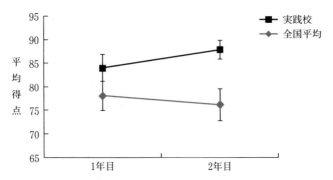

図 7-1　全国学力・学習状況調査（算数 A 問題）の結果（エラーバーは標準偏差）

ける算数の得点がどう変化したかを分析した。さらに，学習方略の使用にも変化が見られたかを調べるため，文章題を解く際に図表を活用する程度を調査した。3つ目に，算数の指導を担当した教師を対象に，OKJ の簡易的な指導案を書いてもらう調査を行い，その内容を分析した。本実践は全学年で実施していたが，児童の学力調査の指標として全国学力・学習状況調査の得点を用いたため，異なる年度の6年生を比較対象とした。教員調査は，管理職と専科教員を除く教員の回答をデータとした。1年目は，20名の教員，100名の6年生児童が対象となった。2年目は教員が17名，6年生児童が111名であった。

(1) 全国学力・学習状況調査

1年目と2年目の全国学力・学習状況調査において，実践校の平均値と全国の平均値を算出した。基本的な知識・技能を測る A 問題の結果（図 7-1）を見ると，研究開始間もない1年目から本実践校は全国平均より高い平均得点を示していたものの，2年目になるとさらに全国平均を大きく上回るようになったこと，さらに，2年目では得点の個人間のバラつきを表す標準偏差が小さくなったことが分かる。OKJ では，基本となる知識と技能について教師が意味に基づく説明を行ったり，児童自身がそのことを説明したりする。そのため，低位の児童にとっても知識の定着が促され，バラつきが小さくなったのだと考えられる。

また，知識の活用を測る B 問題（図 7-2）においては，1年目より2年目の

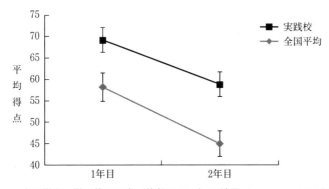

図 7-2　全国学力・学習状況調査（算数 B 問題）の結果（エラーバーは標準偏差）

方が，問題が難しかったためか得点が低かったが，全国との差は大きくなったことが確認された。OKJ は，基本的な事柄を学んだ後にも残る誤解を解消したり，知識の活用を求めたりする理解深化が設けられている。日々の授業で理解深化に取り組んだ成果が，B 問題の得点の高まりとしても表れたものと思われる。なお，研究開始以前の学業成績や通塾率の影響を統計的に統制し除去しても同様の結果が得られたこと，実践対象とならなかった国語では，1年目と2年目の結果に統計的に有意な差は認められなかったことも，今回の算数における実践が効果的だったことを裏付けている。詳細な結果は原論文を参照してほしい。

(2) 学習方略調査

市販の問題集を一部改変し，図表活用方略の使用を評価した。問題の下にスペースを設け，そこに図・式・言葉などで答えを出すまでの考え方を説明するよう求めた。例えば，「たてが 12 cm，横が 16 cm のタイルをすきまなくならべて，最も小さな正方形をつくります。このとき，必要なタイルのまい数は何まいですか」など，4問の問題セットを用いた。分析では，問題に正解したかとともに，スペースに図表がかきこまれているかを判定した。

分析の結果，1年目と比べて2年目には，図表をかかずに不正解になる児童が少なくなったこと，逆に，図表をかいて正解に至った児童が多くなったことが明らかとなった（図 7-3）。OKJ では，学習事項の意味理解を促すツールと

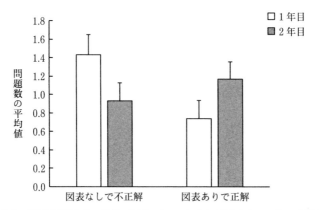

図7-3 学習方略調査の結果（図表なしで不正解，図表ありで正解の問題数）
（エラーバーは95%信頼区間）

して図表の活用を求めることが多い。こうした特徴が，意味理解のツールとして図表を的確に使用できる児童の増大につながったのだと考えられる。

(3) 指導案作成調査

　教師の指導に変化があったかを調べるため，指導案作成調査を実施した。教科書のコピーを配布した上で，その内容をOKJとして扱うとしたら，どのように授業を行うかをA4判1枚の調査票に記入してもらった。教科書のコピーは2種類あり（台形の面積の公式，線対称），題材の効果を相殺するため，1年目に台形について指導案を作成した教師は，2年目は線対称について指導案を作成した（あるいはその逆）。さらに，作成した指導案についてどのような点を工夫したか自由記述を求め，補足的なデータとした。

　分析では，自己評価を除く，教師からの説明，理解確認，理解深化の記述と，工夫した点に関する自由記述を対象とした。分析のため，OKJに関する書籍（市川，2016）や教師の学習指導に関する先行研究（Depaepe et al., 2013）を参照し，授業のポイントとなると想定される働きかけについて記述があるかをコード化するカテゴリを作成した。例えば，教師からの説明では「意味理解を促す説明」「誤概念を考慮した説明」などのカテゴリーが設けられた。全部で10のカテゴリーを設けた上で，各カテゴリーについて該当する記述が見られた場合

に1点を加点し，10点が上限となる指導案得点を算出した。

指導案得点の平均値を比較したところ，1年目より2年目の方が高い得点が見られた（台形の面積の公式は1年目5.80，2年目6.43，線対称は1年目7.10，2年目8.30）。台形の面積の公式では，教師からの説明（1年目1.8点，2年目2.1点）と理解深化（1年目1.6点，2年目1.9点）に特に差が見られた。例えば，理解深化では，「多様な解／解法がある課題」などの記述が増えた。他方，線対称では理解深化の得点に違いが見られた（1年目が2.1点，2年目が3.2点）。特に，「誤概念を考慮した課題」と「ペア活動／協同」の2つのカテゴリーで2年目の割合が高かった。内容によって得点に多少の違いは見られたものの，2年目の得点の方が高かったのは，指導経験や研修を積み重ねる中で，OKJのコンセプトを理解し，指導を的確に進められるようになったことの表れだと考えられる。

7-4 実践をふり返って

本実践を通じて，OKJを軸とした取り組みが，児童の学力および教師の指導法に変化をもたらすことを示すことができた。もちろん，本研究では，様々な取り組みが行われたため，どの取り組みがどの程度の効果を生んだのかは特定しにくい。しかし，従来の教育心理学の多くの研究が，ある教科内容に関する介入法を開発しその効果を検討するアプローチをとっていたのに対して，本研究は，内容に限定されない，教師の発想そのもの（意味理解の重視，協働の重視など）を変える可能性を示したといえるだろう。ただし，本研究では，教師がどのような指導をするかについてはあくまでも指導案の分析に留まっているため，今後，実際の授業や検討会のコメントなどを対象に変化の詳細を明らかにする必要がある。

こうした成果を生んだのは，学校現場に対する研究者の関わり方が関係していると考えられる。実践ベース・アプローチでは，授業を観察するだけでなく，研究者が現場の教師とともに実践を創りあげていく。そこでは，子どものつまずきに対して「自分であればこうする」という具体的なレベルで議論が交わされる。指導案検討や授業後の協議会，認知カウンセリングの研修会など，様々

な機会で研究者と教員がやりとりすることを通して，教師の指導と児童の授業に向かう姿勢が変わっていったものと考えられる。実際，本章を執筆するにあたって，あらためて対象校の教師にアンケート調査を行い，大学との研究体制のあり方についての感想をたずねたところ，「素晴らしいと思う」「とてもよかった」など，肯定的な回答がほとんどであり，否定的なものは皆無であった。特に，対等の立場から具体的にやりとりした点について言及が複数見られた。例えば，「研究者としての講師の先生方のお話を受け，時には現場の教師の立場から，『違う』と異論をはさませていただくこともありましたが，あとあと考えてみると，納得したり，深く共感したりすることもたくさんありました。まさに協働することで切磋琢磨させていただいたと勝手に思っております」というような回答が得られた。実践に深く関与するという実践ベース・アプローチの特徴が，今回の成果の基盤となったといえるだろう。

7-5 その後の展開

まず，実践面での展開として，本実践の対象となった小学校では，その後，教科を国語にも拡張して研究が継続している。本章で報告した後の2年間では，算数と国語の2教科に並行して研究を行っており，さらに，次年度以降は国語に焦点をあて，研究が継続される予定となっている。また，同じ学区の周辺の学校にも研究への参加を呼びかけはじめ，実際，その後の研究授業には，周辺の小学校および中学校の教師が公開授業に参観したり事後協議に参加したりする姿が見られている。本実践校において児童が意欲的に授業に取り組む様子や教師が積極的に研究を進める姿が，他校にも刺激となっていることがうかがわれる。

次に，研究面における展開として，中学2年生に対する学習ゼミナール（本書第1章参照）での実験授業によって，OKJと他の教授法の有効性を比較する研究が行われている（Fukaya et al., in press）。この研究では，5日間の理科の学習講座において，OKJ群の他に，理解確認を行わない分理解深化に長い時間取り組む群と，理解確認と自己評価の代わりに基本事項を発見的に学習してから教師からの説明と理解深化へと進む群が設けられた。事後テストの結果，

教師からの説明や理解深化で扱った事柄のみならず，転移テストにおいてもOKJ群の成績が最も高かったという結果が得られている。学習ゼミナールのような実験授業では，学習方略や学習観のように短期では変わりにくい学力について検討しにくい一方，学校の実践研究では実現が困難である，教授法の有効性を系統的に検証することができる。教育心理学の研究としてOKJの有効性を実証的なデータから検討する試みは，まだ端緒についたばかりであるが，実践的な研究や実験的な研究を組み合わせた更なる研究が，今後ますます望まれるだろう。

引用文献

Depaepe, F., Verschaffel, L., & Kelchtermans, G. (2013). Pedagogical content knowledge: A systematic review of the way in which the concept has pervaded mathematics educational research. *Teaching and Teacher Education*, 34, 12–25.

Fukaya, T., Uesaka, Y., & Ichikawa, S. (in press). Investigating the effects of Thinking after Instruction approach: An experimental study of science class. *Education Technology Research*.

深谷達史・植阪友理・太田裕子・小泉一弘・市川伸一（2017）．知識の習得・活用および学習方略に焦点をあてた授業改善の取り組み――算数の「教えて考えさせる授業」を軸に　教育心理学研究，65, 512–525.

市川伸一（2004）．学ぶ意欲とスキルを育てる――いま求められる学力向上策　小学館

市川伸一（2008）．「教えて考えさせる授業」を創る――基礎基本の定着・深化・活用を促す「習得型」授業設計　図書文化

市川伸一（2013）．「教えて考えさせる授業」の挑戦――学ぶ意欲と深い理解を育む授業デザイン　図書文化

市川伸一（2014）．授業力と授業改善　市川伸一（編）学力と学習支援の心理学　放送大学教育振興会，pp. 177–188.

市川伸一（2016）．「教えて考えさせる授業」づくりの工夫と注意　市川伸一・植阪友理（編）教えて考えさせる授業　小学校――深い学びとメタ認知を促す授業プラン　図書文化，pp. 14–21.

市川伸一（編）（2017）．授業からの学校改革――「教えて考えさせる授業」による主体的・対話的で深い習得　図書文化

Tuovinen, J. E., & Sweller, J. (1999). A comparison of cognitive load associated with discovery learning and worked examples. *Journal of Educational Psychology*, 91, 334–341.

植阪友理（2012）．教科横断的な学習スキルを育てる　市川伸一（編）教えて考えさせる授業　中学校　図書文化，pp. 129–142.

第8章 | 教師の失敗は近接する授業の改善にどう活かされるか

篠ヶ谷圭太・深谷達史・市川伸一

8-1 研究と実践の背景

教師にとって，思った通りに授業が進展せずに，失敗をしてしまうことは少なくない。教師は，そうした授業での失敗を振り返り，次の授業で改善を行いながら，自身の授業力を高めていくことが望まれる。近年では中央教育審議会答申で「学び続ける教師像」が提示されており（文部科学省, 2012），教育現場では，授業力向上のため，教員同士で指導案を検討しあう，研究授業の実施後に検討会を行う，指導主事の教員から助言をもらうなど，様々な取り組みが行われている（e.g., 上條, 2015）。教師が自身の失敗を生かしながら行う自発的な授業改善の重要性はますます高まっているといえる。

教師の学習に関する先行研究を概観してみると，教育心理学では，教師が専門職としての力量をどのように向上させているのか，様々な検討がなされており（レビューとして Depaepe et al., 2013; 坂本, 2007など），これまでには授業での経験（Warfield et al., 2005），授業研究や事後検討会（坂本・秋田, 2008; Sibbald, 2009），校内以外での研修（Koellner et al., 2007）を通じた教師の学習に焦点を当てて研究が行われている。また，現職の教員だけでなく，教員を目指す学生に焦点を当てた研究も行われており，そうした研究では，教員養成課程での学習や課外体験の中で，学生の授業を見る視点や授業設計力がどのように向上するかが検討されているといえる（三島, 2008; Strawhecker, 2005）。

ところが，これまでの研究では，授業経験を通じて教師が短期間で改善を行っている様相を捉えた研究はほとんど行われていない。先に述べたように，

＊本章は引用文献リストにある篠ヶ谷・深谷（2018）をもとに執筆したものである。

日々の実践において，教師は授業での自身の失敗をもとに，次の授業で改善を図っていると考えられるが，教師の変容を追った先行研究では，長期的な視点から教師の変化が捉えられており（堀野ほか，2005; Warfield et al., 2005），時間的に近接した授業間で見られる変化については焦点が当てられていない。学習者が自身のつまずきをどのように振り返り，次の学習に生かしているかについては，「教訓帰納」に関する研究の中で検討がなされている一方，教師が失敗を生かしながら授業を改善しているプロセスについては実証的な検討がなされておらず，研究方法もあまり確立されていない。それは，現場の教師から授業の失敗の様子をデータとして収集して研究対象にすることへの抵抗感が，教師側にも研究者側にもあるのかもしれない。

そうした中，東京都のある公立小学校が，授業の基本設計として「教えて考えさせる授業」（市川，2008）を導入するにあたって，そのデモ授業として，第3著者（市川）が第6学年の2つの学級に対し，同一単元，同一内容の授業を実施することになった。この学校は都市部にあり，一般的な小学校と比べ学力は高めであった。授業は2時限目と4時限目に行われたが，その際，1回目の授業でさまざまな失敗が見られ，それが2回目の授業でかなり改善された様子が見てとれた。たまたまビデオ記録はとられていたものの，2回の授業の間に視聴したり改善を討議する機会はなく，授業改善の様相を研究の対象とする意図もまったくなかった。つまり，授業者が自身の授業を第1回目の授業中とその直後に自発的に内省し，2回目の授業で対応を図ったのである。また，指導案も同一で，同じ学校なので児童も比較的等質と考えられる。この2回の授業で生じた変化について，授業者の内省データ（発話プロトコル）を用いながら分析を行い，失敗を生かした授業改善の様相を捉えることが今回の試みである。ちなみに，第3著者は，学校教員のように日常的な実践者として授業をしているわけではないが，小・中・高校での授業観察の経験が20年近くあり，こうしたデモ授業もすでに数十回行っていることから，典型的な教師とは言えないまでも初級程度の授業者と位置付けられると考えられる。

8-2　対象となった授業の指導案

　今回の分析の対象となった授業の様子は学校，児童，保護者の合意のもとで，すべてビデオカメラによって撮影された。単元は「分数のわり算」であり，どちらの授業も同じ指導案（図8-1）で実施された。また，2回の授業において，教材やワークシートも共通のものであった。先に述べたように，この授業は「教えて考えさせる授業」の授業設計論に基づいており，分数のわり算において，「なぜ除数の分子と分母をひっくり返してかけるのか」を児童が理解し，説明できるようになることを目指して設計されている。

　「教えて考えさせる授業」は，教師からの説明，理解確認，理解深化，自己評価という4つの段階で構成され，まず当該授業では，「教師からの説明」として，「ペットボトル $\frac{3}{4}$ 本分に，ジュースが $\frac{2}{5}$ L 入っている。このペットボトル1本あたりに何L入るか」という課題に対して，単位分数に基づく考え方を説明した。ペットボトル $\frac{3}{4}$ 本分をいきなり1本あたりにはしづらいため，まず単位分数（$\frac{1}{4}$ 本）あたりの量を考える（$\frac{2}{5}$ L ÷ 3）。次に，それをペットボトル1本あたりの量にする（$\frac{2}{5}$ L ÷ 3 × 4）。その際，操作を具体的にイメージしやすくするため，単位分数を表す具体物として「単位くん」と名付けた紙コップなどを用いながら説明を行った。さらに関係を整理するため，最後に数直線でも説明を行った。

　「理解確認」では，数値を変えた問題について，単位くんの考え方に基づく式をワークシートに書き込ませた上で，児童自身に単位くんを用いながらグループの中で説明するよう求めた。その際，単位分数に着目させるため，単位くんが何個必要かを確認し，紙コップをグループに配布した。なお，説明のヒントとして，単位くん1個あたり何Lかを考え，次にペットボトル1本あたりの量（L）を考えるよう促した。

　さらに，「理解深化」では，等分除ではなく包含除の問題（1本あたり $\frac{3}{4}$ L はいるペットボトルに，ジュース $\frac{2}{5}$ L を入れると，何本分になるか）について，単位くんを使ってどのように求めたらよいかを考えさせた。立式としては，$\frac{2}{5}$ L ÷ $\frac{3}{4}$ L で，除数の単位分数は $\frac{1}{4}$ L となるため，単位くん1個は $\frac{1}{4}$ L となる。すると，全体量のLを4倍すれば単位くんの個数として表すことがで

教師からの説明・課題提示	児童の学習活動とその支援
[予習] 　予習プリントを読んでくること。線分図を使う説明は、もしできそうならやってみる。	完全にわからなくてもよいが概略をつかむ。よくわからないところに付箋を貼ってくる。
[教師の説明]　（予定13分） 　今日のテーマ：分数でわる計算 　結論　$\boxed{} \div \dfrac{B}{A} = \boxed{} \times \dfrac{A}{B}$ わる数をひっくりかえしてかければいい。 なぜ、こうなるのか。理解して説明しよう！ 問題1　あるペットボトル$\dfrac{3}{4}$本分に、ジュースが$\dfrac{2}{5}$Lはいっています。このペットボトルは1本あたりには、何Lはいるでしょうか。 立式　$\boxed{?}\,L \times \dfrac{3}{4}\,本 = \dfrac{2}{5}\,L$　だから 　　　$\boxed{?}\,L = \dfrac{2}{5}\,L \div \dfrac{3}{4}\,本$　になる。 ・除数を整数にするために、除数の単位分数「単位くん」を導入する。 ・2/5 Lを、単位くん1個あたり量（L）にするには、……÷3 ・それをボトル1本あたりの量（L）にするには、……×4 ・÷3×4なので、4/3をかけたことになる。 ・ポイント： わる数の単位くんを考えよう ・数直線でいうと、どういうことになるか。	この結論・説明は、予習プリントで前もって読んでおく。 ・実物の操作を見ながら教師の説明を聞く。  ・単位くん（紙コップ）が4個でボトル1本分になること、いま単位くん3個分にジュースがはいっていることを強調する。 ・数直線は、できあがった図だけを見ても、どの順序で説明していったらいいか、わかりにくいので注意。（見る順に①、②、③、④をつける） ・まず単位くん1個あたり何Lになるかを求めてから、次にボトル1本分を求めることを示す。 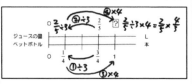
[理解確認]　（予定7分） 　問題2として、数値のみ変えて、5/8 本に 2/3 Lとする。単位くんにあたる8個のコップを使いながら、先生と同じように説明してみよう。	・3〜4人のグループ内でお互いに説明し合う。うまく説明できる児童を参考にする。わからなくなったら、教師を呼ぶ。
[理解深化]　（予定20分） 　問題3として、包含除の場合を考える。 1本あたり$\dfrac{3}{4}$Lはいるペットボトルに、ジュース$\dfrac{2}{5}$Lを入れると、何本分になるか。（式の形は同じ）	・グループで協同解決する。事前ヒントとして、変身した単位くん（わる数の単位分数なので、1/4 L）を使うこと、Lをまず単位くんの個数に直し、それがボトルだと何本分になるかで求められることを示す（×4÷3に気づかせる）。
[自己評価]　（予定5分）	・大切なこと、まだ分からないこと等を記入する。

図8-1　分析対象となった授業の指導案（市川，2015）

き，この問題ではジュース $\frac{2}{5}$ L は単位くんの数でいえば $\frac{2}{5}\times4$（個）となることが分かる。次に，単位くん3個でペットボトル1本分となるため，単位くんの個数を3でわればペットボトルの本数になる。よって，式は $\frac{2}{5}$ L×4÷3，すなわち $\frac{2}{5}$ L× $\frac{3}{4}$ となり，除数の分子と分母をひっくり返したものになっている。理解深化ではこの問題について，ヒントを与えながら単位くんの考え方に基づく式をワークシートに書き込ませた上で，グループで討論を行わせ，グループの代表者に発表してもらった。

8-3 分析の手続き

上述の指導案のもとで行われた2回の授業について，本研究ではビデオ記録を用いた刺激再生法（stimulated recall）を実施した。刺激再生法とは，一般に，被験者の活動を記録した映像や音声を使って，そのときに考えていたことを報告させるという研究法である。吉崎・渡辺（1992）はこれを授業場面に適用し，授業時における児童の認知や感情を捉えようとした。今回は，この方法を時間的に近接して行われた2回の授業ビデオに適用し，授業者自身のコメントデータを分析することで，1回目の授業のどのような点を失敗とみなし，2回目の授業でどのような改善を図ったのかを抽出する。図8-2に，本研究におけるデータの収集方法および分析の流れを示す。

具体的には，1回目の授業のビデオを観ながら，感じたこと，思ったことがあった場合，その都度ビデオを停止して話すよう求めた。また，この授業は図8-1で示したように，大きく「教師からの説明」「理解確認」「理解深化」「振り返り」の4つのフェイズに分かれているため，これらのフェイズの区切りで実験者側は一度ビデオを停止し，補足があれば話すようコメントを促し，様子をビデオ記録した。次に，2回目の授業についても，上述した手続きと同様に，ビデオを観ながらコメントをしてもらい，その様子をビデオ記録した。

また，授業者本人だけでなく，他の現場教員にも同様の手続きを用いて2回の授業に対するコメントを求め，他の教師からも同様のコメントが得られるか確認を行った（図8-2における他者評価Aおよび他者評価B）。この他者評価のコメントデータの収集においては，「教えて考えさせる授業」に取り組んで

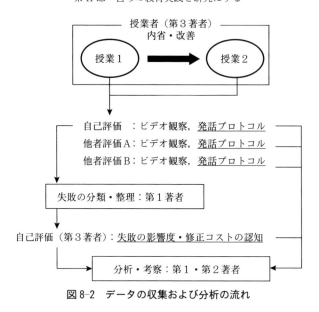

図8-2 データの収集および分析の流れ

いる公立小学校の教諭2名に協力を依頼した。

さらに，授業者本人が，1回目の授業を終えた時点で，授業での失敗をどのように捉えていたのかについて補足的な分析を行うために，以下の手続きを用いて，授業者に対しさらに内省を求めた。①授業者本人のコメントから抽出された失敗について第1著者が整理し，1回目の授業における失敗のリストと分類表を作成した。②それらの個々の失敗について，「児童が授業内容を理解する上でその失敗はどの程度問題だったと思うか」といった観点から失敗の影響度評定を求めた。③「その失敗はどの程度修正しにくいと思うか」という観点から修正の困難度評定を求めた。

8-4 失敗と授業改善についての分析結果

(1) 1回目の授業で見られた失敗

では実際に，1回目の授業ではどのような失敗が生じていたのであろうか。以下，授業者自身と評価者（2名の教諭）の刺激再生データを見ていくこと

第 8 章　教師の失敗は近接する授業の改善にどう活かされるか　　　119

する。まず，1 回目の授業の「教師からの説明」の場面では，必要な説明を飛ばしてしまっている。授業者は「指導案ではまず □L×$\frac{3}{4}$ 本 = $\frac{2}{5}$L というかけ算式を書いてからわり算式にすることになってますが，すっかり頭から飛んでいます。（中略）失敗ですね。」と述べていた。また，その直後の場面について，評価者 A は，「『÷3 っていうのは，×$\frac{1}{3}$ と同じ』『その後，×4 をするので，×$\frac{1}{4}$ と書いてあげれば，$\frac{1}{4}$ をかけることになる』といったように，もうワンステップ補った方が，子どもが分かるのでは」と述べた。こうしたコメントから，児童が内容を理解する上で必要な説明が割愛されてしまうという問題が生じていたことがうかがえた。

　また，板書を行う際に $\frac{2}{5}$÷3 と書くところを $\frac{1}{4}$÷3 と書いてしまい，すぐに気づいて修正するという場面も見られており，この点について授業者本人は「ああいう書き間違いはすごく生徒も混乱するし，ちょっと美しくないので。非常にまずかったかなと思いました」とコメントしている。同場面について，評価者 A も，「ここでの（中略）一番の狙いは，単位くんを使ってやれば，かけ算になることがわかる（中略）ことですが，その単位くんを何で使うのかが子どもの中に落ちてないと思います」と指摘しており，評価者 B も同様に，この授業のもっとも根幹をなす「わる数の単位くんをもとに考える」という内容について，児童が理解できていないと指摘していた。

　「理解確認」の場面では，学習者の理解を確認するため，「ペットボトル $\frac{5}{8}$ 本に $\frac{2}{3}$L 入っているとき，ペットボトル 1 本に入る水の量を求める」という課題が与えられ，$\frac{2}{3}$L÷$\frac{5}{8}$ 本という立式をしてから，説明活動のために必要となる単位くんを配付しようとした。その際に，1 回目の授業では，「何個いると思う？　今度は 4 つもいらないよね」という間違った問いかけを行ってしまった。本当は除数の単位分数が $\frac{1}{8}$ なので，8 個の単位くんが必要である。これは，作成途中の指導案の問題では除数の単位分数が $\frac{1}{3}$ となっていたため 3 個必要と勘違いしたことによる。その後，授業者は，問題文を見て自身の誤りに気づき，一瞬止まってしまってから，慌ててコップは 8 個必要と訂正した。このもっとも理解させたい部分について児童を混乱させてしまった場面について，授業者は「実は（中略）最初に指導案を作ったときには除数と被除数を逆にしてたんですよ。ここは大失敗」とコメントした。その後児童の

説明活動にはいるが，2人の評価者は，単位くんを使うことの目的や意義が児童に理解されていないという問題を指摘した。評価者Aは「単位くんがまだ子どもの中に十分落ちてない。（中略）結局，よく分からないけど逆さまにしてかければいいとしか落ちてないのでは」，評価者Bは「今の印象ですけど，ちょっとみんな本当に分かっていない感じなので，この理解確認の説明はもう先生が前でやったほうがいいかなと思います」とそれぞれコメントしている。

「理解深化」では，児童の理解をさらに深めるための課題として，包含除の場合についても，なぜ「ひっくり返してかける」という手続きで求められるのかを，単位くんを用いて説明することが児童たちに求められた。しかし，授業者がどのような単位くんを使って考えればよいかを発問したところ，児童からは $\frac{1}{5}$ や $\frac{1}{20}$ といった答えが返ってきた。授業者はこの場面について「今のから言うと，ポイントがやっぱり伝わってないんだなっていうことが分かります。（中略）わる数の単位分数っていうことが最大のポイントですが，（中略）実は最初のほうにポイントっていう掲示物を貼り忘れてる。『わる数の単位くんで考える』っていうのは，すごく大事なポイントだったんですが，（中略）使い忘れてるので，子どもたちから $\frac{1}{5}$ だとか $\frac{1}{20}$ といった反応が出ています。（中略）やっぱりそこは，ヒントとしてスパッと言ってしまった方がよかったかなと思います」とコメントした。ここで興味深い点は，「わる数の単位くんを考えよう」という掲示物を授業の前半の「教師からの説明」の場面で貼り忘れていたことが言及されたことである。掲示物を貼り忘れてしまったこと自体は些末な失敗だと思われるが，授業者のコメントからは，なぜ新たな単位くんの候補として児童から $\frac{1}{5}$ や $\frac{1}{20}$ といった反応が出てきてしまったのかについて，授業者が「『わる数の単位くんを基準にして考える』という重要なポイントが児童に理解されていなかったためである」と推論していることがうかがえた。

なお，同じく「理解深化」の場面で，1回目の授業では，授業者は「1Lは $\frac{1}{4}$ という単位くんの数に換算すると4個，2Lなら8個になるね」といったヒントを口頭で伝えたが，それでも児童は理解できていない様子であった。この場面についての授業者は「これはもっとヒントを与えようと思って，わりとアドリブ的に入れています。要するに（中略）Lで計られたものを単位くんの個数に直そうと思ったら，×4をすればいいということで，まず整数Lの場合か

ら始めて小数Lにして。(中略) このヒント自体は悪くないと思いますが，子どもにそのことが伝わったかどうかは反省点です」と述べている。

(2) 2回目の授業で見られた改善

　同一指導案によって1時間後に行われた2回目の授業で，どのような変化が生じていたのかについても，上記の手続きと同様，授業者と2名の評価者のコメントデータをもとに分析を行った。その結果，1回目の授業の教師からの説明場面で見られた，「『わる数の単位くんを基準にして考える』という掲示物を貼り忘れる」「解答の式を書き間違える」といった失敗は，2回目の授業で見られなくなっており，「今回はとにかく，流れがスムーズに分かるようにしました。変なミスやまごつきをなくすということと，やたらに子どもに振って中断させないということ。あと説明したら，すぐにポイントはどこだよとか，結論はこうだよとか」といった授業者のコメントから，流れを重視して説明していた点，ポイントの貼り忘れや黒板の書き間違えをしなかった点が2回目の授業の改善点としてうかがえた。また，評価者Bも「テンポが良くなったと思います。(中略) 単位くんを使う意図がはっきりして良かったです。さっき (1回目) の授業の時，これ (『わる数の単位くんを考えよう』というポイント) を最初に持ってきたらいいのにと思っていたので，すごく良かった。単位くんがわる数なのだということも分かるし (中略) すごくいいと思います」といったように，テンポよく，しかも，重要なポイントが押さえられた説明が行われているとコメントした。

　また，「理解確認」の場面について，授業者自身は「さっきよりは話しあいも活発だし，少なくとも各グループに1人はかなり分かってる子がいて，うまく説明できてる感じはしました。あとは，どのくらいみんなができるかですかね」とコメントしており，評価者Aも「今度は単位くん1個が何なのかが，子どもの中にきちんと落ちてるので，(児童の行う) 説明も明確になっています。(中略) 前回はいっぱいいっぱいで，先生がどんどん説明をしていたのですが，今回は子どもでも説明ができる状態になっている。やっぱり単位くんの押さえだと思いますね」とコメントした。このように，2回目の授業の理解確認場面では，その前に行われた教師からの説明が改善されていたために，理解

確認課題での児童の活動がよくなったことが指摘された。

さらに，1回目の授業の理解深化場面では，課題を考えるために必要なヒント（1Lは$\frac{1}{4}$という単位くんの数に換算すると4個，2Lなら8個である）がうまく伝わっていないという問題点を授業者自ら指摘していたが，2回目の授業ではこのヒントを明示的に与えている。授業者はこの場面について，「ここは一応大事なヒントだと思ったので，さっきよりていねいに言っています。ちゃんと黒板に書くということと，それから単位くんで計ると値は増えてしまうけど，それは小さな単位で計っているから，数としては増えるのだということを，わりとしつこく言いました」とコメントした。また，同じ場面について，評価者Aも「ここも今回，新しく加わったところだと思います。前回の授業では（中略）もちろん話の中にはあったのですが，（中略）薄かったところです」と指摘した。

このように，2回目の授業では，理解深化の中で，教師から包含除の場合の考え方について黒板に書きながら説明が行われ，その上で課題に取り組むよう指示がなされていた。理解深化を終えた時点で評価者Bも「全体を通して，単位くんを使う意味も分かりましたし，何より慣れてきたのか，テンポがいいのがいいですよね。最初にポイントも言っていて良かったです」と述べており，重要な点についてスムーズに説明がなされたこと，ポイントの貼り忘れや式の書き間違いなどがなくなったことで，児童の思考が阻害されなかったこと，そして，理解をさらに深めるための応用課題を考える上で必要なヒントが強調して伝えられたことが，2回目の授業で見られた改善点として指摘されていた。

(3) 失敗に対する授業者の認識

次に，1回目の授業を終えた時点で，授業での失敗をどのように捉えていたのかについて，この研究では以下のような補足的な分析を行った。まず，1回目の授業で生じた失敗に関するコメントをもとに，どういった側面での失敗に言及しているのかを第1著者が確認し，井口（2011）などを参考にして，それぞれ「説明」「発問」「指示」「対応」における失敗に分類した。説明における失敗とは，児童に授業内容を伝達する上での失敗であり，さらに「言語的説明（e.g., かけ算式からわり算式を考えていくはずなのにそれをとばした）」「板

書・掲示物（e.g., 板書が横に長くなってしまった，掲示物を貼り忘れた）」「教材・教具（e.g., 教具が後ろまで見えない）」の3つの下位カテゴリに分類した．発問における失敗とは，児童への問いかけの内容やタイミングに関するものであり，「（説明できそうな人はいますか，など）よけいな発問をしてしまった」といった失敗などが該当する．指示における失敗とは，指示が曖昧で児童に伝わっていないなどの問題であり，「（ワークシートへの書き込みの）指示が徹底できていない」などが例として挙げられる．対応における失敗とは，児童の発言や発表に対して適切な対応ができていないといった問題（e.g., 発表者の間違いを表面的に直した）を指す．

さらに，上述のように分類された1回目の授業における失敗が，それぞれ，児童の理解にどの程度影響を及ぼしたかについて，授業者自身に3段階（影響度大，中，小）で評定を求めた．また，その失敗を修正するのがどの程度大変だと思うかといった「修正コスト」の認知についても，3段階（修正コスト大，中，小）で評定を求めた．その結果，「かけ算式からわり算式を考えていくはずなのにそれをとばした」は影響度大，修正コスト小，「（説明できそうな人はいますかなど）余計な発問をしてしまった」は影響度小，修正コスト大などのように評定された．

この失敗に対する授業者の認識の評定値と2回目の授業における改善の有無の関連について分析したところ，「児童の理解への影響度が大きい」と授業者が思っていた失敗ほど，2回目の授業で改善がなされたことが明らかとなった．一方，修正コストの認知と改善の有無の関連については有意な関連は見られなかった．こうした結果から，この授業者は修正が難しいかもしれないと感じたことでも，児童の理解への影響度をふまえ，次の授業において様々な対応を行っていたことがうかがえた．

8-5 研究のふり返りと今後の展望

授業での失敗をもとに行われる授業改善には，①すぐに修正可能なミス，②中期的に改善すべき指導技術，③学習者の反応を考慮した大規模な改善といった，3つのレベルを想定することができる．今回の研究では，2回の授業ビデ

オを視聴しながら，失敗といえる点や改善点についてコメントすることが授業者（第3著者）に求められた。これは，レベル①について焦点をあてたものであり，②や③のレベルの改善プロセスは明らかとならない。しかし，「授業ビデオを視聴する」「他の評価者のコメントを見る」という手続きを行うことで，これらのレベルの改善可能性も自覚化できるようになると考えられる。

　実際，第3筆者は，「自分がクラスの個々の児童の様子を把握し切れていないこと」は授業ビデオを視聴することではじめて気づくことができた点であり，また，他の評価者から「黒板の方を向きながら話してしまっている」など，指導技術に関するコメントが得られたことで，授業者は「自分が授業を見る際にはあまりそうした視点を持っていない」ことを改めて自覚できたと考えている。また，この研究では，授業者は個々の失敗の影響度や修正困難度の評定も求められたが，これにより，自分は何を授業での失敗と捉えているのかといった，自身の「授業を見る視点」の自覚化がさらに促されたといえる。

　なお，今回の研究に関わったことによって，授業者はその後，この授業に大きな修正を加えている。もともと「単位くんを用いて教える」「単位くんを用いて包含徐の課題を考える」といった授業のアイデアに強いこだわりがあったが，児童のワークシート記述や授業ビデオから，「単位くん」という具体物自体に興味や注意を惹かれてしまう児童の存在が見て取れたため，1年後に別の学校で行った授業では，単位くんを使っての説明をやめ，数直線を用いて包含除課題に取り組むといった形に授業を構成し直したのである。これにより，内容はやや抽象的になったものの，児童の問題解決はむしろ促進されている様子がうかがえた。

　冒頭にも述べたように，教師には日々の実践の中で失敗を自己修正して授業改善を行うことが求められており，この研究は近接した授業の中で自発的に行っている改善の様相を検討する目的で行われた。しかし，授業者自身の振り返りや研究後に行われた他の授業からは，「自分の授業ビデオを視聴して振り返る」「他の評価者からコメントしてもらう」「授業での個々の失敗について影響度や修正困難度を考える」といった本研究の方法自体が，授業者のさらなる授業改善に寄与したことがうかがえた。そうした点において，本研究は教育現場における研修のあり方にも示唆を与えるものとなったのではないだろうか。

引用文献

Depaepe, F., Verschaffel, L., & Kelchtermans, G. (2013). Pedagogical content knowledge: A systematic review of the way in which the concept has pervaded mathematics educational research. *Teaching and Teacher Education*, 34, 12-25.

堀野良介・大島　純・大島律子・山本智一・稲垣成哲・竹中真希子・山口悦司・村山　功・中山　迅 (2005). デザイン研究に参加した教師の学習観の変化――教師の資質向上の新しい可能性　日本教育工学会論文誌, 29, 143-152.

市川伸一 (2008). 「教えて考えさせる授業」を創る――基礎基本の定着・深化・活用を促す「習得型」授業設計　図書文化

市川伸一 (2015). 教えて考えさせる算数・数学――深い理解と学びあいを促す新・問題解決学習 26 事例　図書文化

井口　巌 (2011). 魅力ある授業をつくる (1)――教師の振る舞いの基礎基本　稲垣忠・鈴木克明 (編) 授業設計マニュアル――教師のためのインストラクショナルデザイン　北大路書房, pp. 99-109.

上條晴夫 (編) (2015). 教師教育――いま，考えるべき教師の成長とは　さくら社

Koellner, K., Jacobs, J., Borko, H., Schneider, C., Pittman, M. E., Eiteljorg, E., Bunning, K., & Frykholm, J. (2007). The problem-solving cycle: A model to support the development of teachers' professional knowledge. *Mathematical Thinking and Learning*, 9, 273-303.

三島知剛 (2008). 教育実習生の実習前後の授業観察力の変容――授業・教師・子どもイメージの関連による検討　教育心理学研究, 56, 341-352.

文部科学省 (2012). 教職生活の全体を通じた教員の資質能力の総合的な向上方策について (答申) 文部科学省

坂本篤史 (2007). 現職教師は授業経験から如何に学ぶか　教育心理学研究, 55(4), 584-596.

坂本篤史・秋田喜代美 (2008). 授業研究協議会での教師の学習　秋田喜代美・キャサリン・ルイス (編) 授業の研究　教師の学習――レッスンスタディへのいざない　明石書店, pp. 98-113.

篠ヶ谷圭太・深谷達史 (2018). 授業での失敗を生かした授業改善の様相――授業ビデオを用いた刺激再生法による分析　日本大学経済学部研究紀要, 85, 33-48.

Sibbald, T. (2009). The relationship between lesson study and self-efficacy. *School Science and Mathematics*, 109, 450-460.

Strawhecker, J. (2005). Preparing elementary teachers to teach mathematics: How field experiences impact pedagogical content knowledge. Issues in the Undergraduate *Mathematics Preparation of School Teachers*, 4, 1–12.

吉崎静夫・渡辺和志（1992）．授業における子どもの認知過程――再生刺激法による子どもの自己報告をもとにして　日本教育工学雑誌，16, 23–39.

Warfield, J., Wood, T., & Lehman, J. D. (2005). Autonomy, beliefs and the learning of elementary mathematics teachers. *Teaching and Teacher Education*, 21, 439–456.

第9章 英語の歌とCG制作を融合した「遊びと学びゼミナール」の試み

市川伸一

9-1 実践と研究の背景

　この実践の目的は，遊びの要素を含んだ創作活動によって，従来の学校教育では達成しにくかった学びの場を展開する可能性を探ることであった。具体的には，英語の歌に合わせたCG（computer graphics）作品を制作するというサークルをまず大学内でつくり，そこに地域の小学生と保護者を招いて，大学が一種の社会的コミュニティの場を提供し，音楽活動，CG制作，学生スタッフなどの教育的効果や役割を実践的に検討してみようということである。この背景には次のような問題意識と目的があった。

(1) 課題設定――メディアを生かした統合的創作活動を展開する

　この実践を試みたのは1990年代中頃で，教科を超えた学びが模索されているときであった。音楽，美術，文学，身体表現などをミックスした統合的創作活動は，たとえば，紙芝居，演劇，ミュージカルなどを例としてあげることができる。当時，学校教育にも徐々に普及しつつあったコンピュータを活用することによって，効果的な作品作りができ，学習者の動機づけを高めることができるのではないかと考えた。

　筆者（市川，1994）は，こうした作品をSGP（sound and graphics performance）と名づけた。これが，幼児・児童にとって興味や意欲を喚起するものであることは，すでに筆者らの関わった子ども向けコンピュータ教室（市川ほか，1993）などでも明らかにされていたが，今回はとくに，参加者が英語の歌

＊本章は，文献リストにある市川・岩男・小池・村井（1997）をもとにしたものである。

からイメージしたそれぞれのCGを，パソコンのスライドショー機能によって流していく作品全体をつくることとした。また，手描きとCGの特徴を対比しつつ双方の長所を生かすために，手描き絵をスキャナで読み込んで利用することも取り入れることにした。

(2) 活動形態――コミュニティに参加して遊びながら学ぶ

このような創作活動は，個人で行うことや学校のクラス内で行うことも可能だが，社会的なコミュニティの中で行うことによって，さらに活性化されることが考えられる。1990年代は，学校週5日制の浸透とともに，学校のスリム化や地域での学びが重視されつつあり，また社会人や異年齢の子どもたちと関わりながら学ぶことも注目されるようになっていた。

本実践にあたっては，いきなり子どもたちを集めるのではなく，まず，大学内にSGPサークルをつくり，そこで大学生・大学院生のスタッフが自ら活動を楽しむことからスタートした。その活動がある程度軌道にのったところで，子どもと保護者の参加を募った。保護者の参加を促したのは，大人と子どもがいっしょに楽しむという活動が，普段の生活の中でも継続してほしいと考えたためである。

なお，当時の筆者の中で念頭にあった関連研究として，一つには，戸塚滝登氏のコンピュータ教育の実践があった。戸塚（1995）は富山県の小学校において，探究活動や創作活動でコンピュータを活用した先駆的な授業を行っていた。ただし，今回のゼミナールは，大学におけるサークルという一種の地域コミュニティの中で，協同的な学習活動をするという点が大きく異なっている。もう一つは，レイヴとウェンガー（Lave & Wenger, 1991）の正統的周辺参加（Legitimate Peripheral Participation）の理論であった。社会における真正の学びとは，文化的共同体における末端的な活動からはいり，しだいに古参者となってアイデンティティを高めていく過程であるとする考え方は大きな影響力をもち，学校教育や学校知の批判にも使われることがあった。一方，筆者は，むしろ，進路選択の自由度の大きい現代社会の学校や地域における学びとは，教え手の支援を得つつ，中核的な活動の模擬体験からはいり，しだいにその「本物度」を高めていく過程ではないかと考えた（市川，1998）。「遊びと学びゼミナール」

は，その入り口となる事例提案にしたかった。

9-2　企画と実施の概要

(1) 準備期間――スタッフの日常的活動

　1996年4月に「遊びと学び研究会」というサークルの趣旨を説明し，学生スタッフを募ったところ，東京大学教育学部および大学院教育学研究科の教育心理学コースから十数名の参加希望者があった。初めの課題曲を何にするか，候補から投票したところ，サイモンとガーファンクルのスカボロフェア（Scarborough Fair）に決定し，各自が曲の場面からイメージしたCG作品を作ってみることにした。夏休みを中心に週1回のミーティングを開き，技術的に詳しいメンバーから，イメージスキャナ，デジタルカメラ，CG用ソフトウェアなどの使い方を説明した。それぞれがどのような機器，ソフトを使うかは自由としたが，最終的にはコンバートして，Windows95のビットマップファイルに統一した。

　約2ヶ月の間に多数の作品が集まり，ミーティングの中で，互いに披露しあい，作り方などを紹介しあった。これらを，ツァイト社のSuperKidというソフトウェアによって継時的に接続し，SGPの作品とした。このソフトは，それぞれのCGを提示するときの現れ方や消え方のバリエーションが，当時としては豊富であったために選んだものである。構成は，各メンバーが歌詞のどの部分からイメージしたか，あるいは，どの場面で提示したいかという希望を聞いた上で，制作者（市川）が行った。9月には，曲を流しながらの上映会を行った。さらに続いて，選曲の投票で僅差の2位となったビートルズのトゥモロー・ネヴァー・ノウズ（Tomorrow Never Knows）についても作品を作ることとし，10月から12月にかけて各自がCGを作成し，2月には全体を構成して上映会を行った。

　これと並行して，11月からは，子どもたちを招いての「遊びと学びゼミナール」を開くことを想定して，ミーティングで演奏や歌の練習をはじめた。課題曲として，ビートルズのオブラディ・オブラダ（Ob-La-Di, Ob-La-Da）と，カーペンターズのシング（Sing）と決定し，ギター，電子ピアノ，リズムボッ

クス等で伴奏しながら、コーラス練習を行った。また、スタッフが慣れている日本語の歌として、「気球に乗ってどこまでも」と「翼をください」を選び、ゼミナールの中でも導入として使う予定で練習をした。

　この間、メンバーとしての関わり方はさまざまであった。毎回積極的に参加した者もいれば、しだいに足が遠のいてしまう者もいたが、あえて強く出席を促すことはせずに、メンバーシップもあいまいなままにしておいた。遊びや趣味のために集まったコミュニティは、いろいろな目的意識、参加意識をもつメンバーが共存するのが普通だからである。以下は、MA（manager）は研究代表者の市川を指し、S1～S18は学生スタッフを表すものとする。

　なお、S18は、ゼミナールの開始直前に、高校教員の紹介で参加した高校3年生で、中学3年生まで9年間アメリカで生活していた帰国子女であった。ゼミナールでは英語の歌を歌うことから、発音練習を担当できるネイティブ・スピーカーとして彼女には大きな期待がかかった。実際には、練習に2回、ゼミナールには3回のみの参加であったが、ネイティブの発音に接することのできたインパクトは、他のスタッフにも、児童にも、保護者にも大きなものとなった。

(2)「遊びと学びゼミナール」の参加募集と実施状況

　「遊びと学びゼミナール」は、1997年1月に具体的な企画を立て、案内文を作成して小学生4～6年と保護者の参加を募った。それまでに研究室で行っていた認知カウンセリング（本書第1章参照）に参加した該当学年の児童と、スタッフの学生の私的に経営している塾の子どもたちに案内を配布したところ8名の申し込みがあり、当初の予定が8～10名だったためそこで募集活動を打ち切った。実施は、その年の3月の土曜日午後と春休み期間で、1回につき2～3時間であった。

　それぞれの児童の出席回数および同伴者は、表9-1のとおりであった。保護者の参加については、案内文の中では、できるだけ同伴して活動にも参加してもらうように記してあるが、第3回目以降は自由であることを第1回目の終了時に伝えた。これは、仕事などで忙しい場合に無理に出席しなくてもよいという趣旨であり、企画側としては、積極的に参加していっしょに活動してほしい

第9章　英語の歌とCG制作を融合した「遊びと学びゼミナール」の試み　　131

表9-1　ゼミナールに参加した児童の出席回数

児　童	出席回数	同伴者
C1：小6女子	8回	母3回
C2：小5男子	8回	母3回
C3：小6女子	5回	母2回
C4：小6女子	7回	母2回
C5：小6女子	9回	母4回
C6：小5男子	7回	母5回，妹3回
C7：小5女子	7回	叔母1回
C8：小4女子	7回	母5回，弟5回

という意図だったのだが，結果的には，最終日（第9日）の発表会を除き，保護者の参加は少なかった。

　活動計画として，デイリープランをそのつどMAのほうで作成し，当日開始前にスタッフに配布して周知した。基本的な活動は，配布した英語の歌詞（対訳付き）を参考に，原曲を聞いて歌の練習をすることと，歌詞の内容からイメージしたCGを描くことである。そのほかにも，アイスブレークとしてのティータイム，英語の曲の鑑賞会，サイモンセッズのゲーム，紙コップを使ったマラカスづくり，などの活動も入れている（表9-2参照）。活動のようすは，2～3台のビデオカメラを用いて毎回録画し，第1～5回目には，終了時に児童と同伴の保護者に簡単なアンケートを書いてもらい，意見や要望を求めた。また，ゼミナール全体が終了した後，最終アンケート（質問項目については，表9-2や下記本文を参照）を児童，保護者，スタッフに求めて回収した。

9-3　児童の取り組み方

（1）英語の曲になじめたか

　今回のゼミナールの一つのねらいは，小学生が英語になじめるように，歌を導入したことであった。表9-2を見ると，歌を聞いたり歌ったりする活動の平均評定値は4点満点中3を上回ってはいたものの，かなり大きな個人差が認められた。問3の自由記述では，肯定的な意見として，次のようなものがある。

- 言葉はわからないけれど，歌を通して英語がわかってきたような気がしました。もっと歌をきいたり歌ったりして，英語と仲良くなりたいです。(C1)

一方，C6はまったく否定的で「つまらなかった」と書いている。次のように，「聞くのはよいが歌うのは抵抗があった」という意見も少なくなかった。

- なじめるようになったけれど，やっぱりそれを歌うのはむずかしい。聞くのは楽しいけど歌うのはむずかしい。(C4)

ただし，C6以外の児童たちの保護者からの回答では，日常生活の中でも英語の歌に興味や関心をもつようになったという報告が多く見られた。

- 今までは頭の上を通り過ぎていたものが耳に残るようになり，CMを見ても「これもビートルズ？」と問うようになりました。聞くのは好きですが，歌詞が思うように歌えないので苦手なようです。(C2母)
- 子どもに興味のある曲，または感性にあった曲はなじめたと思う。ゼミナールで歌ったり聞いたりした曲は，ときどき歌っている。(C8母)

もともと，歌うこと自体も好き嫌いの個人差が大きい。しかも，今回はかなり難しい選曲をしたために，スムーズに歌うことがなかなかできなかったのは反省点である。しかし，逆にもっとやさしい曲（たとえば，ある保護者は「キラキラ星」や「メリーさんのひつじ」をあげている）にすれば成功したかというと，必ずしもそうは思われない。ビートルズやカーペンターズの曲は，今回とりあげた曲を含めて，時代や国を越えて親しまれており，日本人がすぐに歌うのはむずかしい反面，飽きのこない（すなわち，聞くにしても歌うにしても，「長持ち」のする）曲であるとスタッフ側は考えた。

今回のゼミナールでは，第1～2回目のようすを見て，「スタッフが全体を歌うので，やさしいところから部分的に真似て歌えばよいこと」「歌いたくなければ，楽器（紙コップで作った自作のマラカス）だけで参加してもよいこと」「他の英語の曲も含めて，聞く機会を増やすこと」などをスタッフ側で申し合

第9章 英語の歌とCG制作を融合した「遊びと学びゼミナール」の試み

表9-2 児童による活動の楽しさの平均評定値

項目	評定値
ビートルズの歌をいろいろ聞いたこと	[3.1(0.6)/8]*
カーペンターズの歌をいろいろ聞いたこと	[3.3(0.8)/7]*
ビートルズのビデオを見たこと(3月8日／第1回目)	[3.2(1.0)/6]*
カーペンターズのビデオを見たこと(3月31日／第6回目)	[3.3(0.8)/6]*
歌手の名前や歌のタイトルで英語の発音を練習したこと	[2.8(1.2)/6]
英語の歌を10曲聞いて点数をつけたこと(3月28日／第5回目)	[3.7(0.6)/3]**
これまでの子どもたちの絵を見たこと(南の島のハメハメハ大王, ホネホネロックなど)	[3.3(0.8)/6]*
サイモンセッズのゲームをしたこと	[2.8(0.8)/5]
歌を歌ったこと	[3.3(1.0)/8]*
それぞれの歌ごとにも，つけてください	
気球に乗ってどこまでも	[2.6(1.1)/8]
翼(つばさ)をください	[2.5(0.9)/8]
Ob-La-Di Ob-la-Da	[3.3(1.0)/8]*
Sing	[3.3(1.0)/8]*
コンピュータで絵をかいたこと	[4.0(0.0)/8]**
少し，くわしくつけてください	
手書きの絵をコンピュータに入れたこと	[3.6(0.5)/8]**
マウスで絵をかいたこと	[3.9(0.4)/8]**
コンピュータの絵の中にスタンプを押したこと	[3.6(0.5)/7]**
色をぬったこと	[4.0(0.0)/8]**
大きさや形を変えたりしたこと	[3.9(0.4)/8]**
マラカスを作ったこと	[3.3(0.7)/8]*
マラカスを歌に合わせて使ったこと	[2.6(0.7)/8]
ティータイム	[3.9(0.4)/8]**
少し，くわしくつけてください	
おかしを食べたり，飲み物を飲んだりしたこと	[3.9(0.4)/8]**
子どもたち同士で話ができたこと	[3.5(1.1)/8]**
スタッフと子どもの間で話ができたこと	[3.6(1.1)/8]**
作品つくり(歌と絵を流したもの)と発表会	
少し，くわしくつけてください	
歌を録音したこと	[2.8(1.0)/8]
デジタルカメラをとったこと	[3.3(0.8)/7]*
子どもたちの作品を見たこと	[3.6(0.8)/7]**
スタッフの作品を見たこと	[3.6(0.8)/7]**

注1) ( )内は標準偏差，斜線後は回答者人数。
注2) 評定値は，◎○△×を4〜1点に換算したもの，平均値3.0〜3.4には*，3.5以上には**をつけた。

わせてデイリープランに生かした。たとえば，第5回目には，1960〜70年代のヒット曲10曲を約1分くらいずつ流し，それぞれの曲がどれくらい好きかを評定してもらう鑑賞会を設けた。この活動の平均評定値は3.7と非常に好評だった。ちなみに，1位はモンキーズの"Day Dream Believer"，2位はドーンの"Tie a Yellow Ribbon around the Old Oak Tree"，3位はベイシティ・ローラーズの"Bye Bye, Baby"で，メロディが覚えやすくリズミカルな曲が日本の小学生にとっても好まれることがよくわかる。このように，歌うことに抵抗がある子どもに配慮しつつ，何らかの形で英語の歌に親しんでいけるような活動を考えることが重要であることが実感された。

(2) CG制作への取り組み

コンピュータで絵を描くということは，ほとんどの児童にとっては初めての経験だったという。実施後のアンケートで，「コンピュータで絵をかいたこと」という項目には，全員が「すごく楽しかった」の「◎」（集計上は4点）をつけていることからも，楽しく，また創作意欲をそそる活動だったことがうかがわれる。ゼミナール期間を通しての技能的な向上も見られ，図9-1のようなきれいな作品をつくるようになった。

さらに，今回はマウスやキーボードからの入力で描く絵だけでなく，手描きの絵をイメージスキャナで読み込んで作品化することも試みた。それぞれの画像の特徴や良さを体験的に理解してほしかったためである。児童からは，次のような感想が得られている。

- 手でかく絵は，思った通りかけて，それはそれでいいんだけど，コンピュータでかく絵は思った絵ではなく，また違った絵になるのが面白かったです。これからももっとかいてゆきたいです。(C7)

保護者からの回答でも，次のように，子どもが意欲を見せていることがうかがわれる。

- コンピュータで絵を描くことは大変楽しかったようで，家にパソコンが来

第 9 章　英語の歌と CG 制作を融合した「遊びと学びゼミナール」の試み　　135

図 9-1　「遊びと学びゼミナール」に参加した小学生の作品例

ら（注文中）お絵描きソフトを買ってきて欲しいと言っています。(C2 母)

歌うことには消極的だった C6 も，CG に対しては積極的に取り組み，保護者からは次のような回答が寄せられている。

- コンピュータはとても興味を持ち，楽しんでおりました。これからももっとかいてみたいと思っております。(C6 母)

ただし，マウスの操作を苦手に感じる児童もいた。その子たちには，あらかじめ用意しておいたペン入力装置を与えたところ，マウスよりは楽に CG を制作できていた。とはいえ，ペイントソフトでそれに彩色しようとすると，はっきりした輪郭線で描かないとペイントの際に色が漏れたり，読み込みの際のコ

ントラストの調整のむずかしさなどの問題があることもわかった。こうした技術的問題の解決方法も今後の課題とされた。

(3) スタッフとの関係づくり

　音楽やCG制作の活動はそれ自体楽しいものであったとしても，それらを継続して行っていくためには，スタッフや他の子どもたちとの人間関係が重要な要素になるだろうとスタッフ側は考えていた。しかし，全体で9回しかないゼミナールの中で，うちとけた雰囲気や一体感が生まれることは非常に難しくも思えた。実際，はじめの2～3回は，知らない参加者どうしで会話も少なく，ややもすると，全体で歌って，黙々とCGを描くというような雰囲気になりがちであった。

　そこでS17の提案により，4回目から「ティータイム」を設け，おやつを食べながら，自己紹介をしたり，自由に話をする時間とした。そうした工夫もあって，ゼミナールが終盤に近づくにつれ，好きなタレントの写真を見せ合ったり，話がはずんでいる様子が見て取れた。ゼミナールの活動の中でも，デジタルカメラで互いに写真を撮ってパソコンに取り込んで加工したり，数名で一つの作品をいっしょに考えながら作成するなど，楽しみながら協同作業ができるようになっていった。また，子ども同士だけでなく，子どもとスタッフとの間でも，子どもの方から積極的な関わりが見られた。たとえば，次のような意見がアンケートで出ている。

- スタッフの人たちと話して，とてもおもしろかった。(C2)
- スタッフの人たちがみんな楽しかった。ティータイムのお菓子がおいしい。演奏に迫力があった。

　ただ，活動全体を見たとき，最も残念だったのは，個々のCGをつなげてSGP作品にするという作業が，時間がないためスタッフと子どもの協同でできなかったことである。「歌の練習や個々のCGづくりに思いのほか時間を要したこと」「当初の予測より，児童の欠席が多かったこと」「予定にはなかったティータイムを導入したこと」など，いくつかの要因から時間不足となり，最

終的には，発表会の直前に MA と S14 があわてて CG をつなげる作業を行った。この作業を子どもとの協同で行おうとすると，スケジュールをかなりきつくしなければならないが，今回それは避ける方針をとった。

9-4 スタッフから見た活動

スタッフに対しては，今回の各々の活動に対して「自らがどれくらい満足できたか」と「子どもがどれくらいおもしろがっていたと思うか」を4段階評定する事後アンケートをとり，自由記述の質問も設けた。スタッフ自身の平均満足度が高かったのは，「歌を歌ったこと（3.6）」「ティータイムで子どもと話ができたこと（3.5）」「発表会で子どもたちの作品を見たこと（3.9）」である。今回のゼミナールに参加してよかったこととして，ほぼ全員に共通して，小学生に直接接する機会をもったことがあげられた。

- ふだん子どもと触れ合う機会が少ない生活をしているので，子どもにはどういう形のコミュニケーションや説明が適当なのかを肌で感じ，考える機会になりました。あらためて，子どもにはどういうことが響くのか，受けるのか，理解されやすいのかを感じました。(S5)

また，「このゼミナールに再びスタッフとして参加したいか」という設問に関しては，回答したスタッフ全員が，「ぜひ参加したい」「卒論や修論で忙しくなるが，時間が許せば参加したい」と答えており，次のような積極的な提案も出されている。

- 打ち上げのときにもちらっと話が出たような気がしますが，みんなで絵本を作るという企画はどうでしょうか。最初は歌からヒントを得て，それを子どもたちが話し合ってストーリー性のある1冊の絵本にまとめていくという感じをイメージしているのですが。(S7)

全体の満足度が高かった一方，問題点として出されたのは，活動の目的や方

針がいま一つはっきりしなかったという点である。

- 毎回反省会を行いながらの試行錯誤があったのはよかったが，ゼミナールが始まる前にもう少し方針を強く固めておくべきだったのかもしれない。また，実にいろいろな子どもが，いろいろな目的で来ていたのだと思うが，その目的に合ったことがはたしてできたのか，少し疑問に思った。(S8)
- この研究会が何を目的としているのかがはっきりとつかめなかったので，どういう立場で関わったらいいのか，正直に言ってかなり迷いました。しかし，この状況をポジティブにとらえるなら，「何を目的としたらいいのか」を探索する役には立ったと思います。今後の活動にこの経験を生かしていけたらいいです。(S2)

　目的に関していえば，企画担当者である MA（市川）からは，この研究会やゼミナールは，「それぞれのスタッフが，それぞれの目的をもって参加する」というコミュニティであること，つまり，音楽と CG という活動自体は共有するが，何を目的とするかは，それぞれが異なっていてもかまわないことを，何度か伝えていたつもりであった。また，MA 自身は，本章の冒頭でも述べたような実験的な教育実践研究という目的をもっていることも説明していた。あえて，目的や方針を明示的に統一せず，関与の度合いも多様にしておくことにより，参加の自由度が高くなり，結果的には，多くのメンバーを最後まで引きつけることになったのではないかと考えている。ただ，その多様性ゆえに，自分はどう振る舞ったらいいのか，自分は（あるいは，この研究会は）何をしたことになるのかが見い出せず，不安定な気もちを抱くスタッフがいたこともわかった。仮に全体で統一しなくても，それぞれが目的や意義を感じ，語り合えるような場を設けることも，今後の課題として考えていかなければならないだろう。

9–5　まとめとその後の展開

　このたびの実践研究の結果をまとめ，その後の展開にも触れておきたい。ま

ず，英語教育の視点から見たとき，今回のゼミナールでは，音楽と組み合わせることで，聞いたり発声したりすることが楽しくできるようにと考えた。結果的に，英語の曲を聞くことに関しては，子どもたちは非常に好意的だったものの，歌うことには相当の個人差が見られ，抵抗を感じる児童もあった。また，創作活動という視点からであるが，CG制作は児童たちにとって非常に魅力的だったことが確認され，高い意欲が見られるとともに，手描きの絵とCGのそれぞれの特徴や良さを認識することにもつながった。

また，活動形態という視点から見た場合，今回，大学スタッフのコミュニティに子どもと保護者が参加するという形をとった。ティータイムの導入などの工夫によって，子ども同士やスタッフと子どもたちはしだいにうちとけるようになり，協同活動も活発になる様子が見られた。保護者に関しては，アンケートを見ると，子どもたちの英語の歌やCG制作活動に対して評価が高かったものの，自分がいっしょにやってみることについては積極的な意見が見られず，活発な参加にならなかったのは残念であった。

「遊びと学びゼミナール」には，これからの実践的教育研究のあり方を探るという意味もあった。従来の学習・教育研究は，観察，実験，調査といった対象を第三者的立場から客観的にとらえようとする方法が主流であったのに対して，研究者が中長期的な実践の場を企画・運営し，そこでの経験を踏まえてあらたな実践へとつなげていくということはもっと試みられてもよいのではないだろうか。たとえば，美馬（1997）らの行った「不思議缶プロジェクト」は，同様の趣旨の実践的研究活動である。そこでは，大学生，大学院生，企業の若手研究者らが，「応援隊」となって，科学的な問題について小学生からの質問を電子メールで受け付ける。その運営と，子どもたちとのやりとりを通して，応援隊のスタッフたちもまた学んでいく様子が描かれている。

筆者らの研究室で，今回に続く「遊びと学びゼミナール」としては，小・中・高校生の異年齢の児童・生徒を集めての約半年間にわたる活動があった（植木ほか，2002）。パソコン操作の導入には，CGの作品づくりも行ったが，このときは，「興味のある職業について調べ，プレゼンソフトを使って編集し発表する」というテーマ学習を中心にした。職業としては，ゲームクリエータ，美容師，獣医が選ばれ，それぞれのグループが，スタッフの知人にインタビュ

一取材をして，それぞれの仕事のやりがい，楽しさ，たいへんさ，なるための勉強などについて PowerPoint スライドにまとめ発表した。

　その当時は，学校でもキャリア教育の必要性が謳われたり，「総合的な学習の時間」が創設されたりして，子どもの興味・関心に応じたテーマを追究する学習が推奨されるようになっていた。とはいえ，教科や学年の制約を越えた学習課題を，大学生や社会人とともに自由な時間を使って行うには，学校教育の枠内では困難である。筆者（市川）は，その後，「地域で社会人と関わりながら学ぶ」という学習活動に参加を促すための「授業外学習ポイント制度」を内閣府の「人間力戦略研究会」で提案し，その具現化の一つとして「学びのポイントラリー」が各地で展開されるようになった（市川，2004; 本書第1章参照）。そうした地域教育の場の必要性を感じる発端となったのが，「遊びと学びゼミナール」での経験ともいえる。

引用文献

市川伸一（1994）．コンピュータを教育に活かす――「触れ，慣れ，親しむ」を超えて　勁草書房

市川伸一（1998）．開かれた学びへの出発――21世紀の学校の役割　金子書房

市川伸一（2004）．学ぶ意欲とスキルを育てる――いま求められる学力向上策　小学館

市川伸一・岩男卓実・小池若葉・村井潤一郎（1997）．統合的創作活動におけるメディアとコミュニティの役割――英語の歌とCG制作を融合した教育実践　コンピュータ&コミュニケーション，3, 77-87.

市川伸一・坂元　昂・飯島妙子・無藤　隆（1993）．コンピュータ・アートを利用した幼児教育の試行的実践と評価　日本教育工学雑誌，17, 39-45.

Lave, J., & Wenger, E.（1991）. Situated Learning: Legitimate Peripheral Participation, Cambridge University Press. 佐伯胖（訳）（1993）．状況に埋め込まれた学習――正統的周辺参加　産業図書

美馬のゆり（1997）．不思議缶ネットワークの子どもたち　ジャストシステム

戸塚滝登（1995）．コンピュータ教育の銀河　晩成書房

植木理恵・清河幸子・岩男卓実・市川伸一（2002）．テーマ学習における自己制御的活動の支援――地域における実践活動から　教育心理学研究，50, 92-102.

第III部　自らの実践を通して基礎研究を生む

学生・研究者・教員を交えての研究会

第10章　テスト形式は学習方略にどう影響するか

村山　航

10-1　研究に至った経緯——テストが変わると学習方略も変わるか

(1) 学習方略の使用と関連する要因

「なぜ学習者は学習に有効な学習方略を使わないのだろうか」。筆者が大学院に入り，認知カウンセリング（本書第1章参照）を中学生に対して実施するなかで，感じた疑問である。当時，筆者は，東京の公立中学校において，学習指導助手として，放課後の学習相談室をオープンし，来談した生徒に対し，認知カウンセリングを実施していた。認知カウンセリングを受けたいという積極的な意思があるだけあって，こうしたクライアントは比較的よく勉強をする。しかし，その学習方法が，とても効率的とは思えないのである。たとえば，数学であれば，テスト範囲から出てきそうな問題を絞り，その解答手続きを暗記しようとする。理解しないで覚えようとするから，結局すぐ忘れる。忘れるからまた覚えようとする。その結果，時間だけは過ぎていくが効率は上がらない。

こうした現実を目の前にして，筆者は，これまでの教育心理学研究で，学習方略の使用と関連する要因が，実証的にどのように明らかになっているのかを調べてみた。ところが，いまいちピンとこないのである。たとえば，数多くの研究では，学習者の動機づけが，学習に有効な学習方略の使用と関連することを示している（e.g., Nolen, 1988）。だが，筆者のクライアントは，自分から相談にくるだけあって，動機づけは高い。なので，この説明はしっくりこない。他の研究では，学習に対する有効性の認知がなければ，学習方略は使用されないということを示している（McCombs, 1988；佐藤，1998）。これはもっともな

＊本章は引用文献リストにある村山（2003b）を中心に執筆したものである。

話である．しかし，「有効だと感じるから使う」というのは，トートロジーにも聞こえ，筆者の問いに答えているようで答えていないように感じた．筆者が知りたいのは，「どういった要因が，学習方略の有効性の認知に（そしてひいては，実際の学習方略の使用に）影響を与えているか」ということであった．

(2) テストへの適応

このようなもやもや感を抱えながら，学習相談を続けていく中で，筆者は1つのことに気づいた．放課後の学習相談室に相談にくる生徒の数が，急激に増える時期があるのである．テスト前である．言われてみれば当たり前のことであるが，こうして生徒を観察してみると，中学生の思考回路が，いかにテスト（特に定期テスト）に大きな影響を受けているかが分かる．定期テストの結果は，高校への入学にも影響を与える．学業成績とは，非常に分かりやすいものさしであり，その結果がよければ，自尊心も上がるし，友人関係のステータスにもなる．よって，生徒が，定期テストに焦点を絞って勉強することはとても理解できる．それと同時に，こうしたテストが，本来あるべき学習のあり方を妨げていることもよく見て取れた．特に，テスト前に駆け付ける生徒は，やる気はあるものの，目的が目前のテストの得点そのものになっていて，本来何のために学校で勉強するのか，そういった視点が完全に抜け落ちているように思えた．

「テストって何だろう」．こうした疑問から，私の一連のテストと学習方略との関係を検討した研究は始まった．本来，テストは学力を測るためのただの測定装置である．しかし，教育において，テストはただの測定装置を超えた，心理的な影響を，学習者に（それだけではなく教師や学校システムにも）与えている．文献を読んでみると，テストが学習者に与える影響を論じている議論がないわけではない（レビューとして，村山，2006a）．だが，その議論は限定的で，実証的な研究自体もそれほど多くない．実際，テストが学習方略に与える影響に関しては，実証研究がほぼないといってよかった．例外として，実験心理学においてテスト期待効果という分野（e.g., Middlebrooks, Murayama, & Castel, 2017）があるが，実験室の記憶実験にとどまっており，実際の教育への示唆には乏しい．

第10章　テスト形式は学習方略にどう影響するか　　145

　テストと学習方略との関係を実証的に調べるため，筆者は，まず中学生と高校生を対象にした大規模な調査研究を実施した（村山，2003a）。この調査で明らかになったことは，学習者の学習方略の使用は，「テストに役に立つか」という観点に大きく関係しているということであった。やはり，テストと学習方略の使用は密接な関係があるのである。もちろんこうした調査研究は，相関研究であり，テストが学習方略に与える影響の因果関係を検証できたわけではない。この調査の結果によって，テストが学習方略に与える影響を，より直接的に検証したい，その思いが強くなった。

(3) 研究の目的

　そこで筆者は，テストのなかでも特にテスト形式に着目し，テスト形式が学習方略に与える影響を調べる授業実験を立案・実行した（村山，2003c）。「授業実験」とは文字通り，実際の授業の場において，実験的な操作（この場合はテスト）を行い，その操作が学習者に与える因果関係を調べる方法である。「教育介入研究」と呼ばれることも多い。当時，日本の教育心理学研究は，学校を対象にした調査研究か，実験室的な実験研究が多くを占めており，授業実験研究は非常に限られていた。調査研究は，学校における複雑な要因の連関を調べるのに適しているが，因果関係が分かるわけではない。実験研究は，因果関係を明らかにするのに適しているが，実験室でのセッティングは多くの場合，生態学的妥当性（現実生活における状況を代表する度合い）に欠けることが問題である。実験授業は，これらの限界点を乗り越え，実験的な要因の統制と，実際の教育場面で実施することによる生態学的妥当性の両方を兼ね揃えたアプローチである。筆者は以前に慶應義塾大学で実施された授業実験プログラムの存在を知り（安藤ほか，1992），それに触発される形で，授業実験を自分の研究でも実施したいと思うようになった。

　テスト形式には様々なものが存在するが，この研究では，空所補充型テスト（いわゆる穴埋めテスト）と記述式テストの二種類に絞った。後日，多くの人から，センター試験でも使われる多肢選択式テストをなぜ調べなかったのかと問われる（大学入試改革では，多肢選択式テストはいつも議論の的である）。多肢選択式テストは設問の作り方によって問題のクオリティのばらつきが大き

く（実際，よく作られた多肢選択式問題は，高次の認知能力を測定することもある程度まで十分可能だと筆者は考えている），1つの研究から確かな結論を導くのが難しいと考え，除外した。

一方，学習方略にもさまざまな種類があるが，本章では，浅い処理の学習方略と深い処理の学習方略という区分（Marton & Säljö, 1976）が，もっともシンプルで分かりやすいため，用いることとする。浅い処理の学習方略とは，冒頭で述べた学習者が使っているような，暗記中心の方略である。一方，深い処理の学習方略とは，意味理解に重点を置いた学習方略のことである。もちろん，長期的な学習ということを考えれば，深い処理の学習方略を使用する方が望ましい。筆者の仮説は，空所補充型式テストは，学習者の浅い処理の学習方略の利用を促進する一方で，記述式テストは，学習者の深い処理の学習方略の使用を促進するというものである。

10-2　実験授業の計画と実施

筆者の授業実験は，東京大学における「夏休み学習ゼミナール」（p. 18 参照）の場で行われた。授業実験の対象者は，学習ゼミナールに参加を応募してきた，およそ80名の，地域に住む中学2年生である。生徒は3つのクラスにランダムに割り当てられた。これらのクラスに，筆者が教師となり，5日間にわたって，社会科の授業を実施した。テーマは世界史の近現代史（第一次世界大戦からベトナム戦争）である（授業自体の詳細は，村山，2003dを参照のこと）。中学2年生にとっては未習事項である。毎回，学習者は筆者の説明やビデオによる解説を聞き，筆者が作成したノートに書き込みを加えていく形で，学習を進めていく。

この研究で重要なのは，テスト形式の操作である。3クラスの学習者は，すべて同一の授業を受けた。このとき，クラス間で授業の内容や教示スタイルに差が出ないよう，筆者は入念な練習を事前に行った。各授業の最後に，学習者は5分間，自由に授業内容を復習する時間を与えられ（見直しの時間），見直しの時間終了後，10分間の確認テストを受けた。確認テストは，その日の授業で習った内容に関するテストである．筆者は，この確認テストの形式をクラ

ス間で操作し（ただし最終回の授業は除く），この違いが学習方略に与える影響を検討した．採点された確認テストは，毎回次の授業の冒頭に返却された．

　具体的には，2つのクラスでは，すべての確認テストにおいて，記述式テストを実施した（記述群：2つのクラス間の違いに関しては後述）．記述式テストでは，その日に習ったトピックが提示され（「ドイツのインフレーションが起きた理由とその結果」「ヴェルサイユ条約」など），学習者には，授業で習った範囲内の知識で，そのトピックについて説明することを求めた．一方，1つのクラスでは，すべての確認テストにおいて，空所補充型のテストを実施した（空所補充群）．空所補充型のテストでは，記述式テストで出題されているものと同一のトピックに関する説明文章が提示された．文章にはいくつか空所があり，そこに適切な語句（人名・事件名・年号など）を記入することを求めた．なお，テスト形式によって，テストの主観的な困難度に違いが生じないようにするため，両群の間でテストの平均得点に違いが出ないよう，学習者には知らせずにテスト得点の調整を行った．

　本研究の主要な目的は，空所補充型テストと記述式テストが学習方略に与える影響を調べることであった．しかし，記述式テストは，空所補充型テストに比べて，絶対的な解答が存在しないため，「どのような具体的なフィードバック（添削）が与えられるか」によって，その意味が変わってくる．たとえば，記述式テストであっても，正答に関するフィードバックが一切なく，ただ点数だけが与えられるならば，学習者の学習方略は変容するだろうか．こうしたフィードバックの効果を調べるため，記述式テストを受けるクラスの1つでは，学習者は記述式テストを受けるが，返却されるのは点数だけでフィードバックは一切与えられなかった（記述―非添削群）．一方で，もう1つのクラスは，どのように書けば記述がよくなるのかに関する具体的なコメントを与えられた（記述―添削群）．

　なお，学習ゼミナールのテストは，学校での定期テストと違い，いい点を取ることで，何かメリットがあったりするわけではない（いわゆるローステークステスト）．そこで，学習者がテストに動機づけられるようにするため，「学習記録シート」と題した用紙を用意し，そのシートに学習者のテスト得点とその変化のグラフを記して，毎回，確認テストとあわせて返却した．テストがロー

ステークスであることは，筆者が気がかりであった点であったが，授業実験後に生徒のコメントを聞く限り，ほとんどの生徒がテストを真剣に捉えていたようである。教育におけるテストの影響力の大きさを再認識させられた。

学習方略は，質問紙と行動指標で測定した。質問紙では，浅い処理の学習である「暗記方略」（項目例：難しい言葉や内容は理解しないでノートに丸写しする）と，深い処理の学習方略である「意味理解方略」（項目例：細かいことよりも，大きな流れをつかむことを重視して授業を受けた）を測定した。また，学習方略の行動指標として，学習者のノートを回収して分析し，単語や出来事の意味や歴史の流れなど，ノートに記されていないけれども授業で説明された内容がどの程度書き込まれているかを調べた。これまでの学習方略研究のほとんどは質問紙による測定を行っているが，ノートの書き込みを調べることで，より教育的に意味のある形で学習方略の測定が可能になる。

10-3　結果と考察

(1) テスト形式と学習方略

テスト形式の違いは，学習者の方略使用に影響を与えたのだろうか。結論から言うと，大きな影響を与えていた。最終回の授業のときに，見直しの時間にどのような学習方略を使用していたかを上記の質問紙で尋ねたところ，空所補充群では，記述群（記述―添削群と記述―非添削群）に比べて，浅い処理の学習方略をより頻繁に使用していた。一方，記述群では，空所補充群に比べて，深い処理の学習方略をより多く使用していた（図10-1）。一方で，記述式テストを添削したかどうかに関しては，統計的に意味のある違いは見いだせなかった。以上の結果から，空所補充テストが用いられると，学習者は，丸暗記のような浅い処理の学習方略を使用するようになるだけでなく，意味理解を重視した，深い処理の学習方略の使用が阻害されることが明らかになった。

テスト形式の違いが，テストの準備のための学習方略に影響を与えていることは分かった。しかし，テスト形式の予期は，学習者の授業の受け方にまで影響を与えたであろうか。この問いに関しては，授業中のノートの書き込みの分析が，答えを与えてくれた。2回目以降の（テストを経験したあとの）授業に

第10章　テスト形式は学習方略にどう影響するか　　149

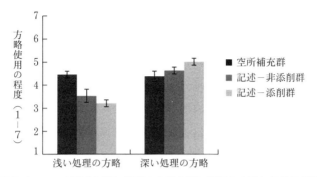

図10-1　テスト形式が浅い処理の方略と深い処理の方略に与える影響
（エラーバーは標準誤差）

おいて，学習者が授業で説明された内容をノートにどの程度書き込んでいるかを調べたところ，こうしたノートの書き込みは，空所補充群よりも記述群で多かった。つまり，テストを経験することで，ノートへ自分の意味理解を補足するような書き込み行動に変化が見られたのである。一方，空所補充群では，ノートに書き込みを行っていても，同じ単語を繰り返し書くといった，暗記をするための書き込みが散見されたことが今でも印象に残っている。記述式テストの添削の有無は，ノートの書き込みに大きな影響は与えていなかった。

なお，この実験授業では，毎回授業の最後に，授業に関する質問があった場合には，その質問をノートに書き込ませたが，記述群では，空所補充群に比べて，授業で説明しなかった内容にまで踏み込んだ内容の質問（「イギリス・フランスの植民地を教えてください」など）が多かったことも，統計的に明らかになった。一方，これまでの結果と同じように，記述式テストの添削の有無が，質問の質に影響を与えたという証拠は見いだせなかった。

(2) テスト形式とテストの成績

テスト形式がテストの準備行動だけでなく，授業の受け方や授業に対する質問の質にも影響を与えることが明らかになった。こうした違いは，実際の授業の理解度にも影響を与えているだろうか。この問いを調べるために，最終回の授業ではこれまでの授業で習った内容を総合的に問うテストを実施した。この

テストは，空所補充型テストと記述式テストの両方から構成されていた。つまり，空所補充群の生徒も，記述群の生徒も，この最終テストでは，両方のテスト形式からなる問題に回答した。

興味深いことに，このテスト結果には，空所補充群と記述群の間に（また記述―添削群と記述―非添削群の間にも），統計的に有意な差は見られなかった。空所補充型テスト，記述式テストの両方においてである。これは，少なくともこの4日間の授業内容に関する限り，テスト形式は理解に影響を与えなかったのかもしれないし，今回のテストが理解度の違いを検出できるほど精度が高くなかったと解釈することも可能である。

(3) テスト形式の影響の個人差

テスト形式が学習方略の使用に影響を与えることが分かったが，そこには大きな個人差も見られた。本研究では，学習者の勉強に対する動機づけの個人差を質問紙によって測定していたが，その後の統計的分析で，習得目標（mastery goals；レビューとして村山，2003b）が深く関わっていることが明らかになった。習得目標とは，他の人との比較や自尊心を維持するために勉強するのではなく，学習内容を習得すること自体を大切だと考え，それによって自分が成長することに重きを置く傾向のことである（質問紙項目の例：少し難しくても新しいことを勉強するほうが好きだ；田中・山内，2000）。図10-2に示されたように，見直しの時間に空所補充群が記述群よりも浅い処理の学習方略を使用するという傾向は，習得目標が低い学習者においてのみ見られ，習得目標の高い学習者は，テスト形式に影響を受けていないことが示唆された。

(4) 考察と限界点

本研究によって，テスト形式が，学習者の学習行動に大きな影響を与えることが明らかになった。この知見は，次の年の学習ゼミナールにおいて実施した実験授業でも追試されており（村山，2004），非常に頑健なものだと考えられる。授業実験という手法を用いることで，実際の教室場面に近い状態で，こうした知見が得られたことの意義は大きい。もちろん，今回の授業実験に限界点がないわけではない。学習ゼミナールに応募してきた家庭は，やはり教育熱心な家

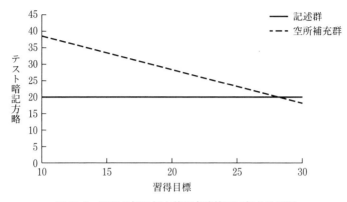

図10-2 習得目標の個人差が方略使用に与える影響

庭が多いことは否めず，今回の結果がどこまで一般性を持つのかについては，明らかではない。また，実験的統制を行いやすくするために，今回の授業実験では伝統的な講義形式（＋ビデオ）をとったが，近年のよりインタラクティブな要素を取り入れたアクティブ・ラーニングといった文脈において，テスト形式がどのような影響を与えるかは，今後の研究を待たねばならない。

10-4 その後の研究展開

(1) 適応的な学習者観？

本研究から，テスト形式が学習方略に影響を与えるという「現象」が明らかになったわけであるが，次に考えなくてはいけないのは，なぜテスト形式が学習方略に影響を与えるのかという「メカニズム」である。一見，メカニズムは単純に思える。学習者はテストを受けることによって，そのテストにおいてどういった方略が有効かということを理解し，テストにあわせた方略を適応的に使用するのではないか，というのが多くの人の想像するところであろう。実際，筆者も最初はそのように考えていた。しかし，こうした「適応的な学習者」のアイディアは，意外にも筆者の後続の研究で否定された。具体的には，学習者は，空所補充テストを目の前にすると，どのような方略が有効かを深く考えず，暗記方略のような浅い処理の方略に自動的に飛びついてしまうことが示唆され

た（村山，2005）。

(2) 学習者は「思い込み」で勉強する

このことから，学習は自分の使っている学習方略が有効かどうかということを，少なくとも能動的には考えずに，自分の「思い込み」で使用していることが分かる。空所補充型テストに，浅い処理の方略を使用するのは，それが効率的だと思い込んでいるから。記述式テストを実施することで，深い処理の方略を使用するようになったのも，それが有効だと実感しているからではなく，そうするものだという事前の固定観念があるから。こうしたテスト形式に関する思い込み・固定観念を，筆者は「テスト形式スキーマ」と呼んでいる（村山, 2005; 2006b）。実際，よく考えてみると，空所補充型テストのような記憶を問うテストに対して，認知心理学では，深い処理を伴った学習の方が有効であることを繰り返し示してきた。もし学習者が適応的に学習方略を使えるのであるならば，空所補充型テストに対して，暗記方略で対応すること自体，おかしいのである。

「思い込み」で勉強する学習者の何が問題なのだろうか。先ほど述べた，多肢選択式問題を考えてみよう。受験＝詰め込み勉強というイメージとの連合が強いからか，一般にセンター試験で使われる多肢選択式問題は暗記問題だという考えが根強い。こうした思い込みが，学習者の受験勉強における詰め込み・暗記重視の傾向を助長している可能性がある。先述したように，多肢選択式問題には，高次の意味理解を問うものも数多く存在する。しかし，学習者が思い込みで勉強方法を決めるのなら，いくらこうした良問があっても，学習者には届かない。彼ら・彼女らにとって，実際の問題のクオリティがいかがであれ，多肢選択式問題＝暗記問題なのである。良い多肢選択式問題は高次の認知過程を測定できるのだから，大学入試改革後にも積極的に取り入れるべきだという議論も存在する。しかし，学習者の（そして政策決定者の）こうした思い込み自体を改善しない限り，受験勉強が暗記を助長するという現在の負のサイクルからは脱却できないかもしれない。テスト改革については，今も昔も議論が盛んであるが，こうした学習者のテストに対する思い込み（テスト形式スキーマ）といった要因も，もっと積極的に考える必要があるだろう。

(3) インフォームド・アセスメント

こうしたテストに対する思い込みを解消するにはどのようにすればいいだろうか。関連する先行研究をレビューした上で，村山（2006a）は，インフォームド・アセスメント（informed assessment）という考え方を提唱している。インフォームド・アセスメントとは，評価の意図や目的，評価基準などに関して，テスト（もしくは評価一般）の実施者と受け手の間に知識の伝達や合意がなされているような評価のあり方を指す。一般的に，テストとは，教師や学校が生徒に一方的に実施するものだというイメージが強い。定期テストや入学試験といった厳密に管理されたテストを数多く受けるうちに，「はじめ」の合図があるまで受験者の誰もが見ることができないテストに対して，テストとは教師や学校が作成する神秘なものだといった，秘密めいたイメージを抱く学習者も多いだろう。テストがただの測定装置であるならば，そうした一方的なテスト実施モデルもありうるだろう。しかし，本研究で強く示唆されたように，テストは受け手の心理や学習行動にも大きな影響を与える。そうであるならば，テストを測定装置として使うだけでなく，教育現場でより有効に活用するために，学習者も巻き込んだ，テストに対する積極的な議論や討論をテスト作成の過程に取り入れることも一案としてはあってよいのではないだろうか。こうしたテストに対するオープンな議論をすることで，学習者のテストに対する不安も減り，またテストが学習者を暗記に走らせるといったことも防げるかもしれない。

10-5 おわりに

冒頭の「なぜ学習者は学習に有効な学習方略を使わないのだろうか」という疑問に立ち返ってみよう。この問いは，実は近年のメタ記憶研究において数多くの検討がなされている（Dunlosky et al., 2013）。そこでの結論の1つは，学習者は学習方略の有効性に関するメタ認知が不正確だというものである。つまり，学習者はどういった学習方略が有効であるかを正確に認識しようとしてもうまくできないため，非効率的な学習方略を使用しやすいという考えである。筆者自身も，学習者に学習をコントロールさせると，不正確なメタ認知のために，

逆に学習成績が低下するという現象を発見している（Murayama, Blake, Kerr, & Castel, 2016）。また，筆者の別の調査研究では，学習者の学習方略に対する有効性の認知と，教育心理学の専門家による有効性の認知との間には，乖離がみられることを報告している（吉田・村山，2013; Murayama et al., 2017）。こうしたメタ認知の不全は，学習方略に限らず，動機づけといった，他の領域においてもみられる（Murayama, Kitagami, Tanaka, & Raw, 2016）。

一方で，本章における筆者の一連の研究では，別の可能性を示唆している。それは，学習者はそもそもテストにおいてどういった方略が有効であるかを，考えているようにみえて実はあまり考えていないということである。あまり考えていないからこそ，テスト形式といった表面的な違いとその思い込みに引っ張られる。考えていないからこそ，どういった学習方略が本当に学習に有効であるのかを正確に認識できない（吉田・村山，2013 も考察でこの可能性に触れている）。学習者は，テストがあると一生懸命勉強する。しかし，どのようにしたらテストでよい点が取れるのか，そこであえて一歩引き下がって考えてみる，そういったメタ認知的「態度」が足りていないのかもしれない。

ここで述べた2つの仮説は決して矛盾するものではない。本章ではテスト形式という観点に焦点を当てたが，今後は，より幅広い観点から「なぜ学習者は学習に有効な学習方略を使えないのか」という大きな問いを，多面的に検討していく必要があるだろう。

引用文献

安藤寿康・福永信義・倉八順子・須藤　毅・中野雅治・鹿毛雅治（1992）．英語教授法の比較研究——コミュニカティヴ・アプローチと文法的・アプローチ　教育心理学研究, 40, 247-256.

Dunlosky, J., Rawson, K.A., Marsh, E.J., Nathan, M.J., & Willingham, D. T. (2014). Improving students' learning with effective learning techniques: Promising directions from cognitive and educational psychology. *Psychological Science in the Public Interest*, 14, 4-58.

Marton, F., & Säljö, R. (1976). On qualitative dierences in learning I: Outcome and process. *British Journal of Educational Psychology*, 46, 4-11.

McCombs, B. L. (1988). Motivational skill training: Combining metacognitive,

cognitive, and affective learning strategies. In C. E. Weinstein, E. T. Goetz, & P. A. Alexander (Eds.), *Learning and study strategies: Issues in assessment, instruction, and evaluation*. San Diego: Academic Press, pp. 141–165.

Middlebrooks, C. D., Murayama, K., & Castel, A. D. (2017). Test expectancy and memory for important information. *Journal of Experimental Psychology: Learning, Memory, and Cognition*, 43, 972–985.

村山　航（2003a）．学習方略の使用と短期的・長期的な有効性の認知との関係　教育心理学研究, 51, 130–140.

村山　航（2003b）．達成目標理論の変遷と展望——"緩い統合"という視座からのアプローチ　心理学評論, 46, 564–583.

村山　航（2003c）．テスト形式が学習方略に与える影響　教育心理学研究, 51, 1–12.

村山　航（2003d）．歴史（近現代史）——ビデオ教材と確認テストの導入で，知識の定着を図る　学校臨床研究, 2(1), 99–103.

村山　航（2004）．テスト形式の違いによる学習方略と有効性の認知の変容　心理学研究, 75, 262–268.

村山　航（2005）．テスト形式の予期による方略変容メカニズムの検討　教育心理学研究, 53, 172–184.

村山　航（2006a）．テストへの適応——教育実践上の問題点と解決のための視点　教育心理学研究, 54, 265–279.

村山　航（2006b）．テストスキーマへの介入が空所補充型テストと学習方略との関係に及ぼす影響　教育心理学研究, 54, 63–74.

Murayama, K., Blake, A., Kerr, T., & Castel, A. D. (2016). When enough is not enough: Information overload and metacognitive decisions to stop studying information. *Journal of Experimental Psychology: Learning, Memory, and Cognition*, 42, 914–924.

Murayama, K., Goetz, T., Malmberg, L.-E., Pekrun, R., Tanaka, A., & Martin, A. J. (2017). Within-person analysis in educational psychology: Importance and illustrations. In D. W. Putwain, & K. Smart (Eds.), *British Journal of Educational Psychology Monograph Series II: Psychological Aspects of Education——Current Trends: The role of competence beliefs in teaching and learning*. Oxford: Wiley. pp. 71–87.

Murayama, K., Kitagami, S., Tanaka, A., & Raw, J. A. (2016). People's naïveté about how extrinsic rewards influence intrinsic motivation. *Motivation Science*, 2, 138–142.

Nolen, S. B. (1988). Reasons for studying: Motivational orientations and study strategies. *Cognition & Instruction*, 5, 269–287.

佐藤　純（1998）．学習方略の有効性の認知・コストの認知・好みが学習方略の使用に及ぼす影響　教育心理学研究，46, 367–376.

田中あゆみ・山内弘継（2000）．教室における達成動機，目標志向，内発的興味，学業成績の因果モデルの検討　心理学研究，71, 317–324.

吉田寿夫・村山　航（2013）．なぜ学習者は専門家が学習に有効だと考えている方略を必ずしも使用しないのか　教育心理学研究，61, 32–43.

第11章　効果的な予習を実現するためには

篠ヶ谷圭太

11-1　研究に至った経緯

(1) 予習をめぐる議論

　筆者が大学院に入ったのは，授業の1つの形態として「教えて考えさせる授業」（市川，2004）が提唱されて間もない頃であった。「教えて考えさせる授業」の基本的な流れは，授業の冒頭で教師から学習内容に関する体系的な説明が行われ（教師の説明），さらに学んだ内容を説明させるなどして学習者の理解状態を丁寧に確認した上で（理解確認），より発展的な課題に協同で取り組ませる（理解深化）というものである。シンプルな授業設計のように思えるが，思考力や表現力を育成するために教師はできるだけ教えないという「教えずに考えさせる」タイプの授業が多く行われていた当時においては，この授業設計は逆に新鮮であり，東京大学で月に1回開催される「認知カウンセリング研究会」では，「教えて考えさせる授業」の実践例をめぐって，学校教員や研究者による盛んな議論が行われていた。

　この議論に参加していて，筆者が注目するようになったのが「予習」であった。「教えて考えさせる授業」では，学習内容を体系的に教える上で予習を行わせることも少なくない。しかし，我が国では，当たり前のように予習や復習の重要性が説かれているにもかかわらず，実際の学習指導では予習は促されておらず，予習をして授業に臨む学習者はあまりいない（市川，2004；志水，2005）。恥ずかしながら，筆者の学習経験を振り返ってみても，予習をして授業に臨むことはほぼなく，予習を行わせることによって授業の新鮮味が欠けて

＊本章は引用文献リストにある篠ヶ谷（2008）および篠ヶ谷（2011）を中心に執筆したものである。

しまうことを危惧してか，予習を禁止する教師も少なくなかった。こうした背景から，「教えて考えさせる授業」の実践報告がなされた際には，議論の焦点が予習に当てられることも多く，「予習をさせたことで生徒が授業に参加しやすくなっている」「今まで意識していなかったが，予習はやはり大事だと思う」といった現場教員の発言が多く聞かれた。しかし，議論に参加していた筆者は，実のところ，予習の効果については懐疑的な意見を持っていた。予習は本当に効果があるのか，また，予習が有効だとしても，それが誰にでも有効なのか。予習の重要性を教育現場へと積極的に発信していくには，こうした点が実証的に示される必要があるであろうと思っていたのである。

(2) 関連する先行研究の概観

こうした問題意識のもとで，教育心理学の先行研究を概観したところ，予習に類似する現象を扱ったものとして先行オーガナイザー（advanced organizer）研究が行われていた。先行オーガナイザーとは，本などを題材として学習を行う際に，事前に与えられる短い抽象的な文章のことである。オースベル（Ausubel, 1960）は金属に関する文章を読ませる際に，事前に金属の性質をまとめた先行オーガナイザーを読む群と，本文の内容とは直接関係のない，金属の歴史を説明した文を読む統制群を設定し，本文の内容をどの程度記憶しているか比較を行った。その結果，統制群よりも先行オーガナイザーを与えられた群の方が，本文の内容をよく記憶していることが示された。以降，先行オーガナイザーに関連する研究は主に1980年代に盛んに行われて，その結果，事前に学習内容に関する知識を得ることで，本文を読んだ際には「事前に獲得できる知識同士の関連の理解」や，「本文で初めて与えられるような詳細な内容の理解」が促されることが報告されている（e.g., Bromage & Mayer, 1986; Mayer, 1983; Mayer & Bromage, 1980）。

こうした知見は，教科書を読んで予習をしてくるように指示をした場合に，どのような効果が得られるのかを考える上で有用である。上述の知見にもとづけば，教科書を読んで予習をした場合，教科書に記載されている個々の知識の関連や，授業で初めて扱われる詳細な内容の理解が促進されるものと考えられる。たとえば，歴史の学習では，教科書には個々の史実について記述がされて

いるため，教科書を読んで予習を行い，「いつ，どのような出来事が起こったか」，「誰がどのようなことをしたか」などの知識を得ておけば，授業ではその史実の背景因果（なぜそのような出来事が起こったか，なぜその人はそのようなことをしたのか）の理解が促進されるものと考えられる。同様に，数学の教科書には様々な定理，数学用語の定義，例題の解き方などが記述されているが，そうした知識を予習で大まかに得た上で授業を聞けば，その定理が成り立つ理由（なぜそのような定理が成り立つのか），他の数学用語との関連（どの点が共通していて，どのような点が異なるのか），解き方の根拠（なぜそのような手続きで解けるのか）などがスムーズに理解できるようになることが予想される。

(3) 予習の効果の個人差の検討——2006年の実践

　上述のように，先行オーガナイザーなどの先行研究から，予習には学習内容の理解を促進する効果があることが示唆されるものの，筆者の中にはまだ解決されていない問題があった。それが効果の個人差の問題である。この問題は，心理学研究では適正処遇交互作用（Aptitude Treatment Interaction）と呼ばれており，学習指導や臨床的な介入において非常に重要な意味を持つ（南風原，2011；並木，1997, 2010）。特に，学力低下問題に加え，学力格差の問題も大きく取り上げられていた当時において（市川，2002；苅谷・志水，2004；志水，2005），予習を行わせても効果が得られない学習者や，むしろ逆効果になってしまう学習者の存在を明らかにすることは非常に重要な課題であると思われた。もし，学力の高い学習者のみに予習の効果が生じるのであれば，学力向上のために予習を促しても，むしろ学力格差の拡大を招いてしまうからである。

　予習の効果に個人差を生じさせる要因として筆者が着目したのが，学習者の持つ学習観である。学習観とは，「どのようにして学習が成立するか」に関する信念であり，学習者が学習に対して持つイメージともいえる。市川ほか（1998）では，学習観の下位概念として，学習において知識の関連の理解を重視する意味理解志向，勉強の仕方や工夫を重視する方略志向，語句や公式の暗記を重視する丸暗記志向，努力や学習の量を重視する物量志向などがあること，また，こうした学習観が学習を行う際の方略使用に影響を及ぼすことが指摘さ

れている。この学習観の中で，筆者が注目したのは意味理解志向である。先述のように，先行オーガナイザー研究では，学習内容に関する知識を事前に得ておくことで，その後の学習において「知識同士の関連の理解」が促進されることが示されている。ということは，そもそも学習者が知識の関連づけを重視していなければ，たとえ教科書を読んで予習させたとしても，期待されるような効果は生じないのではないか——そのように考えたのである。

そこで筆者は，2006年の夏休みに開催された中学生向けの学習ゼミナールにおける実践で，予習の効果とその個人差について実証的な検討を行おうと考えた。筆者は5日間の学習講座の中で歴史（第一次世界大戦）の授業を担当した。この年の学習ゼミナールでは3クラス開講されたため，これらのクラスをそれぞれ予習群（29名），復習群（28名），質問生成予習群（29名）に割り当てた上で授業を展開した。予習群には，毎回の解説授業を受ける前に，その日扱われる内容について，教科書を5分間読むように指示し，復習群に対しては，解説授業後に5分間教科書を読むように指示した。また，質問生成予習群には，解説授業前に教科書を読んだ上で，「なぜ」で始まる質問を作るように指示した。

このように，参加者は条件ごとに異なる活動を行いながら4回の授業を受けた。各回の解説授業は，教科書に記載されている内容をもとに，その背景因果について，板書や地図を用いながら詳しく解説を行うものであった。学習ゼミナール5日目には授業内容の理解度を問う2種類のテストを実施した。1つは単語再生テスト（教科書に記述されている出来事や人名を一問一答形式で問うテスト）であり，もう1つは因果説明テスト（教科書には記述されていない史実の背景因果について説明させるテスト）であった。

5日目のテスト得点について分析を行った結果，因果説明テストにおいて，各回の授業前に予習を行った予習群と質問予習群が，復習群よりも高い得点を示した。先行オーガナイザー研究では，事前に個々の知識を得ておくことで，その知識の関連の理解が促進されることが示されているため，この結果は，こうした知見と一致するものと言える。また，毎回の授業後に学習者のノートを回収し，板書内容以外にどのくらいメモが取れているかについても分析を行ったところ，予習を行った2つの群の方が，復習群よりも背景因果に関する情報

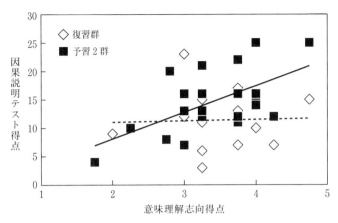

図11-1 予習の効果の個人差（篠ヶ谷，2008）

について多くのメモを残していることが示された。

さらに，こうした予習の効果が学習者の意味理解志向によって異なるかについて分析を行ったところ，図11-1のように，予想を支持する結果が得られた。つまり，因果説明テスト得点において，意味理解志向の高い生徒ほど予習の効果が大きく，意味理解志向の低い生徒にはそのような効果が見られなかったのである。同様に，授業中の背景因果に関するメモ量においても，意味理解志向の高さによって効果の個人差が現れていた。

11-2 効果的な予習活動の検討——2007年の実践

(1) 研究の目的

2006年に実施した学習ゼミナールでは，単に教科書を読んで予習を行わせただけでは，学習者の意味理解志向の高さによって，その効果に個人差が生じてしまうことが示されたといえる。では，どうすればこのような効果の個人差が解消されるのであろうか。その際重要になるのは，意味理解志向の高い学習者が，予習から授業に至るまでにどのような情報処理を行っていたかを考えることである。意味理解志向の高い学習者とは，学習において知識のつながりの理解を重視する学習者であるため，教科書を読んで予習を行う中で，「なぜこ

のような出来事が起こったのだろうか」といった問いを自発的に作り，その問いを解決するために授業に臨んでいた可能性が考えられる。

　ただし，もし予習中に「なぜ」を問う質問を生成させるだけで予習の効果が生起するのであれば，2006年の実践において，「なぜ」で始まる質問を生成させた質問生成予習群では，意味理解志向の高さによらず，授業理解が深まっていたはずである。しかし，この質問生成予習群の学習者からは，教科書の一文を抜き出し，形式的に冒頭に「なぜ」を付けている様子が見てとれた。本来，質問生成とは，「よくわからない部分について，自身の知識と比較しながら精緻化し，問いの形へと作り上げていく過程」であるため (Dillon, 1988; Van der Meij, 1990)，形式的に「なぜ」で始まる文を生成しているだけでは，学習者自身の「問い」とはいえない。それゆえ，「なぜ」で始まる質問を生成させても，意味理解志向の低い学習者には予習の効果が見られなかったのであろう。

　そうであるならば，意味理解志向の低い学習者に対しては，予習での問いを，「授業で解消すべき問題」として認識させるような働きかけを行う必要があると考えられる。文章理解に関する先行研究には，事前に提示された質問に対して自分なりの解答を考えておくことで，その後の文章理解が促進されることが示されており (e.g., Pressley, Tanenbaum, McDaniel, & Wood, 1990; Thiede, Anderson, & Therriault, 2003)，こうした知見から考えると，予習を行う際にも，単に質問を生成させるだけでなく，その問いに対して解答を予想させておくことで，授業中の学習者の注意を，質問に関連する情報へと向けさせることができるのではないかと考えられる。そこで，2007年の学習ゼミナールでは，単に教科書を読んで予習を行わせる際に，「なぜ」で始まる質問を作らせるだけでなく，問いに対する解答を考えさせることの効果について検討を行うこととした。

(2) 実践の概要

　2007年の夏休み学習ゼミナールでは2クラスが開講されたため，以下のような2条件を設定した。1つは統制予習群（26名）であり，このクラスでは，教科書を読んで予習する際に因果質問を生成させ，それらの質問に答えられるようになることが授業の目標であると伝えるようにした。もう1つは方向づけ

予習群（27名）であり，このクラスでは，予習の中で生成した質問に対して自分なりの解答を作成させておき，授業の目標をより強く認識できるようにした。全体の流れや授業内容は前年度の実践と同様である。4日間の解説授業の中で第一次世界大戦について教え，5日目には4日間で扱った内容に関する理解度を問うテスト（単語再生テストと因果説明テスト）を実施した。

講座の1日目はベースライン期として位置づけ，どちらのクラスも予習を行わずに解説授業を受講した。そして，講座2日目から，授業冒頭に10分間の予習時間を設け，その日の授業で扱う部分の教科書のコピーと予習シートを配付して予習を行うよう指示した。統制予習群の予習シートには質問を書き出す欄を設け，さらに「教科書を読んでから『なぜ～』で始まる疑問を少なくとも3つは書き出しましょう」という教示も印刷した。また，質問記入欄の下には「このような疑問を解消することを目指しましょう」という教示も印刷した。一方，方向づけ予習群の予習シートには，統制予習群と同様に，質問を書き出す欄を設けただけでなく，学習者の注意をより方向づけるために，「もし友達に上のような質問をされたら，あなたはどうやって説明してあげますか？」という教示と，解答を記入する欄を設けた。さらに，解答記入欄の下には，「うまく説明できましたか？できなかったら理解を深めるチャンスです。この疑問を解消することが授業の目標となります」という教示も印刷した。どちらのクラスにおいても，授業者である筆者が教示を読み上げ，予習を行うように指示した。

(3) 2日目の予習活動で生じた問題

上述のように，この年の実践では2日目の授業から予習を導入し，予習の中でなぜを問う質問に対して解答を予想しておくことの効果を検証しようとしたが，学習者の様子からは以下のような問題が見受けられた。

1つ目の問題は，質問生成を学習者に行わせたことで，解説授業で扱われない内容に関する質問を書いている学習者がいた点である。たとえば2日目の解説授業では，教科書には記述されていない背景因果として，(1) 独露が対立した理由，(2) バルカン半島で対立が激化した理由，(3) サラエボ事件後，ロシアがセルビアの味方をした理由，などが詳しく扱われたが，実際に2日目の予

習の中で生成された質問を見てみると，授業で詳しい説明がなされない内容に関する質問のみを生成している学習者が散見された。このように，解説授業で扱われない内容について質問を生成していては，たとえその問いに対して解答作成を行わせても，授業で解決されることができず，解答作成の効果を検証することはできないと考えられた。

2つ目の問題は，方向づけ予習群の中で，質問記入欄に質問を書き出しているにもかかわらず，その質問に対する解答が，解答記入欄に記述されていないなど，質問記入欄と解答記入欄の記述が対応していない学習者が見られた点である。確かに，質問を書き出す欄と，質問に対する解答を書き出す欄が分かれている場合，1つ1つの質問に対応させる形で解答を書きにくい。

3つ目の問題は，方向づけ予習群に対して，「なぜ」で始まる質問に対して解答を作成させ，「これを説明できるようになることが授業の目標です」といった教示を行うだけでは，なぜで始まる質問について，その問いを解消することが目標であると伝える統制予習群との違いは小さく，自身の生成した問いに対して問題意識を持っているようには感じられなかった点である。学習者の反応からは，方向づけ予習群で行わせた予習活動は，学習者の注意を方向づける介入として機能していないことが見てとれたのである。

（4）3日目以降の予習活動の変更点

2日目の授業において，このような問題点が見られたため，このままの予習活動を続けても，解答作成による効果を検証することは困難であると判断し，3日目から，方向づけ予習群の予習シートを以下のように変更することとした。1つ目の，授業で扱わない内容に関する質問が生成されてしまう問題については，こちらから質問を提示してしまうことで対応した。すなわち，授業で理解してほしい歴史の背景因果について，授業者である筆者が質問を生成し，予習シートにあらかじめ印刷するように変更したのである。

また，生成した質問と解答が対応していないという2つ目の問題については，1つ1つの質問に対応させる形で解答作成欄を設けることとした。具体的には，漫画のキャラクターの吹き出しに質問が印刷されており，それに向かい合うキャラクターの吹き出しに，自身の考える解答を書き込むようにした。2人のキ

第11章　効果的な予習を実現するためには　　　　　　　　　　165

ャラクターは質問ごとに印刷されており，それぞれの吹き出しに解答を書き込むように指示を行った。

「問いに対する問題意識が持てていない」という3つ目の問題点については，授業に向けた目標の認識をより強く促すため，説明しているキャラクターの右下に2cm四方の四角を印刷し，自分の書き込んだ解答に対する自信度について，1（まったく自信がない）から5（とても自信がある）までの5段階で記入させることとした。また，「授業後にこの数値が1つでも大きくなっているようにすることが授業の目標です」と口頭で伝えた。一方で，3日目と4日目の統制予習群の予習シートには，キャラクターの1つの吹き出しに方向づけ予習群のシートと同様の質問がすべて印刷されており，吹き出しの下には「授業ではこのような疑問を解消することを目指しましょう」という教示が印刷されていた。また，この教示は予習シート配付時に授業者が口頭で読み上げた。

(5) 得られた結果

この年の学習ゼミナールでは，2日目を終えた後で介入に修正を加えたため，3日目と4日目の内容に関するテスト得点について分析を行った。その結果，図11-2に示すように，統制予習群では因果説明テスト得点と意味理解志向の間に正の関連が見られたのに対して，方向づけ予習群では統計的に有意な関連は見られなかった。つまり，統制予習群では意味理解志向の高さによって授業での背景因果の理解度に差が見られた一方で，方向づけ予習群では，そのような個人差が見られなくなっていた。この結果から，予習の中で提示された問いに対して解答を作成し，さらに，自分の解答に対する自信度を評定したことで，意味理解志向の低い学習者でも，授業ではそうした問いに関連する内容について理解を深めることができたといえる。逆に言えば，授業で注目してほしい内容について，単に教師の方から問いを提示するだけでは，学習者の持つ信念によって，その内容に注意が向くかどうかには個人差が生じてしまうといえよう。

11-3　その後の研究展開

上述のように，筆者は学習ゼミナールの中で，歴史学習を題材としながら，

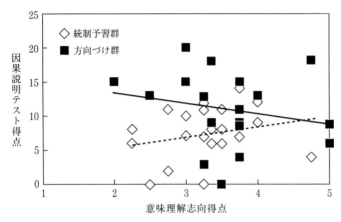

図 11-2　方向づけ活動の効果と意味理解志向（篠ヶ谷，2011）

予習の効果とその個人差，さらに，効果的な予習を実現するための介入方法について検討を行った。その結果，予習の際に単に教科書を読ませるだけでなく，教師が質問を提示した上で，その問いを授業で解決すべき問題として認識できるよう，自分なりの解答を予想させ，解答に対する自信度を評定させることが有効であることが示された。しかし，生涯にわたって効果的に学び続けられる自立した学習者を育成するためには，予習の中で，授業に向けた問いを自ら生成する力が求められる。そのため，後続の学習ゼミナールでは，学習者自身に質問を生成させ，その際に質問生成の手順（史実をしっかり押さえた上で，なぜその出来事が起こったのか，なぜその人物はそのような行動をとったのかを考え，分からない部分を問いにする）を指導することとした。その結果，意味理解志向の低い学習者が予習の中で「なぜ」を問う質問を生成できるようになり，授業の中でも自身の生成した質問に関連する情報に注意が向けられるようになることが示された（篠ヶ谷，2013）。

　一方，筆者は他教科の学習における予習の効果について，質問紙を用いた調査研究も実施してきた。高校生の英語学習に焦点を当てた篠ヶ谷（2010）では，前もって単語を調べておく，自分で意味を推測しておくといった予習方法が，授業中のメモ行動（板書以外の重要な情報をノートにメモする）やメタ認知的方略（授業中に自分の疑問点をチェックする）と有意な関連を持つことが示さ

れ，こうした結果からも予習方法の違いによって授業の受け方が変容する可能性が示唆されている。

また，数学の予習行動の規定要因について検討を行った Shinogaya（2017）では，内容関与的な学習動機（面白いから勉強する，将来役に立つから勉強する）や認知主義的な学習観（数学の勉強では意味を理解することが大切だ，数学の勉強では答えだけでなく解き方が合っていることが大切だ）が高い学習者ほど，予習の有効性を高く認知しており，事前に問題を解いておく，事前に教科書を読んでおくなどの予習を自発的に行っていることが示された。さらに，高校生の英語学習を対象に，教師と学習者の双方に質問紙を実施し，予習の規定要因を検討した篠ヶ谷（2014）では，「単語の意味の成り立ちを説明する」「なぜこのように訳せるのかを説明する」といったように，教師が理由や理屈を理解することを重視した授業を行うことで，事前に英単語や英文の意味を調べておく，自分なりに推測しておくといった予習行動が増加することが示された。また，この調査では，教師が授業で生徒に訳を答えさせているほど，学習者は予習の中で友達に聞くなどの援助要請を多く行っていることも示されている。

11-4　おわりに——効果的な予習を実現する条件とは

以上に述べてきたように，筆者は学習ゼミナールでの実践や質問紙を用いた調査研究によって，予習の効果や，効果的な予習活動のあり方について検討を行ってきた。学習ゼミナールでの結果からは，効果的な予習を実現する上で，予習中に「なぜ」を問う質問を生成させる（もしくは教師から提示する）こと，そして，その問いを授業で解決すべき問題として学習者が認識できるよう，予想解答を作成させ，さらに自信度を評定させるなど，学習者の注意を方向づけることの重要性が指摘できるであろう。

しかし，そもそも予習で学ぶ内容と授業で学ぶ内容の対応を押さえることが，こうした知見の前提条件となっていることも忘れてはならない。たとえば，学習ゼミナールでは，筆者は一貫して「教科書」を教材として予習を行わせ，授業では「教科書に記述されていない背景因果情報」を重点的に扱った。予習と

授業の内容をこのように対応づけたのは，予習の内容を授業の先行オーガナイザーとして機能させるために他ならない。もしも，教科書で得られる知識以上の情報を授業で扱わなければ，学習者にとって授業は単なる予習の繰り返しに過ぎず，退屈なものとなってしまうであろう。このように，効果的な予習のあり方とは，教師が行う授業と切り離すことのできない問題であり，授業の中で「何を重点的に教え，どのように理解させたいか」を前提としながら議論されるべきであるといえる。実際，筆者が実施した質問紙調査では，教師の授業スタイルによって予習の効果が異なることも示されている（篠ヶ谷，2014）。

　教育現場では，あくまで学習を習慣づけるために家庭学習が促されていることが多く，授業での教え方に関する議論と，家庭学習の方法に関する議論が関連づけられてこなかった。そして，この問題は教育心理学研究においても同様であり，前者の問いを扱った「授業法研究」と，後者の問いを扱った「学習法研究」が独立に行われてきた感が否めない。学習とは1度テキストを読むだけ，1度授業を受けるだけで成立するものではなく，こうした活動の連続の中で深まっていくものである（篠ヶ谷，2012）。効果的な予習を実現するためには，予習で何をどのように学ばせるのか，授業でそれをどのように深めるのかを考えて授業を設計することが，何よりも重要であるといえるだろう。

引用文献

Ausubel, D. P. (1960). The use of advance organizers in the learning and retention of meaningful verbal material. *Journal of Educational Psychology*, 51, 267–272.

Bromage, B. K., & Mayer, R. E. (1986). Quantitative and qualitative effects of repetition on learning from technical text. *Journal of Educational Psychology*, 78, 271–278.

Dillon, J. T. (1988). *Questioning and Teaching: A manual of practice*. New York: Teachers College.

南風原朝和（2011）．量的研究法（これからの臨床心理学 Vol. 7）　東京大学出版会

市川伸一（2002）．学力低下論争　ちくま新書

市川伸一（2004）．学ぶ意欲とスキルを育てる――いま求められる学力向上策　小学館

市川伸一・堀野　緑・久保信子（1998）．学習方法を支える学習観と学習動機　市川伸一（編）認知カウンセリングから見た学習方法の相談と指導　ブレーン出版，pp. 186-203.

苅谷剛彦・志水宏吉（2004）．学力の社会学──調査が示す学力の変化と学習の課題　岩波書店

Mayer, R. E. (1983). Can you repeat that?: Qualitative effects of repetition and advance organizers on learning from science prose. *Journal of Educational Psychology*, 75, 40-49.

Mayer, R. E., & Bromage, B. K. (1980). Difference recall protocols for technical texts due to advance organizers. *Journal of Educational Psychology*, 72, 209-225.

並木　博（1997）．個性と教育環境の交互作用──教育心理学の課題　培風館

並木　博（2010）．ATIと授業　高垣マユミ（編）授業デザインの最前線Ⅱ──理論と実践を創造する知のプロセス　北大路書房，pp. 119-133.

Pressley, M., Tanenbaum, R., McDaniel, M. A., & Wood, E. (1990). What happens when university students try to answer prequestions that accompany textbook material? *Contemporary Educational Psychology*, 15, 27-35.

志水宏吉（2005）．学力を育てる　岩波書店

篠ヶ谷圭太（2008）．予習が授業理解に与える影響とそのプロセスの検討──学習観の個人差に注目して　教育心理学研究，56, 256-267.

篠ヶ谷圭太（2010）．高校英語における予習方略と授業内方略の関係──パス解析によるモデルの構築　教育心理学研究，58, 452-463.

篠ヶ谷圭太（2011）．学習を方向づける予習活動の検討──質問に対する解答作成と自信度評定に着目して　教育心理学研究，59, 355-366.

篠ヶ谷圭太（2012）．学習方略研究の展開と展望──学習フェイズの関連づけの視点から　教育心理学研究，60, 92-105.

篠ヶ谷圭太（2013）．予習時の質問生成への介入および解答作成が授業理解に与える影響とそのプロセスの検討　教育心理学研究，61, 351-361.

篠ヶ谷圭太（2014）．高校英語における予習および授業中の方略使用とその関連──教師の授業方略による直接効果と調整効果に着目して　教育心理学研究，62, 197-208.

Shinogaya, K. (2017). Motives, beliefs, and perceptions among learners affect preparatory learning strategies. *Journal of Educational Research*, 110, 1-8.

Thiede, K. W., Anderson, M. C. M., & Therriault, D. (2003). Accuracy of metacognitive monitoring affects learning of texts. *Journal of Educational Psychology*, 95, 66–73.

Van der Meij, H. (1990). Question asking: To know that you do not know is not enough. *Journal of Educational Psychology*, 82, 505–512.

第12章　教訓帰納は学校でどう指導できるか

瀬尾美紀子

12-1　実践研究の背景——教訓帰納の有効性と指導の試み

(1) 教訓帰納の有効性と実態

　授業や家庭学習あるいはテストなど，算数や数学の問題を解いた後の学習者の行動は多様である。例えば，「解答例を見て正誤（○×）をチェックする」，「チェック後に解答例の解き方を考える」，「自分の解き方を振り返りポイントを言葉でまとめる」などがある。市川（1991）は，特に，問題を解いた後「その問題を解くことによって何を学んだのか」を教訓として言語化することを「教訓帰納（lesson induction）」と名付け，認知カウンセリングの基本的な学習指導技法の1つとして学習者に促すことを推奨している。教訓帰納には，「自分のしがちなミス」「自分がもっていた誤解」「その問題の解法のポイント」などを，ある程度抽象化した形で教訓として抽出し，新たな問題や類似問題への積極的な転移（応用）を促進するねらいがある。

　問題を解いた後にポイントや教訓を抽出してまとめておくことの有効性は，実験研究や調査研究によって示されている。ジックとホリオーク（Gick & Holyoak, 1983）は，ドゥンカー（Dunker）の放射線問題（四方八方から放射線をあてて，健康部位を傷つけずに身体内部の腫瘍を治療するという方法を考え出す）という古典的な問題を用いて実験研究を行った。類似問題を解いた後に「それらがどのような問題であったか」を記述させたところ，「いくつかの方向からの力を収束させるとよい」というような本質的な構造に言及した学習者に

　＊本章は，文献リストにある瀬尾・植阪・市川（2012），瀬尾・赤坂・植阪・市川（2013），瀬尾・石﨑（2014），Seo, Wang, Ishizaki, Uesaka, & Ichikawa（2017）をもとに執筆したものである。

は，放射線問題に転移が生じたことが明らかになった。また，山崎（2001）はこうした問題スキーマを自分で産出する場合と与えられる場合とを比較し，自分で産出する場合の方が転移成績は良いことを示した。

　学習方略としての教訓帰納の使用と学力との関連についても報告されている。例えば，植阪ら（2012）は，学力上位層ほど下位層に比べて高校時代の学習方略として教訓帰納を行っていることを，大学生を対象とした質問紙調査で明らかにしている。また，寺尾（1998）は，高校生を対象に数学の問題に関する教訓帰納を行わせて，学力上位層の半数以上が類似問題に役立つような教訓帰納を行っている一方で，下位層の半数近くは「時間があればもう少しできた」「ひらめきが足りなかった」というように，次に生かすという意味では有効でない教訓帰納を行っていたことを示した。質の高い教訓帰納を自発的に行えることが，高い学習成果を収めるためには必要であることを示唆したものと言えるだろう。

　教訓帰納は有効性が示されている学習方略であるにもかかわらず，学習者にはあまり積極的に取り入れられていない。瀬尾（2013）は中学1年生を対象に質問紙調査を行い，問題を解いた後に教訓帰納を行っている生徒が全体の約3割ほどしかいないことを報告している。教訓帰納があまり行われていない理由の1つには，冒頭で述べたとおり問題解決後の行動には様々な具体性のレベルが想定されるのに対して，教育現場では「見直し」や「解き直し」といった抽象的な指導が行われている影響が考えられる。学習者が自ら教訓帰納を行えるようになるためには，ねらいとする問題解決後の行動を「教訓帰納」として明確かつ具体的に示し，指導していくことが望まれる。

（2）教訓帰納の指導に関する先行研究の方向性

　教訓帰納の指導に関する研究は，以下の大きく2つのタイプに分類できる。1つは，効果的な教訓の引き出し方の指導に関する研究であり，もう1つは，教訓帰納を自発的に行うようにするための指導に関するものである。一般に，学習方略研究の領域では，方略利用の状態を3つに分けてとらえる考え方がある（e.g., Pressley & Harris, 2009）。この考え方に対応させると，教訓の引き出し方に関する研究は，方略を使用するがうまく利用できない「利用欠如」を改

善する目的を持つ。また，教訓帰納の自発的な使用促進に関する研究は，方略を知らない状態である「媒介欠如」や，方略を知っているが自発的に利用できない「産出欠如」を改善する目的を持つといえる。以下，それぞれについて，具体的に見ていこう。

効果的な教訓の引き出し方に関して，寺尾（1998）は，自分の解法と正解の解法を十分に比較して教訓を引き出す指導法の有効性を，高校1年生を対象とした研究によって示している。また，寺尾（1998）の別の研究では，教訓帰納を行わせる際に，①この問題に正解するためのポイント，②問題が解けなかった場合には，なぜ自分ができなかったのか，③次に同じような問題が出されたとき，それに正解するためには何に注意すればよいか，といった3つの視点を与えている。教訓の引き出し方，すなわち教訓帰納における思考プロセスを具体的にわかりやすく指導していくことが，効果的な教訓を引き出す可能性を高めると考えられる。

教訓帰納の自発的な使用促進を目的として，植阪（本書第4章参照）は，これまで教訓帰納を使用していなかった中学2年生の女子生徒を対象に認知カウンセリングを行った。指導中期に，すでに解いてきた問題に対して教訓帰納を行わせる指導を行った結果，家庭学習や他教科でも自発的な教訓帰納が行われるようになった。教訓帰納に焦点化した指導の有効性が個別指導場面で示されたわけであるが，自発的に教訓帰納を行う生徒が3割程度という現状を考えると，学校のような集団場面で実践可能な指導法の提案が望まれる。

本章では，「学習法講座」の一環として，教訓帰納を中学校のクラス場面で指導した実践的研究を紹介する。学習法講座とは，学習に関する認知心理学の理論や知見を，デモ実験と理論解説を通して伝え，教科の学習への適用の仕方を学ぶ授業の総称である（本書第1章参照）。教訓帰納に関しては，高校生を対象とした講座が試行的に実践されその効果が確認されていた。ただし，少数の希望者向け実践であったため，中学校のクラス場面での実践に向けて，講座の改変が必要であると考えられた。

12-2 教訓帰納に関する中学生向け学習法講座の試行的実践

(1) 中学生向け学習法講座への改変（2011年度）

　教訓帰納の仕方を練習する場面で，中学生に対応した計算問題および文章題を用いることとした。R中学校の中学2年生27名を対象に講座を実施し，主に以下の2点が明らかになった。1つは教訓帰納のしやすさが問題の種類によって異なることである。つまり，計算問題では誤答者のほぼ全員が自分のおかしたミスなどについて教訓帰納を行っていた一方で，文章題を誤答しても6〜7割の生徒が教訓帰納を行っていない様子が見られた。文章題では，そもそも問題文自体や解答例を理解することが困難なため，教訓を引き出せないという可能性が考えられた。もう1つは，学習法講座の効果は3ヶ月後には消失し，教訓帰納の自発的利用は行われていなかったことである。教訓帰納の有効性の認知が日常的な使用に結びつくほどには十分に高まらなかったことと，自分のつまずきに対応して使えるような教訓帰納の仕方に関するポイント（コツ）が十分に習得できなかった可能性が考えられた。以上から，学習法講座自体の改善および，日常の数学授業との連携が必要であることが示唆された。

(2) 学習法講座自体の改善（2012年度）

　主に以下の3点を改良した。1つめは，教訓帰納の練習を計算問題に絞り，算数・数学学力診断テストCOMPASSの「工夫速算」を採用した（本書第13章参照）。工夫速算は，間違った場合にも抽出すべき教訓が文章題等と比べて明確である，他の類似問題にも自発的に利用されやすい，といった特徴を持つ。そのため，教訓帰納の有効性を文章題よりも実感しやすいと考えられた。2つめは，教訓の質を高めるための働きかけをより具体的なものに修正した。講座では，「効果的な教訓」と「効果的ではない教訓」の具体例を見せて相違点を考える活動を行った。そして「原因・理由―対策・注意点」と「課題についての教訓―自分についての教訓」といった2つの軸を提示して考えるように促した。3つめは，工夫速算の事前テストと教訓帰納を行った後の事後テストの成績の変化を確認させた。これは，教訓帰納の効果をより明確に認識させるための手立てである。

R中学校の中学1年生37名を対象に，上記の改善を加えた講座を実施した。結果，質問紙調査では，9割近くの生徒が「教訓帰納が有効である」とし，約8割の生徒が「自分の学習へ取り入れようと思った」ことが示された。工夫速算の事前・事後テストの成績を比較した結果，教訓帰納の効果を実感したものと推察される。事実，正答者の割合は増加しており，事前テストで約58.3%と最も高かった問題においては，事後テストでは約88.9%となり，また事前テストで0%の問題においても事後テストでは約41.7%となった。

教訓帰納の自発的な利用に関しても，講座終了直後に自発的な書き込みを行った生徒が講座前より増えた。しかし，1ヶ月後にはほとんど行われなくなって講座前の状態に戻ってしまったことが明らかになり，学習法講座単独の働きかけの限界が示唆された。

なお，教訓の質について，教訓内容を分析した結果，事後テストに正答している生徒の教訓は「課題」に関する「具体的」な「対策」（例えば，「分配法則を利用して解く」「$-120+18\times(24+76)$にして解く」など）の割合が最も多かった。一方，誤答者の教訓は「自分」についての「抽象的」な「原因」（例えば，「時間が無かった」，「工夫しなかった」など）の割合が最も多かった。これらの結果から，今回のような計算問題に対して効果的な教訓を抽出するためには，「課題に関する具体的な対策」を中心に教訓を考えさせることが有効であると考えられた。

(3) 学習法講座と授業の連携（2012年度）

上記の改善研究とは別に，S中学校において中学1年生を対象に学習法講座および数学授業時の働きかけの双方を実践する連携研究を実施した。数学授業では，2つの働きかけを継続的に行った。1つは，数学の問題演習ノートの中で教訓帰納を行っていることを積極的に評価することである。もう1つは授業の振り返りを行うワークシートの使用である。ペアやグループで相談して書くことを促し，生徒の書いた効果的な教訓がプリントで紹介された。継続的な働きかけの結果，6～7割の生徒が問題演習ノートに教訓帰納を行うようになった。また，数学の授業ノートにも自発的に教訓帰納を行う生徒が出てきて，学習法講座と授業による働きかけの双方を行った場合，教訓帰納が自発的に行わ

れる可能性が示唆された。ただし，比較対照群の設定がない状況での実践であったため，組み合わせ効果の検証としては不十分であった。

12-3 組織的実践研究の計画と実施（2013 年度）

(1) 組織的実践研究の目的と概要

本研究の第1の目的は，教訓帰納に関する「学習法講座」と「授業での働きかけ」の組み合わせの効果を検討することである。研究協力が得られたA中学校では，対象となる中学2年生に対して，実践研究実施前の1年生時に数学の授業での教訓帰納の働きかけを約1年間行ってきた。2年生の4月時点で，教師からの指示による教訓帰納は行うが，自発的に使用する生徒は多くないという実態であり，自発的に使用できる生徒を育成したいということであった。そこで，2年生5クラスを対象に図12-1の流れで実践研究を展開した。まず，教師による授業での教訓帰納の働きかけは1年生時に引き続いて，全クラスに年間を通じて行われた。学習法講座については，5クラスを3クラスと2クラスのグループに分け，3クラスのグループに，2013年5月に教訓帰納に関する講座を実施した。このグループが「学習法講座×授業での働きかけ」群となる。残りの2クラスのグループは，2013年5月には学習法講座を実施しなかった。このグループが「授業での働きかけのみ群（比較対照群）」となる。なお，2014年2月にフォローアップのための学習法講座を実施した。

第2の目的は，より日常的な学習場面において教訓帰納が自発的に利用されるか検討することである。これまでの研究では，研究実施者が提示した課題に対して教訓帰納を行うかを，自発的利用の主な指標としていた。そうするとかなり実験的な状況となってしまうため，むしろ日常的な学習場面における自発的利用の状況を検討したいと考えた。そこで，数学の授業ノートデータを収集し分析することとした。

効果検証のための調査を計3回実施した。まず，学習法講座実施前の2013年4月に数学の授業ノートのデータ収集を行った。文字式の計算を扱った授業で，ノートの余白に間違いの理由や正解するためのポイントが書き込まれているものを教訓帰納としてカウントした。次に，学習法講座実施から約1ヶ月が

第 12 章 教訓帰納は学校でどう指導できるか

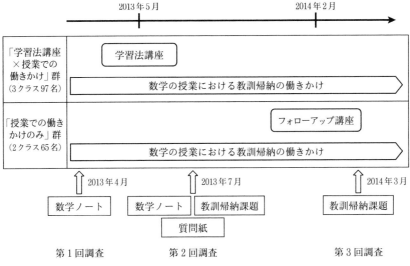

図 12-1 実践研究の概要（Seo et al., 2017 を改変）

経過した 2013 年 7 月に第 2 回調査を行った。数学ノートのデータ収集に加えて，「学習方略の有効性の認知」や「方略利用動機づけ」を測定する質問紙を実施した。また，教訓帰納の自発的利用を課題によって測定した。工夫速算プリントの実施後に解答を配布し，プリントへの書き込みの有無によって教訓帰納の自発的利用を判断した。2014 年 3 月にも，同様の教訓帰納の測定課題を実施した。

実践研究の仮説は以下のとおりである。教訓帰納に関して「学習法講座」と「授業での働きかけ」の組み合わせに効果があれば，「授業での働きかけのみ」群よりも「学習法講座×授業での働きかけ」群の方が，第 1 回調査から第 2 回調査への教訓帰納の自発的利用（ノートデータによる測定）の割合の伸びが大きくなるだろう（仮説 1）。さらに，その効果が「授業での働きかけ」によって維持されるならば，「学習法講座×授業での働きかけ」群の第 2 回調査から第 3 回調査の自発的利用（課題による測定）の割合は減少せず同じ水準が保たれるだろう（仮説 2）。

表 12-1　学習法講座の基本デザイン

段階		内容	ねらいと留意点
教える	導入	学習方法の見直し 講座の目的	勉強に関する悩みと対応させて、学習法講座の目的を伝える。
	デモ体験	事前テスト 方略教授 事後テスト 解説	事前テストと事後テストの比較を通じて、方略の有効性を実感させる。 なぜ、その方略が有効なのか、背景となる理論を簡潔に説明する
練習させる	方略練習	事前テスト 教科での練習 事後テスト	教科の内容を用いて、教師から具体例を示し活用方法を教える。 各自あるいはペア、小グループで練習する。事前・事後テストによって教科の学習でも方略が有効であることを実感させる。
	まとめ	自己評価	有効性や今後の活用も考えさせる。

(2) 教訓帰納に関する学習法講座

　教訓帰納に関する学習法講座は、これまでの一連の研究で精緻化されてきた学習法講座の基本デザイン（表12-1）をもとに構成した。50分間の講座の具体的な流れを説明する。講座の「導入」では、ふだんの勉強に関する悩みを確認しながら、学習法講座の目的「効果的な振り返りの仕方を身につける」を示した。次に、Tパズルを用いた「デモ体験」を実施した。Tパズルは4つのピースから「T」の形を作る伝統的なパズルである。構成のポイントを理解していない場合、多くの学習者にとって「T」の構成が困難である。しかし、同一のポイントを適用することで、木や家の形にも応用できる。このTパズルに、生徒たちはまず個人で挑戦した（事前テスト）。その後、正解が示されて、「T」を作ることができなかった理由についてグループで考えた。そしてクラス全体でTを作るポイントを共有した。つまりTパズルに関する教訓帰納を行った（方略教授）。その後、木と家の形に取り組んだ（事後テスト）。いずれかが作成できたことを確認した後、問題が解けなかったときにその理由やポイント、対策を考える「教訓帰納」を行うと次に同じ問題が出た時に解けたり類似問題へ応用ができたりすること、つまり、「教訓帰納」と「転移」に関する理論的な説明を行った（解説）。

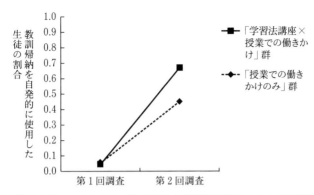

図12-2 数学授業ノートにおいて教訓帰納を自発的に利用した生徒の割合の変化

「方略練習」では,工夫速算問題を用いて教訓帰納のしかたについて説明した。①まず解答と自分の答案をよく見比べ相違点を明らかにすること,②不正解(正解の場合も)の理由・原因とともに対策・注意点を考えること,③効果的な例と効果的でない例を提示し,抽象的な表現ではなく具体的に書くことを実際の問題に即して解説した。その後,各自で自分の不正解問題を中心に教訓帰納を行った。そして,類似の工夫速算問題を解く事後テストを行い,引き出した教訓が活用できたかどうか確認した。講座の最後では,教訓帰納は,計算問題をはじめ他の学習でも有効であることを伝え,ふだんの学習に取り入れてみることを勧めた。

(3) 数学授業での教訓帰納の働きかけ

数学の授業時間に,教師による2つの働きかけを行った。1つは授業の最後に振り返りの時間を設けて,わかったこと,まだよくわからなかったことをノートに書くように促した。もう1つは定期試験前に,定期試験に向けた準備テストを行い,次の時間に振り返りの時間を設けて間違った問題の理由を教訓帰納するように促した。理由がよくわからなかったり,問題が理解できない生徒は,必ず誰かに質問して相談したり教えてもらうよう,学び合いを行うことを推奨した。

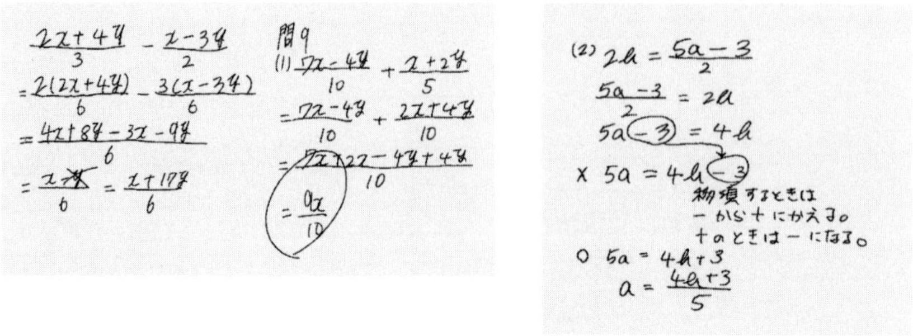

図 12-3　教訓を書くようになったノート例（左は第1回調査時，右は第2回調査時）

(4) 実践の結果と考察

　学習法講座と授業での働きかけの組み合わせの効果に関する仮説1を検討するために，第1回と第2回調査時に収集した数学授業ノートにおいて，教訓帰納を自発的に使用した生徒の割合を調べた。図12-2はその結果である。学習法講座実施前の4月時点（第1回調査）では，自発的に教訓帰納を行う生徒は両方の群でほとんどいなかったが，講座実施から約1ヶ月半が経過した第2回調査時には，「学習法講座×授業での働きかけ」群では約67%の生徒が行うようになった。一方，「授業での働きかけのみ」群では約45%の生徒が行うようになった。教訓帰納を自発的に使用した生徒の割合について，2要因ノンパラメトリック検定を行った結果，交互作用が有意になった（$z=2.34, p<.05$）。「学習法講座×授業での働きかけ」群において教訓帰納を自発的に使用した生徒の割合の伸びは，「授業での働きかけのみ」群の伸びを有意に上回り仮説1が支持された。

　図12-3は，教訓帰納を書くようになった生徒のノート例である。学習法講座前の第1回調査時には，問題を解いても丸つけと正解を記入するのみで教訓帰納は行われていなかったが，学習法講座実施後には，自分の言葉で教訓帰納を行っている様子が見られた。他に，定期試験に向けた準備テストの振り返りでは，生徒たちが自分のおかした間違いを分析し，定期試験に向けた教訓を自分自身の言葉としてまとめている様子が確認された（表12-2）。

　「学習法講座×授業での働きかけ」群は，学習法講座実施後にも授業での働きかけが継続されるため，講座の効果が維持されることを予測していた（仮説

表 12-2　定期試験準備テストに生徒たちが書いた教訓帰納の例

問題	「$\dfrac{x-2y}{3} - \dfrac{5x-y}{5} + x$ を簡単にしなさい」
おかしがちな誤り	通分する際に，第3項の分子に15をかけ忘れて $\dfrac{x}{15}$ とする誤り
教訓帰納の例	生徒A「私は15で通分をするとき，x を $\dfrac{x}{15}$ と書いてしまった。15でそろえるので分子の x は $15x$ とあらわさなければならない。通分のところを間違えてしまったのが原因である。通分をするときは，x や y に□倍するから……ということを頭の中で考えて計算すると，ミスが減ると思う。」 生徒B「テストでは（第3項 x を）$\dfrac{1}{15}x$ にしてしまった。x を母数と合わせるときは（通分するときは），母数（分母）と子数（分子）を同じ数にする！」 生徒C「（第3項 x の）分母を15に変えたときに，掛けた5と3を分子にも掛ける。」
問題	「$x=2, y=5$ のとき，$4x^2y^3 \div 8xy^2 \times 6x$ の値を求める」
おかしがちな誤り	①文字式を簡単にせず，与えられた式に直接数値を代入し間違う，②文字式を簡単にした後，代入を忘れる，③第1項と第3項にある x を約分する
教訓帰納の例	生徒D「代入のときは，式を計算してから最後に代入すると楽。」 生徒E「最初に代入しないでまず計算する。最後に代入しなければならない。」 生徒F「ここまでは○（文字式の計算部分）〈原因〉問題を読まないで，代入しなかったこと。〈改善策〉問題文に線を引きながら読む。」 生徒G「ここまでは正確にできている（文字式の計算部分）。その後の代入が大切。」 生徒H「約分の仕方を間違った。x は両方とも分子なのに約分してしまった。」

2)。講座実施の約1ヶ月後（第2回調査）と約9ヶ月後（第3回調査）に，教訓帰納の自発的利用を課題によって測定した結果，第2回で30名（35%），第3回では56名（65%）が自発的に利用していた。教訓帰納を自発的利用した人数の割合は，有意に増加したことが確認された（$\chi^2(1)=17.78, p<.001$）。

以上の結果から，教訓帰納の学習法講座と授業における働きかけの組み合わせは，授業による働きかけだけよりも，生徒の自発的な教訓帰納の使用を促進することが示された。学習法講座実施後に行った質問紙調査では，受講者の

94.6%が「教訓帰納は効果的な方法である」に肯定的な回答を示し，また，98.9%は「自分の学習に取り入れたい」と回答した。自由記述欄には，「最初のTがまったく分からなかったけど，なぜ解けなかったか考えることで短時間で解けるようになった!! 教訓帰納はすごすぎる!!! って思った。(中略)これからは，もっと教訓帰納を生かした勉強法にしたいと思う」「これからは間違った問いは，ほおっておかず，なぜ間違えたのかを見つけてから次の問題を解いていきたいです」などの記述が見られた。教訓帰納講座を受講した群では，教訓帰納に関する有効性の認知が高まり，自分の学習に取り入れたいという利用の動機づけも高まったことで，授業による働きかけだけを受けた生徒と比べて，教訓帰納の自発的使用を促進したものと考えられる。

また，教訓帰納の使用は学習法講座の実施から9ヶ月経過後にも維持もしくは増加していることが明らかになった。先行研究では，学習法講座の受講だけの場合，1～3ヶ月後には方略使用がほとんど見られなくなっていたが，今回の実践研究では，授業における継続的な働きかけが行われたことが維持のみならず促進につながったといえる。その理由として，長期間にわたり授業での働きかけが行われる中で，教訓帰納を行うことが学習に有効であることを小テストや定期テストなどを通して実感し，自らの学習に取り入れていった可能性が考えられる。こうしたプロセスについては，今後，詳細に検討する必要がある。

学習法講座と授業における働きかけを組み合わせた取り組みは，教訓帰納の自発的な使用を促すものの，そうした効果が示されたのは生徒全体の6割強であった。残り3割ほどの生徒に対して，どのように働きかけていくかも，別途考えていく必要があるだろう。

12-4 まとめと今後の展開

本章では教訓帰納の有効性と指導の必要性を指摘し，教訓帰納の自発的利用を促進する指導法開発研究について紹介した。一連の研究から，数学における教訓帰納は，学習法講座単独や，授業における働きかけ単独よりも，学習法講座と授業における働きかけを組み合わせることによって，より多くの生徒の自発的な利用を促せるということが示された。

教訓帰納は，自らの思考過程を振り返るメタ認知的方略であり，効果的な教訓を引き出すためには，学習内容の理解に基づいたモニタリングと教訓の言語化といった高度な認知的処理が求められる。学習内容の理解が十分ではない場合，効果的な教訓を自力で引き出すことはかなり困難と言ってもよいだろう。授業時に仲間や教師とともに行う「振り返り活動」は，学習内容に即して教訓の引き出し方に習熟していくことができるメリットがある。また，家庭学習のような教師からの指示がない場面において，自発的に教訓帰納を行えるためには，教訓帰納に対する有効性の認知と，自分でも使ってみようという動機づけが必要である。学習法講座は，教訓帰納に関するデモ体験と方略練習のセットによって，それらを高めることが可能である。

　授業における教訓帰納は，「教えて考えさせる授業」（本書第1章，第7章参照）において，授業に対する自己評価活動の一部として位置付けられ，自らの学習状況を自覚化し主体性を引き出す効果をあげている。自立した学習者の育成がより一層求められている今，「教えて考えさせる授業」を通して教訓帰納に関する日常的な働きかけを行いつつ，本章で紹介した「学習法講座」を学期開始時やテスト前後等に計画的かつ組織的に実施することによって，効果的な教訓帰納を自発的に行える学習者を育てていくことが望まれる。

引用文献

Gick, M. L., & Holyoak, K. J. (1983). Schema induction and analogical transfer, *Cognitive Psychology*, 15, 1-38.

市川伸一 (1991). 実践的認知研究としての「認知カウンセリング」　認知科学のフロンティアI　サイエンス社，pp. 134-163.

Pressley, M., & Harris, K. R. (2009). Cognitive strategies instructions: From basic research to classroom instruction. *Journal of Education*, 189, 77-94.

瀬尾美紀子・植阪友理・市川伸一 (2012). 教訓帰納方略の自発的利用を促す学習法講座の試行的開発　日本教育心理学会第54回総会発表論文集，10.

瀬尾美紀子・赤坂康輔・植阪友理・市川伸一 (2013). 学習をふり返る力──「教訓帰納」を促す中学校教育プログラムの開発と実践　科学研究費補助金基盤研究B「学習方略の自発的利用促進メカニズムの解明と学校教育への展開」平成24年度報告書

瀬尾美紀子・石﨑　毅（2014）．中学生の自己調整学習力を育てる教育プログラムの開発——記憶の精緻化方略と教訓帰納方略の自発的利用の促進　日本教育心理学会第 56 回総会発表論文集，712.

Seo, M., Wang, M., Ishizaki, T., Uesaka, Y., & Ichikawa, S.（2017）. Development and improvement of learning strategy use enhancement program: Use of lesson induction and elaboration strategies. In E. Manalo, Y. Uesaka, & C. Chinn (Eds.), *Promoting spontaneous use of learning strategies*. New York: Routledge, pp. 226–241.

寺尾　敦（1998）．教訓帰納の有効性に関する実証的研究　市川伸一（編著）　認知カウンセリングから見た学習方法の相談と指導　ブレーン出版

植阪友理・鈴木雅之・市川伸一（2012）．高校時代における教科ごとの学習方略利用の実態——IRT による解析からの示唆　科学研究費補助金基盤研究 B「学習方略の自発的利用促進メカニズムの解明と学校教育への展開」平成 23 年度報告書

山崎晃男（2001）．「教訓」の提示または産出による類推的問題解決の促進　教育心理学研究，49, 21–30.

第13章　数学力構成要素の測定と指導法開発

鈴木雅之

13-1　実践と研究の背景——学習者のつまずきの原因を探る

(1) COMPASS とは

　指導や学習を効果的なものにするためには，学習状況を適切に把握することが重要になる。たとえば算数・数学の問題が解けない場合に，「問題文の意味すら分からない」「問題文の意味はわかるが立式がうまくできない」など，つまずきの原因としては様々なことが考えられる。認知カウンセリングのような個別指導場面では，学習者の問題解決過程を実際にモニターすることで，学習者のつまずきの原因を診断しやすい。しかし，集団指導が中心になりがちな教室場面では，問題解決の様子を個別にモニターしたり，すべての児童生徒の言語的説明を聞いたりすることは難しい。そのため，学級や学校全体の児童生徒の学力・学習状況を診断し，授業改善に活用するためのペーパーテストは有用になると考えられる。

　こうした背景から開発されたテストがCOMPASSである。COMPASS (Componental Assessment: 構成要素型テスト) は，認知カウンセリングの個別指導の事例（本書第3章参照）と問題解決に関する心理学の研究知見を参考に開発されたものであり，数学的基礎学力をいくつかの構成要素に分けて測定する（詳細は，市川ほか，2009を参照）。すなわち，学習のつまずきの背景には，学習領域に共通な学力の構成要素（コンポーネント）があると推察される。コンポーネントは，「数と式」や「方程式」「関数」「図形」といった数学のどの領域にも横断的に関わる力と捉えられる。たとえば，「数学で使われる概念を正確

＊本章は，文献リストにある鈴木・市川（2016）をもとに執筆したものである。

表 13-1　COMPASS の構造とテスト課題

問題解決過程		コンポーネント	テスト課題
理解過程	問題文の逐語的理解	数学的概念に関する知識	概念判断課題 概念説明課題
	状況の全体的理解	図表作成による表象形成	図表の自発的作成課題
		数学的表現間の対応	図表の解釈・作成課題
解決過程	解法の探索	演算の選択	基本文章題
		論理的推論	論理判断課題
		図表を用いた解法探索	図表の利用課題
	演算の実行	計算ルールの基本的知識	基本計算課題
		計算の迅速な遂行	単純速算課題
			工夫速算課題

市川ほか（2009）を一部改変

に理解する」というのはさまざまな領域で必要な学力であり，それが領域に応じて，「係数とは何か」「一次関数とは何か」「垂線とは何か」などのような具体的な知識となって表れる。COMPASS では，こうした領域横断的なコンポーネントを測定するための課題が開発されている。

　数学における問題解決過程と，COMPASS のコンポーネントおよびテスト課題を表 13-1 に示す。数学的問題解決は，問題を理解する段階と解を求める段階の大きく 2 つの段階に分けることができ，それぞれの段階はさらに 2 つに細分化される。最初は，問題文を逐語的に理解する段階である。この段階では，言語的な知識に加えて，数学的な専門用語の理解も必要になる（Mayer, 1992）。第 2 は，複数の文の内容をつなぎ，問題文の表す全体的な意味を理解する段階である。たとえば，問題文の表す全体的な意味を理解するためには，問題状況を言葉で理解することはもとより，図表や式などの数学的表現間の対応を理解する必要がある。

　第 3 は，解法を探索し，立式を行う段階である。まず，速さや割合などの定型的な問題で演算を選択する際には，「問題スキーマ」と呼ばれる問題パターンに関する知識が重要になる。また，少し難しい問題になると，自動的に解決することはできないため，論理的な推論を働かせる必要がある。さらに，図表

などを使いながら解法を探索することも，問題解決においては重要になる。最後は，計算を実行する段階である。この段階では，基本的な計算ルールを確実に身につけているだけでなく，ある程度迅速に計算できることも重要である。なぜなら，計算が正確であったとしても，あまりに計算に時間がかかってしまっては，計算以外のことに時間を使えなくなるからである。

(2) COMPASSから見た中学生の数学的基礎学力の特徴

では，COMPASSを利用することで，日本の中学生の数学的基礎学力について，どのような実態が見えてくるだろうか。ここでは，中学2年生682名を対象に実施されたCOMPASSの結果について紹介する（植阪ほか，2014）。この研究では，調査対象となった生徒の数学担当教師15名に，日本の一般的な中学2年生を想定してもらい，課題ごとに，正答数が何問以上であれば「十分満足なレベル」であり，正答数が何問以下であれば「極めて不十分なレベル」であると考えられるかについて回答を求めた。

教師の評定について，「十分満足」と「極めて不十分」の平均値を切り捨てて整数化し，課題ごとにそれぞれのレベルの基準を作成した。また，「十分満足なレベル」と「極めて不十分なレベル」の間は「やや不十分なレベル」とみなした。たとえば，ある課題における「十分満足」の教師評定の平均値が7.6点ならば，7点以上の生徒が「十分満足」となる。同様に，「極めて不十分」の教師評定の平均値が2.4点ならば，2点以下の生徒が「極めて不十分」となり，3～6点の生徒は「やや不十分」となる。こうして，「十分満足」「やや不十分」「極めて不十分」なレベルに該当した生徒の割合を算出した（表13-2）。その結果，概念説明課題，図表の自発的作成課題と利用課題，基本文章題，論理判断課題，工夫速算課題では，教師が「十分満足」と考える水準に達した生徒の割合がかなり小さく，こうした学力要素の習得は十分とは言い難い結果が得られた。

(3) 工夫速算への着目

一般には日本の子どもたちの計算能力，つまり早く正確に計算する能力はかなり高いと思われている。しかし，迅速に計算をする力には2つの側面がある

表 13-2 教師の基準に照らしたときの，各レベルに該当する生徒の割合（％）

	十分満足	やや不十分	極めて不十分
概念判断課題	54.3	42.8	2.9
概念説明課題	10.0	18.3	71.7
図表の自発的作成課題	24.2	59.8	16.0
図表の解釈・作成課題	52.1	43.8	4.1
基本文章題	22.3	47.5	30.2
論理判断課題	27.3	68.9	3.8
図表の利用課題	12.0	64.8	23.2
基本計算課題	57.2	35.5	7.3
単純速算課題	53.4	43.4	3.2
工夫速算課題	30.1	58.0	11.9

植阪ほか（2014）を一部改変

と考えられる。1つは，九九や筆算などの計算を素早く遂行する単純な速算能力である。もう1つは，工夫を加えて計算手続きを容易なものにすることで，通常の手順よりも早く正確に解くことのできる工夫速算能力である。たとえば「28×7÷4」という問題の場合，順に左から計算をしても解くことは可能であるが，計算の順序を変えるという工夫をすることで，計算手続きが容易になり，速く正確に解けるようになる。

　工夫速算課題の成績と数学の成績の間には中程度の正の相関がある一方で，COMPASSを実施してみると，工夫速算課題の成績は十分なレベルに達していない（植阪ほか，2014）。また，認知カウンセリングでは，立式後少しの工夫を加えればただちに解決できるような計算であっても反射的に筆算を行い，結果的に多くの時間を要し，間違いをしてしまうという事例が報告されている。そのため，計算力の向上，ひいては算数・数学力の向上を目指す上で，工夫速算能力を高めることは重要といえる。そこで，COMPASSによって実態を調査するだけでなく，工夫速算を促進するための指導法を開発し，その効果を検証していくことが求められた。

（4）工夫速算のタイプと方略

　工夫速算問題には様々な問題があることから，指導法について考えるためにも，どのような問題に指導の効果がみられるかを特定するためにも，工夫速算問題を分類し，どのようなタイプの問題があるかを検討する必要があると考えられた。そこで鈴木ほか（2010）では，工夫方法の類似度をもとに工夫速算問題の分類が行われた。その結果，26問の工夫速算問題が8つのグループ（群）に分類された（本章 p.193 の表13-3を参照）。ただし，第8群に分類された問題は「2000－3」の1問のみであり，この問題はその他の問題との類似度が相対的に低いため，本章で紹介する研究では取り扱わないこととした。

　また，本章で紹介する研究に先立って，小学校5年生と中学校2年生を対象に，工夫速算を促進するための指導と効果検証が行われている（鈴木ほか，2010）。そこでは，式全体をよく見て，工夫して計算できないかを考える「俯瞰方略」を指導することで，工夫を加えるための知識を活性化させることを試みている。これは，小学校で学習する演算ルールを利用した工夫であるにもかかわらず，児童生徒が自発的に工夫して計算をしない背景には，工夫ができるかどうか考えることなく，計算式を見たら演算ルールに従って計算を遂行することが習慣になっていると考えられたためである。たとえば「28×7÷4」であれば，全体を見て工夫して計算できるかを考えることで，「先に割り算をする」という具体的な方略が想起されやすくなるであろうということである。実際に，「式全体をよく見て計算する」という俯瞰方略を指導することで，自発的な計算の工夫が促進された。

　しかし，「25×36」や「366＋99」のような問題では，式全体を見渡すだけでは，「36を4×9に分解する」や「99を（100－1）にする」といった方略は想起されにくく，より具体的な方略の指導も必要と考えられた。そこで，俯瞰方略に加えて，より具体性の高い3つの下位方略についても指導を行うことにした。工夫速算問題には，「28×7÷4」や「92－4＋8－96」のように計算順序を変えるものと，「25×36」や「84×0.25」のように，数を分解・変換して計算しやすい数を利用するものの，大きく2つの工夫方法があることが見出されている（鈴木ほか，2010）。前者のように計算順序を変えることで，計算を簡単なものにしようとする方略を「並べ替え方略」，後者のように数を分解・変換す

図13-1　工夫速算講座で指導した方略の構造

ることで，計算しやすい数を利用しようとする方略を「分解・変換方略」と呼び，これらの方略について指導することとした。また，工夫速算問題には，「17×4+17×6」や「7+7+7+7」のように，同じ数を利用することで簡単かつ正確に計算できるようになる問題がある。こうした工夫をするための方略を「同数利用方略」と呼び，この方略についても指導を行った。これらの方略は，抽象度をもとに整理すると，図13-1のような階層構造をなしていると考えることができる。

13-2　工夫速算講座の実践とその分析

（1）講座の計画と実施

　工夫速算についての解説的な指導は，研究室として，伝統的に学習法講座の中で行われてきた。学年も小学校4年生から中学校2年生まで多岐に及ぶ。ここでは，東京都文京区のある公立中学校においてCOMPASSの実施後に行われる「フォローアップ講座」の一環としての実践と，その分析結果を紹介する。「工夫速算講座」は，いくつかの講座の中から生徒が選択して受講するもので，この年度は，1年生35名（男子23名，女子12名）を対象に行われた。

　研究全体の流れは図13-2の通りである。工夫速算講座は7月に実施され，工夫速算に関する授業を行う前に事前テスト，授業後には事後テストが行われた。また，対象校の1年生は5月にCOMPASSを受験していた。さらに，9月と12月に効果検証のための遅延テストを実施した。ただし，9月のテスト（遅延テスト1）は，工夫速算講座を受講した生徒のみが対象となり，12月のテスト（遅延テスト2）は，1年生全員を対象に実施された。

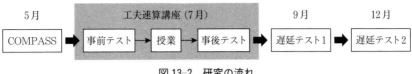

図 13-2　研究の流れ

(2) テストの構成

指導の効果について検討するために行われた，各テストの概要は以下の通りである。

事前・事後テスト

事前・事後テストでは 25 問を出題した。これらの問題はすべて，互いに数値は異なるが構造が同一の問題であった。数値は異なるが構造が同一の問題というのは，たとえば「$28 \times 7 \div 4$」と「$35 \times 9 \div 7$」のように，工夫方法は同一であるものの数値のみが異なる問題ということである。また，授業では 14 問の工夫速算問題を用いて指導を行った。したがって，事前・事後テストは，授業の中で扱われた問題と構造が同一で数値のみが異なる問題 14 問と，授業で扱った問題とは構造も数値も異なる問題 11 問で構成されていたことになる。このように，すべての問題を授業の中で扱わなかったのは，直接指導しなかった構造の問題に対しても，自発的な工夫がされるようになるかを検討するためである。

テストの実施方法に関しては，各問題にかける時間を統一するために，A5 判 1 頁に問題を 1 問だけ記載した冊子を作成し，問題の書かれた用紙の間には待機用の用紙を挟んで次の問題が見えないようにした。また，1 問の解答制限時間は 10 秒とした。

遅延テスト 1

事前テストから事後テストにかけて成績が向上した問題のみを出題し，事前・事後テストと同一の方法で実施した。

遅延テスト 2

中学校 2 年生用の COMPASS の工夫速算課題と構造が同一で数値のみが異なる 16 問を用い，COMPASS と同じ手順で実施した。具体的には，A4 用紙

2枚に,問題と計算スペースおよび解答欄が設けられており,はじめの問題から順番に,2分間でできるだけ多くの問題を解くように伝えられた。

(3) 結果と考察
事後テスト

事前と事後,遅延テスト1で利用した問題の例と正答率は表13-3の通りである。授業の中で指導した問題と構造が同一で数値のみが異なる問題14問のうち,事前テストから事後テストにかけて正答率が有意に向上したのは9問であった。ただし,正答率が向上しなかった問題(「2×7×4」「7+7+7+7」など5問)は,事前テストの段階で正答率が90%を越えていたことから,成績の向上する余地がほとんどなかったといえる。したがって,授業の中で直接扱った問題については,工夫速算が促進されたといえる。

また,授業で扱った問題とは構造も数値も異なる問題11問のうち,事後テストで正答率が有意に向上したのは,「10060÷2」と「28×7÷4」「92-4+8-96」の3問であった。したがって,直接指導されなかったタイプの問題に対しても,一定程度は工夫速算が促された。しかし,「31÷0.5」や「500-199」といったタイプの問題は正答率がほとんど向上せず,分解・変換方略が有効になるような問題には指導の効果はあまりみられなかった。

遅延テスト1

遅延テスト1では,事前テストから事後テストにかけて正答率が有意に向上した問題12問を出題した。その結果,事前テストと比較して正答率が有意に高かった問題は,「10060÷2」「28×7÷4」「32+46+9-32-46」など4問であった。一方で,「509×9」「25×36」「48×0.25」など6問は,事前テストの正答率と同程度であった。これら6問のうちのほとんどは,分解・変換方略が有効となる問題であった。

遅延テスト2

工夫速算講座を受講した受講群と,工夫速算講座は受講しなかった非受講群の得点を比較した。その結果,非受講群と比較して,受講群の得点は有意に高かった。したがって,講座を受講して5ヶ月が経過しても,方略指導の効果はある程度維持されたといえる。

表 13-3 問題例と正答率（%）

問題例	事前テスト	事後テスト	遅延テスト1
第1群：分解乗除型1			
509×9*	63	89	69
$10060 \div 2$	80	89	89
第2群：分解乗除型2			
$17 \times 4 + 17 \times 6$*	71	86	71
25×36*	37	63	37
第3群：分数への変換			
$31 \div 0.5$	43	46	―
48×0.25*	34	71	34
第4群：並べ替え乗除型			
$2 \times 7 \times 4$*	94	97	―
$28 \times 7 \div 4$	57	71	71
第5群：並べ替え加減型			
$1+2+3+99+98+97$*	71	91	83
$92-4+8-96$	43	66	57
第6群：分解加減型			
$366+99$*	60	91	71
$500-199$	66	66	―
第7群：演算方法の変換			
$7+7+7+7$*	97	91	―
$-4-4-4-4$	66	74	―

注）＊は授業で扱った問題と同じ構造を持つ問題を表わす。

(4) 結果のまとめと講座の課題

本研究では，「式全体をよく見て計算する」という俯瞰方略に加えて，より具体的な3つの下位方略の指導を行い，その効果を検討した。その結果，指導された方略を自発的に応用させることが可能であり，その効果は5ヶ月後であっても維持されることが示唆された。1度の指導で5ヶ月後でもある程度の効果が保持されることは，教育実践としては意義深い結果といえよう。

ただし，小数を分数に変換して計算したり，199や996といった数を，（200 -1）や（1000 -4）などに分解したりする工夫については，方略指導をするだけでは適切に遂行されにくく，効果がみられたとしても短期的なものであることが示唆された。これは，分解・変換方略が有効になることに気がついたとし

ても，どのように分解・変換すれば良いかが判断できず，誤答になってしまったのだと推察される。そのため，これらの問題に対する工夫速算を促す上で，分解・変換方略は効果的であったとはいえず，適切な数に分解・変換するという工夫速算を促進するための指導方法については，今後さらに検討する必要がある。

13-3　研究をふり返って

(1) エビデンスの重要性

COMPASSを用いた研究をふり返ってみると，改めて，エビデンスに基づいて教育のあり方について考えることが重要であるとわかる。国際学力調査であるTIMSSなどの結果から，「日本の児童生徒の基礎学力はおおむね良好である」という認識が少なからずある。また，COMPASSの工夫速算課題で求めている計算の工夫は，小学校で学習する演算ルールを利用したものがほとんどである。これらの背景から，工夫速算課題のようなテストに小中学生が困難を示すとは思わない人も多いであろう。実際に筆者は，工夫速算講座の実施に関する研究発表を学会で行った際に，現職教員から「このくらいのことは，容易にできるのではないか」といったコメントを受けたこともある。確かに，実験や調査をする必要のない問題もあるかもしれない。しかし，人の認識が実態を正確に捉えているとは限らないことから，エビデンスを示すことは重要である。

(2) 基礎学力の重要性

本章で紹介した工夫速算講座は，公立中学校の1年生に，工夫速算講座と基本文章題講座，図表活用講座のうちから受講を希望する講座を選択してもらった上で，実施されたものである。工夫速算講座を希望する生徒は，計算に限らず，数学全体に苦手意識を持つ子が多い傾向にある。そのような生徒であっても工夫速算講座は取り組みやすく，講座を通して工夫を加えて素早く問題が解決できるようになる。生徒たち自身も，素早く解けるようになっていることを実感することで，活き活きと計算問題に取り組むようになる。工夫速算能力の

ような基礎学力の向上を通して，数学の苦手な子でも「やればできる」という効力感が高まれば，それは数学全般に対する学習意欲の向上にもつながる可能性がある。活用力を育成することはもちろん重要であるが，基礎学力に課題のある児童生徒も確実に存在しており，彼らの活用力を向上させるためには，まずは基礎学力を十分なものにする必要があるであろう。

13-4 その後の展開

(1) 他講座の開発状況

本章では工夫速算能力を育成するための指導について紹介したが，COMPASS で測定している他のコンポーネントを育成するための講座も実施されてきた（市川ほか，2009；植阪ほか，2009 など）。その中でも，工夫速算と並んで，生徒たちが比較的取り組みやすかったのは，数学用語に関する講座である。本書第 3 章では，定義と具体例に着目して用語を理解する認知カウンセリングの指導が紹介されているが，フォローアップ講座で行ったときは，実際の教科書を使って，定義と具体例をまとめていく学習方法を体験してもらったところ，計算や問題解決のみが数学の学習だと思っていた生徒からは，新鮮で，しかも大きな負担なく取り組めそうだという感想が多く得られた。

これら以外にも，COMPASS の実施後に行われるフォローアップ講座では，図表の利用を促進する講座，基本文章題で演算の選択をする講座，論理的に推論する力の育成を図る講座などが，継続的に試みられている。また，COMPASS でその力そのものは測定していないが，教訓帰納に関する講座も実施されている（本書第 12 章参照）。

(2) フィードバック情報の自発的な活用に関する研究

工夫速算講座が行われた中学校では，事前に COMPASS が実施されており，COMPASS が測定しているものや，結果の活用方法についてのフィードバックも行われている。生徒たちに結果のフィードバックをしていて素朴に感じたことは，「テストの結果がただ返却されるだけの場合，どのくらい自発的に結果の振り返りはされるのか」ということであった。多くの生徒が「点数だけ見

て，机にしまっておしまい」というのも想像に難くないが，エビデンスとしての知見を得ること，また，フィードバック情報を自発的に活用する学習者がどのような学習者であるのかを検討することを目的に実験を行った（Suzuki et al., 2015）。

実験は大学生を対象に実施され，PC上でテストを受験してもらい，すべての問題が解き終わった後に，結果が自動的にフィードバックされるようになっていた。テストは批判的思考力を測定するためのものであり，すべて多肢選択式の問題であった。また，問題を解いているときと，フィードバック情報を見ているときの眼球運動が測定された。実験の結果，実験参加者のほとんどが，自身の解答の正誤と，誤答した問題の正解選択肢を確認する程度であった。つまり，正答した問題に関しては，振り返りをすることはほとんどなく，誤答した問題であっても，解説に目を通して，「なぜ，その答えになるのか」ということまで理解しようとする者は少数であった。また，学習それ自体や，自分自身の能力を伸ばすことを目標とする志向性の高い参加者ほど，解説にまで目を通し，理解を深めるためにフィードバックを活用する傾向にあった。

以上の結果から，ただフィードバックするだけでは，学習者は自発的には振り返りをしない傾向にあることが示された。したがって，フィードバック情報の活用が促されるように，工夫してフィードバックすることが重要といえ，その方策について検討していくことが今後の課題である。

引用文献

市川伸一・南風原朝和・杉澤武俊・瀬尾美紀子・清河幸子・犬塚美輪・篠ヶ谷圭太（2009）．数学の学力・学習力診断テストCOMPASSの開発　認知科学, 16, 333-347.

市川伸一・鈴木雅之・田中瑛津子・篠ヶ谷圭太・植阪友理（2009）．数学力コンポーネントを育成する学習法講座の試み――その1：用語理解と工夫速算　日本教育心理学会第51回総会発表論文集, 656.

Mayer, R. E. (1992). *Thinking, problem solving, cognition. Second edition.* New York: W. H. Freeman and Company.

鈴木雅之・市川伸一（2016）．工夫速算方略の指導の効果　心理学研究, 87, 191-197.

鈴木雅之・田中瑛津子・村山航・市川伸一（2010）．工夫速算問題の分類と抽象的

方略を用いた教授の効果　日本教育工学会論文誌，34, 35-43.
Suzuki, M., Toyota, T., & Sun, Y. (2015). How learners use feedback information: Effects of social comparative information and achievement goals. In D. C. Noelle, R. Dale, A. S. Warlaumont, J. Yoshimi, T. Matlock, C. D. Jennings, & P. P. Maglio (Eds.), *Proceedings of the 37th Annual Conference of the Cognitive Science Society*. Austin, TX: Cognitive Science Society (pp. 2308-2313).
植阪友理・篠ヶ谷圭太・田中瑛津子・鈴木雅之・市川伸一（2009）．数学力コンポーネントを育成する学習法講座の試み──その 2：図表利用と論理判断　日本教育心理学会第 51 回総会発表論文集，657.
植阪友理・鈴木雅之・清河幸子・瀬尾美紀子・市川伸一（2014）．構成要素型テスト COMPASS に見る数学的基礎学力の実態──「基礎基本は良好，活用に課題」は本当か　日本教育工学会論文誌，37, 397-417.

第14章　図表をかきながら考える学習者を育てるには

植阪友理

14-1　問題の所在――自発的に図表をかかない子どもたち

　認知心理学をいかした個別学習相談である認知カウンセリングは，一般的にイメージされるような補習としての個別指導とはかなり異なっている。どのような点で異なるのかというと，傾聴・共感といったことに加え，学習法の改善なども視野に入れて指導し，学習者の自立をめざしている点である。つまり，分からない問題を分かりやすく教えるということを超えて，そもそもなぜそうしたつまずきが生じたのかの原因を明らかにして対処する。すなわち，今後同じようにつまずいてしまったときに対処する力を学習者自身につけることをめざす。具体的には，授業の受け方や家庭での学習の仕方，勉強に対する考え方などに問題がないかを診断し，効果的な学習方法を自発的に使えるようになることを目標に，継続的に働きかけていく。

　では，どのような問題が指摘されているのだろうか。第3章で紹介されている，言語的説明がうまくできない子どもたちの姿はその代表的な例である。この他にしばしば見られるのが，本章で取り上げる，「子どもたちが（図表をかくことが有効な場面であっても）なかなか自発的に図表をかこうとしない」という問題である。心理学の様々な研究から，問題解決において図表が有効であることが示されている。また，図表が問題解決を促進するメカニズムについても様々な領域の様々な研究アプローチによって明らかにされてきている（詳細は植阪，2014 を参照されたい）。日常的な経験からも，よく仕事ができる人は積極的にメモをとったり，図表をかいて整理したりしていることが思い起こされ

＊この章は文献リストの植阪（2014）に基づいている。

るのではないだろうか。図や表を活用しながら考えることは，より広く捉えると「手を動かしながら考えること」であり，社会においても利用できる重要な学習のスキルなのである。

　一方で，子どもたちはなかなか手を動かして考えようとしていないという実態がある。例えば，市川 (1993) では，カウンセリングの場面で図を使って教えられていたにもかかわらず，テスト場面では頭だけで考えて失敗してしまった中 2 の生徒の事例を紹介している。この生徒は，図がかけなかったわけではない。再度来談した際には図をかくように促されてかき，本人が簡単に解けることに驚いていたという。図や表をかきながら考えるという発想そのものが意識化されていなかった事例であろう。児童・生徒が手を動かしながら考えることに弱点を抱えていることは，算数・数学の基礎学力テスト COMPASS でも全国的傾向として確認されている（植阪ほか，2014）。ニュージーランドとの国際比較調査でも，日本の子どもはこの点に弱さがあることが示されている（Uesaka et al., 2007）。

14-2　学校での指導とその問題
——図表を活用して教える教師，写すだけの子どもたち

　では，学校では，教師は授業の中で図表を使っていないのだろうか。実は，日本の学校現場で授業観察をすると一目瞭然であるように，教師は多くの図表を使いながら教えている。また，子どもたちは積極的に黒板を写し，ときには芸術的ともいえるような美しいノートを作っている。その一方で，自分が問題を解くときには，そこで学んだはずの図表は使わないということが生じている。筆者ら (Uesaka et al., 2007) の国際比較研究から，日本の子どもたちは図や表は，「先生が分かりやすく教えるための道具」として認識しており，「自分たち自身の道具」とは捉えていない可能性が示唆されている。また，質問紙からも教師自身も「図や表は，みんなの問題解決の道具」であるということを伝えたり，「先生が使ったような図や表を，自分たちでも使ってみよう」と促したり，ということはあまりない様子が明らかになっている。もちろん，教師も「将来的に自ら図や表を活用して考える子どもたちになってほしい」とは考えている。このことは，後述する実践校の教員との対話からもうかがえる。しかし，現状

では黒板に教師が図や表をかくことによって，暗黙のうちにそうした行動が子どもたちに内化されることを期待しているだけであり，そのための何らかの手立ては，一般的な学校ではほとんど講じられていないのが実態と言える。

このように，教師は授業の中で多くの図表を使って教えており，図表を使ってもらいたいと考えているにもかかわらず，実際の子どもたちはなかなか図表を活用しながら自ら考えることができていないという実態があるのであれば，この両者のギャップを埋める何らかの追加の指導上の手立てを，追加で講じることが必要になるだろう。本章では，この問題意識にたって行われた心理学研究を取り上げるとともにそれが学校現場にどのように展開したかを紹介する。

14-3　図表に対する「有効性の認知」，かくための「スキル」，そして「学習観」

では，どうすれば，図表をかきながら考える子どもたちを育てることができるだろうか。まず，「図表は，自分の問題解決の道具であり，非常に大事だ」という感覚を子ども自身が持つことであろう。先述した植阪ら（Uesaka et al., 2007）の調査からも分かるように，「（先生の解説のための道具として）大事」という程度の認識では，子どもたちは自ら使うようにはならない。「自分のための道具であり，問題を解く上で効果的である」とはっきりと認識し，場合によっては自分自身の言葉で語れるまでに自覚している必要がある。教師が図表を使うのみならず，この認識を育てるための働きかけが必要となろう。

しかし，これだけでは十分ではない。どんなに大事だと認識していても，いざかく時にすばやく手が動くだけの力がなければ，負担感が大きくなり，結果として使われない。つまり，問題状況を的確な図表へ変換するための十分なスキルがなければ，実際の行動にはつながらない（実証的な研究としては，Uesaka & Manalo, 2012 参照）。図表をかくことは，ある種の抽象化が伴うことが多い。例えば，具体的な状況の中から大事な数量を取り出し，線分図として表現したり，表にしたりすることになる。十分なスキルのない子どもにはコスト感を感じる原因ともなる。そこで，問題状況を的確に図表に表現し，場合によっては必要な書き込みを行う力についても身につくように指導する必要がある。

以上を踏まえると，本人が図表の価値を十分に理解し，かきたいときにすぐ

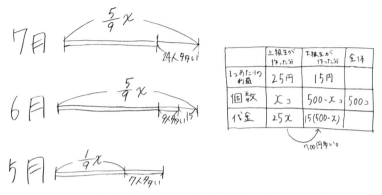

図14-1　実験授業で用いた図表の例（原本を転記したもの）

に図表がかけるだけの力を育成するような指導を従来の指導と組み合わせることが有効と考えられる。なお，本人がある方法の価値を十分に認識していることは，心理学では「有効性の認知」と呼ばれる。「有効性の認知」と「スキル」の両面を高めるような指導が重要であるという枠組みは，図表の利用に限らず様々な学習方法に共通と考えられる。

　こうした発想から植阪ら（Uesaka et al., 2010）は，夏休みの学習ゼミナール（本書第1章参照）に中学校2年生の生徒たちを大学にあつめて5日間の実験授業を行い，検証している。このときに利用したのは，多くの生徒が苦手としている文章題である。図14-1に示したように，文章題を解決するためには，状況を絵に表しただけの素朴図，線分図，表，グラフなど様々な種類の図表が活用できる。講座では，初日と最終日を除く3日間で，3種類の図表を使うような文章題を取り上げ，体験してもらった。また，授業の最後に，その時間で学んだ図表を使って解ける発展的な問題にも取り組ませた。発展的な問題は，次の授業までに教師が添削して返却した。

　基本的な授業の流れは共通であるが，少しずつ指導法を変え，言語的促進教示（あり，なし）×図表作成スキル支援（あり，なし）の4つの群を設けた。言語的促進教示あり群では，図表は教師の解説のための道具であるのみならず，生徒自身の問題解決の道具であるということを，解説のたびに伝えた。言語的促進教示なし群では，通常の授業と同様に図表を使って解説したものの，上述

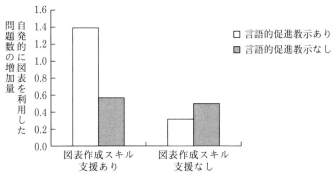

図14-2　自発的な図表の利用の増加

したような点は伝えなかった。図表作成スキル支援あり群では，教師が解説に用いた図表を生徒自身でもかいてみる機会を設けた。また発展的な問題の添削時に，図表に対してもフィードバックした。図表作成スキル支援なし群では，一般的な添削と同様，立式や記述部分に対してのみフィードバックした。

　また，初日には基本的な数学知識を確認するテストと，授業で取り上げる文章問題と構造的には同じテストを行った（同型テスト，3問）。後者は，どの程度図表を自発的に利用するかを測定するためのものである。最終日には，同型テストに加え，授業では取り上げていない発展的な文章題（3問，転移テスト）を行った。以上のような実験授業を行い，図表を使いながら教える通常の数学授業に加え，言語的促進教示と図表作成スキル支援を組み合わせることが，図表の自発的な利用が促進するためには重要であるかを検証した。

　この結果，自発的な図表の利用は，図14-2のようになった。2つの働きかけを組み合わせた群において，図表の自発的な利用が最も伸びている。しかし，実は，2つの介入を単純に組み合わせただけでは，有意傾向があるとしか言えなかった。一方，学習者の持つ学習に対する考え方（学習観）の一つである「結果重視志向」を調整変数として投入すると，両者の組み合わせの効果（交互作用）が統計的にも有意となった。結果重視志向とは，「（途中経過は無視して）答えさえ合えばよい」と考える傾向を意味している。すなわち，生徒が「答えさえ合えばよい」と強く感じていると，どんなに教師が工夫をした授業をしても，必ずしも効果的に働かないというわけである。教師の働きかけが効

果をもたらすのかには，学習者の持つ学習に対する考え方も重要な影響を与えていると言えよう。

14-4　大田区入新井第一小学校における実践──思考過程を残すノート指導

　大学での実験授業から，自発的な図表の利用を促す要因は明らかになってきた。しかし，あくまで大学での実験授業である。学校現場の実践で活用されるためには，実際に現場でこの知見を生かした実践を行う必要がある。そこで，上述したような知見を踏まえて行われた大田区入新井第一小学校での実践を紹介する（詳細は植阪，2004; 2009 を参照）。

　この学校では，学校全体をあげて児童が自ら図表を活用しながら問題解決に取り組む力の育成に取り組んだ。この学校で自発的な図表の利用を促すことに注目が集まったのは，この学校が，学校の中に個別学習相談室を開設し，教師自身が大学と連携しながら認知カウンセリングを行った珍しい学校だからである。特定の子どもに教員が時間をかけることに，一部の保護者から疑念の声も上がった。しかしこの学校では，「少数の子どもたちに丁寧にかかわることで，学校全体の学習上の問題に気づくことができる。それを集団指導のなかで還元する。よってこの活動は学校全体にかかわるものである」という立場をとった。つまり，個が集団の授業改善に寄与するという発想で実践が進められたのである。こうした発想が学校でも実現した背景のひとつとして，当時教頭であった齊藤純先生の深い理解と，粘り強い教員集団への働きかけがあげられる。教頭も自ら率先して個別学習指導を行っていた。

　筆者も，教師とともに認知カウンセリングのケースに入ったり，ケース検討会に参加したりしながら，積極的に心理学的な視点を提供した。筆者の問題提起もあり，ケース検討会の中では，子どもたちが手を動かさずに頭だけで考えようとして，すぐに諦めてしまうということがたびたび話題となった。そうした問題意識もあり，図表を自らの思考のツールとしながら，問題解決に粘り強く取り組む子どもたちを育てたいという思いが学校全体で共有されたのである。

　ケース検討会では，どのように自発的な図表の利用を促すのかが話題となり，議論を行った。当初は「できるだけ教師が図表を使う様子を見せればよいので

第14章　図表をかきながら考える学習者を育てるには

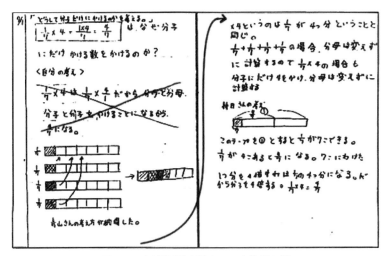

図14-3　思考過程を残すノート指導の例

はないか」といった意見も見られた。しかし，筆者の方から上述したような知見も紹介しながら，それだけでは自発的に図表を活用できる児童の育成にはつながらない可能性を指摘し，より積極的な指導のあり方を検討してもらった。こうして有効性の認知やスキルを高め，学習観の改善にも寄与するような指導法が，ケース検討会以外でも積極的に模索されるようになった。

校内での議論を経て，この学校では以下のような方法が学校全体で実践された。特徴的な指導は，思考過程を残すノート指導とそのノートによる評価である。図14-3に示すように，図や表を活用してどのように考えたのかの思考過程を積極的に書き残すように指導し，評価もこのノートで行った。ノートには，自分と他者の双方の考え方を書き残させ，自分が間違っていても消さずにどの部分に問題点があったのかが見える形にさせた。こうしたノートのために積極的に図表のかき方を指導し，スキルの向上を促した。このノート指導は子ども達の思考過程を重視する学習観の醸成にもつながったと考えられる。また，児童が図表の価値を自覚するよう，図表が自分たちの道具であることを様々な場面で伝えた。

こうした指導の結果，自発的な図表の利用が増加したことが算数・数学基礎

学力診断テスト COMPASS によって示されている。また，実践開始1年半ほどで，子どもたちが自ら図表をかくようになってきたことが教員から頻繁に報告されるようになった。ノートの分析から，子どもたちが，自分なりの思考のツールとして，工夫を加えている様子が確認された。

14-5　コミュニケーション・ツールとしての図表を，自らの問題解決の道具へ

　自発的な図表の利用の促進要因を明らかにしたのみならず，現場で実際に活用されるレベルまで至ったことは，当時博士課程の学生であった筆者にとっては，非常に幸運であった。それでもなお，教師からの言葉がけやノート指導という形を超えて，より授業法としても魅力的な形で図表の利用を促したいという思いを持っていた。それを模索する中で，新たなアイデアが生まれた。図表は「問題解決の道具」であるだけではなく，「コミュニケーションの道具」であり，この側面に着目して図表利用を促す，というものである。

　実はこのアイデアは，国際比較調査（Uesaka et al., 2007）を行う中で生まれている。どのような子どもが自発的に図表を利用しているのか，このことを明らかにするために行った調査の中で，偶然，ニュージーランドのほうが日本よりも図表の利用が多いことが明らかとなった。その理由を知るために，ニュージーランドに滞在して授業観察を行った。すると興味深いことに気づいた。当時見た算数・数学の授業は，先生の解説の後に子どもが問題に取り組むスタイルが多かったが，うまく解けない子どもたちが，理解した子どもの周りに集まり，解き方を聞いていた。その際，教える側の子どもは図表をかきながら説明し，それを聞いた子どもが見よう見まねで図表をかきながら，自分たちでも解いている様子をしばしば見かけた。ここから図表は問題解決の道具であるが，その前に，有効なコミュニケーションの道具であると実感した。そして，子どもたちが子どもどうしのコミュニケーションの道具として図表を活用することによって，「図表は自分たちの問題解決の道具である」ということを実感するとともに，実際に利用するためのスキルを身につけているように感じられた。ニュージーランドの算数・数学のカリキュラムには図表をコミュニケーションのツールとして使えるようにするといった記載もあり，観察と一致していた。

この発想は，非常に面白いと感じたが，実証的に検討されたわけではない。そこで，中学2年生を対象にした学習ゼミナールで，図表を用いた相互説明あり群となし群を設ける実験授業を行った（Uesaka & Manalo, 2007）。生徒どうしが図表を用いて説明しあう効果を検証するためには，お互いに図表を使って教えあう環境を作り出す必要がある。しかし，お互いに初めて会うような子どもたちばかりの中で自然に図表を用いたコミュニケーションを生み出すのは容易ではない。そこで，図表を用いた相互説明あり群では，ジグソー法を援用し，お互いに説明をせざるを得ない環境を構成した。具体的には，毎時間2つの文章題を用意した。どちらの問題も効果的な図表は同じである。子どもたちは4人ずつの班に分かれており，半分ずつがそれぞれの問題を担当した。その後，同じ問題を選んだ生徒たち同士で集まって問題を解決し，自分なりの解き方を班の他のメンバーに説明する機会を設けた。問題を解決する際には，図表が有効であること，説明の際にも活用するとよいことは繰り返し強調した。問題を解いた後，元のグループに戻り，その問題を解いていない他のメンバーに図表を使いながら解き方を説明するという時間を設けた。授業の最後には，各問題につき代表の生徒1名に発表させ，必要に応じて授業者である筆者が補足をした。

相互説明なし群でも基本的な流れや，図表の有効性を教示する点はまったく同じである。ただし，グループに分かれて問題解決に取り組んだ後，もともとのグループには戻らず，各問題につき代表の生徒3名に発表してもらい，必要に応じて授業者から補足を行った（発表者の数を3名としたのは，1人の生徒が聞く説明の量はどの群でも同じとするためである）。最終日には授業では取り上げていない発展的な文章題をテストとして与え（3問，転移テスト），どの程度自発的に図表を用いて考えようとしているのかを測定した。また，用いている図表の適切性について評価を行った。この結果，図14-4のように，まったく同じ内容を扱った授業であっても，自分で図表を用いながら説明しあう活動を行った群では，自発的に図表をかいた問題の数も，適切な図表を作成した問題数も多くなっていた。こうした効果が生まれた理由をより詳細に明らかにするために，図表を用いた相互説明あり群のやりとりを分析したところ，小グループで図表を使うことによって，質問が頻繁に起こり，その機会を通じて内容理解を深めている様子が浮き彫りになった。このことは，後の実証研究か

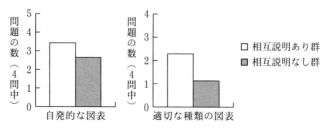

図14-4 自発的に図表を作成した問題数と適切な図表を利用した問題数

らも確認された（Uesaka & Manalo, 2014）。

どちらの群も図表が問題解決や説明のために有効であることは教えられている。それでも，実際に図や表をコミュニケーションの道具としながらクラスメイトに説明する経験をした子どもは，その重要性を実感するとともに，説明してかえって自分が深く分かり直した感覚を得て，自分一人の場面でも使ってみるようになっていると考えられた。

14-6　その後の展開

(1) 日生市立日生西小学校の実践──「リエボー」の活用

これら一連の研究に続いて，コミュニケーションの道具として図表を利用する経験を持たせることで，自らの手を動かしながら考える子どもを育てようとしたある小学校の実践を紹介しよう。この学校では，算数・数学基礎学力診断テストCOMPASSを実施し，自発的に図表を作成して考えているのかを評価する課題などに弱点が見られたことをきっかけに，手を動かしながら考える子どもの育成が意識された。

この学校では，授業実践に筆者も参加していたことから，COMPASSで見られた問題点をいかにして授業実践で解決するのかを検討する「COMPASS検討会」を行った。この中で，上述したようなコミュニケーションのツールとして活用することが，自発的な図表の利用につながるといった発想も紹介し，どのように授業の中で具体化するのかについても意見を出してもらった。その議論の中で，最終的には社会人になれば，ラフな手書きのメモを作って考える

第 14 章　図表をかきながら考える学習者を育てるには　　209

図 14-5　リエボーの例とリエボーで教えあう様子

ことがある一方で，現在のノートはそうした場になっていないという話題が出た。子どもによっては，「ノートを汚したくない」という気持ちが強すぎて，メモをかきながら考えるという行動を阻害しているというわけである。そこで，考えられたのが，大人がよくやるように，裏紙を与えて，そこにかかせてみようというアイデアである。この学校では，「教えて考えさせる授業」（本書第1章，第7章参照）を普段の授業に取り入れていたため，教師からの説明の後には，子どもたち自身が先生と同じような説明を行ってみる機会が多く設けられている。その際に，裏紙に図表をフリーハンドで書きながら説明してみてはどうかというアイデアである。

　こうした議論後，さらに工夫が重ねられ，この学校では A5 サイズのバインダーに裏紙を挟みこんだものをすべての児童に用意し，リエボー（rapid essential board-pad）と名づけた。リエボーは教師が説明した後に，お互いで説明しあってみる際（図 14-5）や，授業で学んだことを保護者に説明する宿題など，様々な場面で活用された。また，低学年から，リエボーで使える武器（わけ目線，さくらんぼなど）をリエボーアイテムとして積極的に紹介し，自分たちでも説明しやすくなるように支援した。こうした指導を継続した結果，児童会活動の準備において自らメモをリエボーに作って説明するなど，子どもたちが手を動かして考える様子が観察されるようになった。

　なお，このようなある種の方略を，コミュニケーションのツールとして利用し，最終的に学習者自身の方略へと内化させるという発想は，図表の利用にかぎったものではない。パリンサーとブラウン（Palincsar & Brown, 1984）の相互

教授法（Reciprocal Teaching）と同様の枠組みである。彼らは読解方略に焦点をあて，授業の中で他の子どもたちと一緒に方略を使いながら読む経験を通じて，最終的には個人での方略使用を促している。最終的には1人になったときにも使ってほしい勉強方法を，授業や他の子どもたちとの学びの中で経験させ，促していくという枠組みは，図表の利用の時のみに有効なのではなく，より普遍的な原理と言える。

(2) 実践と研究の往還── REAL アプローチの提案へ

この一連の研究は，数学の文章題を素材に，自発的に図表の利用をいかにして促すのかを検討した研究である。しかし，自発的な図表の利用はあくまで1つの素材である。より広くは，個別学習相談である認知カウンセリングでみられた子どもの問題を，心理学的な調査研究や実験授業を通じて検討したのち，実際に学校現場の中でそれらの発想を生かした実践を創出したという研究である。心理学を生かして実践にかかわると，心理学的な知見がいかに有効か理解できると同時に，理論の限界も分かる。それを心理学的な実証研究へとつなげ，最後には学校現場など実践と協同し，実際の実践の中で利用可能な形の具体的な提案にまで結びつけている。こうした研究アプローチそのものの提案でもある。

実はこの一見当たり前にも見える研究プロセスは，現在の研究の中では当たり前ではない。教育心理学の多くの研究が，先行研究から問題を立ち上げたものであり，研究者自身が実践に関わり，心理学を使って支援するがゆえに見えてくる心理学の限界を踏まえて立ち上げられたものではない。また，心理学的研究の中で提案された要因や指導法が，学校現場などの教育実践の中で実際に継続的に利用されるようになった事例もほとんど見られない。伝統的な教育心理学研究が重要な視点を提供していることは確かだが，具体的に実践現場と協同することなしに，その視点が生かされる具体例を示すことは難しく，なかなかその知見が生かされることには繋がりにくいだろう。研究者であっても，実践にかかわって問題を立ち上げ，心理学者としての本領を発揮して様々な方法論で検証し，最後には専門性を活かしながら実践現場と協同する。こうしたことは必ずしも十分に行われているわけではないが，教育研究における一つの重要なアプローチと考えられるのである。

フェーズ1（問題点の抽出）Extracting Students' Problems 　実際に人間と関わる中で教育に関わる現実的な問題点を抽出する フェーズ2（心理学的検討）Analyzing with Psychological Methods 　調査や実験などの心理学的研究手法を用いて，要因分析や指導法開発を行う フェーズ3（学校の集団指導における実践）Linking Findings to School Practices 　得られた研究知見を実際の学校現場における集団指導に結びつけ，実践する

図14-6　REALアプローチの概要

　こうした発想を踏まえて，筆者はこの研究プロセス自体を「REAL (Researching by Extracting, Analyzing, and Linking) アプローチ」と名付けた（植阪，2014）。これは，以下の3つのステップを特徴としている（図14-6）。まず，心理学者自身が実践に関わり，心理学の理論や知見を活かした支援を行うとともにその理論の限界から問題を立ち上げる（問題点の抽出）。次に，調査や実践といった心理学的な方法論で検討する（心理学的検討）。最後に，学校現場をはじめとして実際の教育実践の中で知見を活用した実践を行い，いかにしてその知見が利用可能かを具体的に示す（学校の集団指導における実践）。学校現場との協同を重視しつつも，REALアプローチは，実践の中での検討と心理学的な方法論のもとでの検証の両方を重視する。

　こうしたアプローチをとる研究者は少ないが，筆者自身も学生指導に関わるようになり，現実にこうしたアプローチを取れる学生が育っている。例えば，教科書やノートは学習の重要な資源であるにもかかわらず，子どもたちはわからないことに出会っても，これらを見返す行動をとらないことに問題を感じ，それを心理学的研究として検討した上で（福田，2017），その発想を活かした授業実践を学校現場の教員と協同して行い成果をあげている（植阪，印刷中）。REALアプローチを取れる研究者を育て，このアプローチの有効性を示すこと自体が，筆者にとってのライフワークともいえる研究テーマの1つとなっている。

引用文献

福田麻莉（2017）．家庭学習のつまずき場面における数学の教科書・参考書の自発的

利用——教科書観と教師による教科書の使用に着目して　教育心理学研究, 65(3), 346-360.

市川伸一（1993）.「数学的な考え方」をめぐっての相談と指導　市川伸一（編著）学習を支える認知カウンセリング——心理学と教育の新たな接点　ブレーン出版, pp. 36-61.

Palincsar, A. S., & Brown, A. L. (1984). Reciprocal teaching of comprehension-fostering and comprehension monitoring activities. *Cognition and Instruction*, 1, 117-175.

植阪友理（2009）. 認知カウンセリングによる学習スキルの支援とその展開：図表活用方略に着目して　認知科学, 16(3), 313-332.

植阪友理（2014）. 数学的問題解決における図表活用の支援：理論と実践を結ぶ「REAL アプローチ」の展開　風間書房

植阪友理（印刷中）. 新教育課程が目指す新しい学び——理工系学生のための教科教育法入門　学術図書出版社

Uesaka, Y., & Manalo, E. (2007). Peer instruction as a way of promoting spontaneous use of diagrams when solving math word problems. *Proceedings of the 29th Annual Cognitive Science Society*, pp. 677-682.

Uesaka, Y., & Manalo, E. (2012). Task-related factors that influence the spontaneous use of diagrams in math word problems. *Applied Cognitive Psychology*, 26, 251-260.

Uesaka, Y., Manalo, E., & Ichikawa, S. (2007). What kinds of perceptions and daily learning behaviors promote students' use of diagrams in mathematical problem solving? *Learning and Instruction*, 17, 322-335.

Uesaka, Y., Manalo, E., & Ichikawa, S. (2010). The effect of perception of efficiency and diagram construction skills on students' spontaneous use of diagrams when solving math word problems. *Lecture Notes in Artificial Intelligence*, 6170, 197-211.

Uesaka, Y., & Manalo, E. (2014). How communicative learning situations influence students' use of diagrams: Focusing on the spontaneous construction of diagrams and student protocols during explanation. *Lecture Notes in Artificial Intelligence*, 8578, 93-107.

植阪友理・鈴木雅之・清河幸子・瀬尾美紀子・市川伸一（2014）. 構成要素型テストCOMPASS に見る数学的基礎学力の実態——「基礎基本は良好, 活用に課題」は本当か　日本教育工学会論文誌, 37, 397-417.

第15章 | 科学的に考えるために必要な知識・スキルとは

小林寛子

15-1 実践と研究の背景——良い理科授業を創りたい

先生　：今日は電磁石が鉄を引きつける力を強くする方法について考えます。コイルの巻き数は電磁石の強さに関係するでしょうか。自分の考えでいいですよ。

児童A：巻き数を多くしたらよいと思います。その方が強くなると思うからです。

児童B：コイルの巻き数は関係ないと思います。理由は，巻き数を増やさなくてももう電磁石になっているからです。

先生　：実験して調べてみましょう。コイルの巻き数の多い方と少ない方のどちらに鉄釘がたくさんつくか調べてね。

児童A：巻き数が多い方がたくさんついたよ。

児童B：ぼくは，巻き数が少ない方がたくさんついたよ。

児童C：乾電池を増やすともっとつくよ。乾電池をたくさんつなげてみよう。

先生　：問題は「コイルの巻き数は電磁石の強さに関係するか」ですよ。実は，コイルの巻き数を多くすると，電磁石が鉄を引きつける力は強くなります。巻き数が少ない方がたくさんついたという人，巻き数が少ないときと多いときで同じ数の乾電池を使ったかな。他の条件を同じにすれば，コイルの巻き数が多い方が少ない方よりもたくさんの鉄釘がつきます。

＊本章は，文献リストにある小林（2007，2009）をもとに執筆したものである。

理科の授業でこのようなやりとりがあったとしよう。一見楽しそうだが，児童の学習の進み方という観点から読み直してみると，さまざまな問題が見えてくる。たとえば，「コイルの巻き数は電磁石の強さに関係するか」について，児童は自分の考えを述べているが，科学的な知識や事実に基づくものではなく，証明も反論もしようがない。さらに，実験する段になっても，剰余変数（着目する変数以外の変数）を統制できていない。やり方を知らないまま時間をかけて調べて「あなたの実験は失敗しています」と言われて，児童は納得がいくのだろうか。

教育心理学で学習に関する理論を学んだことで，筆者がそれまで漠然と抱いていた理科授業への違和感の正体が一つひとつ明らかになっていった。同時に，良い授業を創りたいという気持ちが大きくなっていった。その気持ちのままに取り組んだのが，学部卒業論文である。理科授業に関して感じた疑問の中から「実験活動に取り組ませるにあたっては，あらかじめ思考の進め方を教授するべきではないか」という問題を取り上げて指導の仕方を提案し，それを取り入れた授業を創った。その授業を小学4年生の参加者を募って実施し，効果検証したのである。授業への思いに突き動かされただけの未熟な取り組みであったが，それを認め，協力してくださった指導教員や学校現場の先生方に恵まれて，「授業を創り，自らが実践して検討する」研究として形を成すことができた。

とはいえ，卒業論文は授業としても心理学研究としてもその稚拙さは恥ずかしい限りである。授業は複雑で，それを創ること，その効果を検討することは大変難しい。たとえば1時間の短い授業であっても，その中にはさまざまな指導が組み込まれている。本時の目標を定めることから始まって，教師は発問し，子ども達を何らかの活動に取り組ませる。活動の形態は個人かグループかも決定しなくてはならないし，活動が終わればその評価方法を考えることも必要であろう。そのため，仮に学習活動に注目して新たな指導法を提案しようと志したとしても，それを組み込んだ授業を創るにあたっては他の指導をどうするかについても考えざるを得ない。

さらに，提案した指導法の効果検証がまた難しい。心理学の研究法で効果検証しようとするのであれば，提案した指導法以外の条件は揃えて，当該指導法を行う実験条件とそれをしない統制条件を設けて比較していかなくてはならな

い。しかし，授業においてはこの課題であれば学習活動はこちらがよいといったように複数の指導が互いに関連していることが普通である。また，子ども同士の交流が全くないのは授業として不自然だなど，明確な統制条件を設定することが難しい場合も多い。無理に統制条件としての授業を創り，それと比較して提案した指導法を組み込んだ授業の効果を示したとしても，「統制条件の授業は普通あり得ないからね」と言われてしまう。

　授業を創って行う実践研究を目指すのであれば，その授業を構成する指導を考えるにあたっては，心理学の理論に基盤を置いた基礎実験で効果を示す研究も重要と考えられる。両者の研究を組み合わせて，教育に資する研究をしよう。その思いが大学院進学を決めた筆者の研究の出発点であった。

15-2　実践と研究の遂行

(1) 心理学理論からの示唆——科学的に考えるために必要な知識・スキル

　卒業論文で「実験活動に取り組ませるにあたっては，前もって思考の進め方を教授するべきではないか」という問題を扱った。そこであらためて，実験活動に取り組む際の思考の進め方とはどのようなもので，子どもたちにとって何が難しいのかを考えてみることとした。

　実験のような科学的な手法を通して考えるという事態は，心理学研究において，科学的思考（scientific thinking）や科学的推論（scientific reasoning），科学的問題解決（scientific problem solving）といったテーマで幅広く研究されている。「科学的」というと，いわゆる「科学者」の思考のように思われるかもしれないが，その基礎となる思考は理科授業や日常生活のさまざまな場面で養われ，取り組まれていると考えられる。そのため，心理学研究の参加者は科学者をはじめ幼児まで多様であり，それに応じて，与えられる課題も科学的に難しい問いから，理科授業で出題されるような問い，「ケーキをおいしく焼くのには何が必要か」といった日常的な問いまでさまざまである。

　参加者の課題遂行の様子から，科学的思考は，①仮説を形成し，②実験を行い，③仮説から導かれる予測と実験で得られた結果を照らし合わせることによって仮説を評価するという3つの過程と，その過程で必要とされる2つの知識

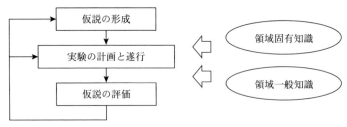

図 15-1　科学的思考の定義

クラー（Klahr, 2000）では「仮説の評価」は「証拠の評価（Evidence Evaluation）」とされている。仮説と証拠の照合過程において人は概して証拠よりも仮説に偏った評価をしがちであることから，本章では「仮説の評価」と呼んでその問題を取り上げていく。

によって定義づけられていることがわかる（図 15-1）。2 つの知識とは，物理学や生物学といった特定分野の知識や，日常生活など何らかの特定状況と結び付いた知識である「領域固有知識」と，剰余変数とは何かといった一般概念や，交絡しない実験を計画する手続き知識などのように，特定の分野や状況を超えて使用可能な「領域一般知識」である（レビューとして Klahr, 2000 がある）。

　図 15-1 の 3 過程の中でも「仮説の評価」は，その次の過程を選択する非常に重要な過程である。クラー（Klahr, 2000）は，仮説から導かれる予測と実験で得られた結果の照合によって，当該仮説が①引き続き検討されるべきであるのか，②棄却されるべきであるのか，③採択されるべきであるのかが定まると述べている。そして，①は，仮説の真偽を判断するのに十分な実験結果が出揃っていない場合であるので，科学的思考は，新たな実験を計画し遂行する過程へと進むと言う。②は，実験結果によって仮説が反証される場合である。既存の仮説を棄却し，新たな仮説を形成しなくてはならない。③であれば，仮説は真であるとみなされ，科学的思考は終結する。

　このように重要な過程であるにもかかわらず，人は仮説の評価に失敗することが知られている。特に，上記②の選択肢をとることが難しい。反証となる結果が得られても，あらかじめもっている仮説を棄却する割合は少ないという（Klahr, 2000）。その理由として，クーンら（Kuhn et al., 1988）の研究を挙げよう。彼らは，元気な子と風邪をひきがちな子がよく食べる物に関する表 15-1 のようなデータを示し，小学生から成人までの幅広い年齢層の研究参加者に

表15-1　クーンらが用いたデータの例

	元気な子①	風邪をひく子①	元気な子②	風邪をひく子②
野菜	ピーマン	レタス	ピーマン	レタス
飲み物	コーラ	ソーダ	コーラ	ソーダ
デザート	みかん	みかん	ゼリー	ゼリー
お菓子	クッキー	クッキー	せんべい	せんべい

Kuhn et al.（1988）に基づき，湯澤（1998）が作成。

「野菜，飲み物，デザート，お菓子はそれぞれ風邪のひきやすさと関連があると結論づけられるか」と尋ねた。そして，「お菓子とデザートは風邪のひきやすさとは関連がない。野菜と飲み物が風邪のひきやすさと関連があるかは結論づけられない」との正解を導けた者は少なかったことを示している。不正解者の中には，示された結果に言及せずに自らがあらかじめもっていた仮説を結論とした者（「テレビでピーマンは身体に良いと言っていたから，野菜が関係する」などと解答した者）や，示された結果に言及したものの適切に解釈できずに誤った者（「元気な子はピーマンを食べ，風邪をひく子はレタスを食べている。だから，野菜が関係する」などと解答した者。この解答は，「野菜が関係する」という仮説から，結果の一部にのみ注目したり，結果を誤って解釈したりしているものと考えられる）がいたという。

ここで見られた仮説の評価の失敗のうち，前者は，「仮説から導かれる予測と得られた結果を照らし合わせる手続きをとらないという問題」である。この問題を示す人々は仮説の評価の重要性やそうした手続きについて知らないのではないかと推察される。一方，後者は，「結果に照らして仮説を評価しているものの，それが不適切という問題」である。いずれも領域を超えて科学的思考で一般的に必要とされる領域一般知識の不足，ひいてはそれを用いるスキル不足の問題である。この点について指導することが理科で実験活動に取り組ませるにあたって一つの要となってくるのではないかと考えられた。

そこで，そうした領域一般知識やスキルの指導は，理科授業ではどのように行われているのかについて，教科の目標や教育内容を定める学習指導要領から検討してみた。2008年3月告示の『中学校学習指導要領』第2章・第4節理科を例にとってみると，「自然の事物・現象に進んでかかわり，目的意識をも

って観察，実験などを行い，科学的に探究する能力の基礎と態度を育てるとともに自然の事物・現象についての理解を深め，科学的な見方や考え方を養う」ことが目標として掲げられており，科学的思考の育成が教育目標の一つとなっていることがわかる。しかしながら，具体的にどのような領域固有知識や領域一般知識を育成するのかということに踏み込んでみると，学習指導要領の教育内容は「身近な物理現象」や「身の回りの物質」といった領域別に記載されているため，領域一般知識は系統立てて記載されていないという問題がうかがえた。「観察，実験を行い，……見出す」などの大まかな記述があるのみである。したがって，科学的思考に必要な領域一般知識を精査し，指導法を考案することは教育実践においても有意義なものと考えられた。

(2) 心理学実験による検討——仮説評価スキーマ教示と協同学習の効果

以上に述べた問題に基づき，実験のような科学的な手法を通して考えさせる際の指導として，仮説の評価の重要性やその手続きについて教示すること，さらにその手続きが適切に遂行されるよう促すことを提案したいと考えた。各指導について説明する。

まず，仮説の評価とは，仮説から導かれる予測と実験で得られた結果を照らし合わせて仮説を評価する過程であるから，その手続きとして教示される内容には，仮説から導かれる予測と結果各々を明確にすること，その上で両者を照らし合わせることが織り込まれている必要がある。そこで，

- ● 自分の仮説が正しいか確かめるためには，
  ①どのような実験をしたらよいか（実験計画）を考え，
  ②どのような結果が得られたらよいのか（予測）を明確にしておく
- ● 結果が得られたら，
  ③その結果を記録する（結果の観察）
  ④そこから自分の仮説は正しかったのかを振り返る（結果の解釈）

ということを，具体的な手続きとして抽出した。そして，それらを「仮説評価スキーマ」と名付けて教示することとした。

第15章 科学的に考えるために必要な知識・スキルとは　　219

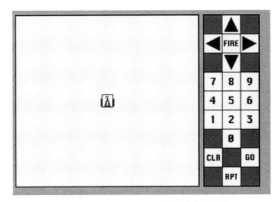

図15-2　micro-world課題表示画面

　次に，教示された手続きを適切に遂行するために，協同活動を含んだ指導が有効であると考えた。協同活動においては，メンバー間で互いの思考プロセスの再吟味が生じることが指摘されている（Miyake, 1986）。そうであるならば，協同で手続きを遂行する中で，一人が結果から仮説を保持するか棄却するかの判断を誤ることがあっても，他のメンバーがその誤りに気づき，修正できると考えたのである。

　提案する2つの指導の効果を検証するため，①仮説評価スキーマ教示（有条件・無条件）と，②活動単位（単独条件・協同条件）で構成される4群の科学的思考過程を比較する心理学実験を計画した。実験参加者が取り組む課題には，科学的思考を通して解決する課題としてクラー（Klahr, 2000）が開発したmicro-world課題を用いた。この課題は，パーソナルコンピュータ上に表示される宇宙船に，同じく表示されるキーパッドを用いて指示を出し，入力（指示）と出力（宇宙船の動き）の関係についてのルールを発見する課題である（図15-2はパーソナルコンピュータ上の表示例）。正解となるルールは，一般に参加者が仮説として形成するルールとは異なるよう設定されており，仮説と実際の入出力の関係の観察結果を照らし合わせて，仮説を修正し，正解を導いていく必要がある。その際，①自分が考えているルールに関する仮説が正しいか確かめるためには，宇宙船にどのような指示を出したらよいか（実験計画），②その結果，宇宙船がどのように動いたら，仮説が正しいと言えるのか（予測）

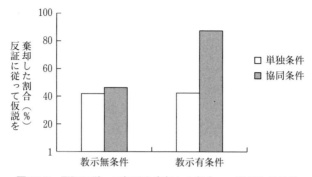

図 15-3　反証に従って仮説を棄却した割合——群ごとの結果

を明確にしておく，③宇宙船の動きを記録し（結果の観察），④そこから自分の仮説は正しかったのかを振り返る（結果の解釈）という仮説評価スキーマを教示することがどのような効果をもつのか，さらに，教示された手続きの適切な遂行における協同活動の効果はどのようなものかを検討した。

　研究の結果，課題遂行成績が最も高かったのは，仮説評価スキーマ教示有×協同群であった。課題遂行中の参加者の発話や活動の様子を記録・分析したところ，仮説から導かれる予測と実験で得られた結果を照らし合わせるような発言や活動は，仮説評価スキーマ教示無条件では生じにくく，仮説評価スキーマを教示されることによって促されることが明らかとなった。さらに，仮説評価スキーマ教示有×協同群では，仮説に対する反証が得られたときに適切に仮説を棄却する割合が高いことも示された（図 15-3）。以上のことから，提案した 2つの指導は各々に期待された効果をもたらすことが実証された。

(3) 理科授業としての提案と効果の実践的検討

　科学的思考の指導として，仮説評価スキーマを教示した上で，協同で取り組ませることの有用性が示されたことを受けて，その指導を組み込んだ授業の提案を行った。この指導は，仮説を評価することが重要となる課題，特に，反証を受けて仮説を棄却する必要がある課題においてこそ効果を発揮すると考えられることから，子どもが誤った仮説を立てがちである内容を検討した。子どもの誤った考えについては，誤概念（misconception）や素朴概念（naive concep-

第15章　科学的に考えるために必要な知識・スキルとは　　221

表 15-2　学習課題

主題と参加者に提示した課題
第1時　力の働く方向と摩擦力の存在 　表面の滑らかな机の上で質量1kgの箱と台車各々を手でおして滑らせる。どちらの方が小さい力で動くか
第2時　力が働いているときの物体の運動 　台車を斜面に滑らせる（摩擦力はないと仮定する）。 　1. 台車の滑り落ちる速さは，時間が経つにつれてどうなるか 　2. 斜面の角度が異なる（10度/20度）と，斜面を滑り落ちる速さの変化は異なるか 　3. 台車の質量が異なる（500g/1kg）と，斜面を滑り落ちる速さの変化は異なるか
第3時　力が働いていないときの物体の運動 　表面の滑らかな机の上で台車を手でおして滑らせた場合，手から離れた台車の速さは時間が経つにつれてどうなるか（摩擦力はないと仮定する）

tion），現象学的原理（phenomenological primitives），ル・バー（ru）などさまざまに概念化され，研究が行われている。それらの中でも研究課題としてよく用いられる「力と運動」を選択した。学校教育場面では，中学理科第1分野の内容である。表15-2に示した3つの学習課題について取り組む際，仮説評価スキーマに基づいて3～5名のグループで協同して活動するよう指導する授業を提案した。

　仮説評価スキーマの教示は，授業を受ける1クラスの生徒全員によく伝わるよう，ワークシートを用いて行った。ワークシートには，仮説の評価の4つの手続きが，「①問題の答えを予想し，そう思う理由を書いてください。②どのような実験をすると問題の答えがわかるか考えてください。その実験が良いと考える理由も書きましょう。③実験の結果はどのようなものでしたか。④実験の結果からどのようなことが考えられますか」という問いの形式で記されており，生徒には各問いに答えながら問題を解き進めるよう促した。さらに，グループで協同して取り組ませるため，各問いの解答欄は個人の考えを書く欄とグループの考えを書く欄の2つを用意した。

　ここでは，東京大学で開催された学習ゼミナール（本書第1章参照）に参加してこの授業を受けた中学2年生の発話事例を紹介し，仮説評価スキーマを教示して協同で取り組ませるという指導が生徒達にどう影響を与えたのかを検討し

ていきたい。場面は，2時間目の問題3である。

 生徒A：予想は「変わらない」。理由は，体重が重かろうが軽かろうが，坂
   を下るっていう点では，えーと，速さは変わらない。
 生徒B：ええ？　変わると思うんですけど。
 生徒C：なんか重い方が加速がつきそう。
 生徒A：だって，リンゴと50キロのものを落とすと，50キロの方が痛いと
   かはあるけれども，スピードは変わらない。
 生徒C：うん……。よくわからないから，どっちも書いておこう。

　問題解決の初めに，物体の質量と滑落加速度の関係について，グループのメンバー一人ひとりが予想し，その理由を述べている。予想の中には，「台車の質量が500gでも1kgでも，台車が斜面を滑り落ちる速さの増え方は変わらない」という正答が出現しているが，発言者は，自分の予想の正当性を十分に説明することはできていない。聞き手にも説明を受け入れる様子は見られず，メンバー間で異なる予想のどちらが正しいか確かめるためには，どのような実験をしたらよいかを話し合い始める。

 生徒B：10度の斜面に質量500gの台車を乗せて滑らせたときと，10度の
   斜面に質量1kgの台車を乗せて滑らせたときの結果を比べればいい。
 生徒A：理由はありませんか？
 生徒B：質量が影響するかを調べたいのなら，質量以外の条件は同じにしな
   いといけないからです。

　話し合いの結果，物体の質量と滑落加速度の関係性を見出すためには，台車の質量のみを変数とする実験を行う必要があることが確認された。実験は記録タイマーを用いて行われ，「台車の滑落距離が0.1秒単位でどのように変化していくのか」がグラフ化された。グラフは，予想の成否を判断する材料として有用であった。

生徒A：これが，角度が20度で台車が1kgのグラフと，20度で500gのグラフです。で，これが10度で500gのグラフなんですよ。20度で500gと10度で500gを見ると，明らかに20度の方が速いっていうのがわかるけれども，20度で1kgと20度で500gを比べてみても，たいして差がないなっていう感じで，変わらないと思いました。

生徒D：ぼくは，角度10度で1kgのグラフと，角度10度で500gのグラフを比べてみると，明らかに1kgの方が速いことが見てわかると思っています。

生徒E：（Dが示したグラフを見ながら）最初は1kgの方が速い，次は，……。微妙。微妙に勝っている？ 1kgの方が。

生徒D：ぼくも今思ったんですけど……。もうだめだ。間違いない。同じです。

　実は，この事例で生徒Eは，1人では教示された仮説評価スキーマを活かすことができずにグラフに言及しないまま解答を導いていた。しかし，グラフにこだわる生徒AやDの影響を受け，グラフを基に判断するという活動に取り組み始めている。また，グループの中で，他のメンバーの判断や自己の判断の吟味・見直しをする活動が行われ，最終解答として「斜面を滑り落ちる物体の質量は物体の加速度に影響しない」という結論が得られたことがわかる。なお，グループでの取り組みが終了した授業終盤には，各グループの解答をクラス全員で共有し，教師がまとめを行った。まとめにおいては，質量と滑落加速度は関係しないことが確認され，その解説がなされた。

　この授業の効果は，他の3つの授業との比較で検討された。特別な働きかけをせずに自由に協同させる授業，問題の解答を予想させた上で後は自由に協同させる授業，模範的な思考過程を教示した上で追体験に取り組ませる授業の3つである。比較対象として，提案する授業の主眼となる指導（仮説評価スキーマ教示と協同）のみを変化させた授業を設定するのではなく，あくまで授業として自然なものを取り上げるよう配慮したものである。結果，提案した授業を受けた生徒の方が，授業で学習した内容のテスト成績および学習した内容とは異なる領域における法則発見課題における成績が良いことが示された（表15-

表 15-3　各授業におけるテスト得点の平均値（標準偏差）

	協同のみ群	協同・ 予測教示群	協同・ 模範過程教示群	協同・ スキーマ教示群
学習内容の テスト	8.63 (1.22)	7.24 (1.47)	8.76 (1.24)	9.48 (1.04)
法則発見課題	5.43 (1.43)	4.55 (1.85)	5.80 (1.81)	7.63 (1.21)

3）。このことから，提案した授業の実践的有効性を実証できたと考えている。

15-3　その後の展開——実験的検討と実践的検討の相乗効果

(1) 実践と研究を振り返って

　本章第1節末に，授業を創って行う実践研究を目指すには，心理学の理論に基盤を置いた基礎実験で授業に組み込む指導法の効果を示す研究も重要と考えられ，両方を行うことによって教育に資する研究をしようと志したことを述べた。実際に，仮説評価スキーマの教示と協同活動の導入という2つの指導を提案するにあたって，心理学の理論的背景と基礎実験による実証的証拠は，各指導がどのような状況下でどのような効果を期待できるものかを明確に示してくれた。それによって，学習者や課題などさまざまな要因が絡む中で，各指導をどのように用いたらその効果が発揮できるかを考え，現実的で有効な授業を創ることが可能となったと考えている。さらに，授業を創るという経験は，新たな気づきももたらしてくれた。提案した指導の効果に影響する要因，特に，提案した指導ではカバーしきれない要因に気づくことがあり，それが次の研究へとつながったのである。

(2) 領域固有知識の指導法をめぐって

「よくわかんない」

　先に示した，仮説評価スキーマを教示して協同で取り組ませる授業における2時間目の問題3において，グループワークの最後にある生徒がつぶやいた一言が鮮烈に残った。得られたグラフから，物体の質量が滑落加速度に影響しな

いことが明らかとなった。けれど，それはなぜなのか。結果を説明する知識がないために，「滑落する物体の質量が大きい方が，物体の加速度は大きい」とした自分の仮説が誤りであるとわかった後でも，新たな仮説を納得して受け入れることができない。それが端的に表れた一言であった。

前項の最後に，授業を創ることで，授業に影響する多数の要因のうち提案した指導ではカバーしきれない要因に気づくこともあると述べたが，これまで紹介してきた仮説評価スキーマを教示して協同で取り組ませる授業を創った際に気づいたことは，生徒の科学的思考を促すためには領域固有知識の教授も必要であるということであった。提案した授業では，質量と滑落加速度は関係しないという結果を説明する知識を，結果が得られた後に教授していたが，領域固有知識は本来科学的思考の最初の過程から影響を及ぼすものである。基本的な領域固有知識も持たないままに科学的思考を要する問題に取り組んでも満足できる結果は得られないであろう。領域一般知識と同様，領域固有知識も教授した上で，応用・発展的な科学的思考に取り組ませる指導を考えることが必要である。この気づきは，その後，領域固有知識の教授法の提案（小林，2013），そして，授業を創っての実践研究へと展開を続けている。

子どもたちは多くの時間を学校で授業を受けて過ごす。その時間が有意義なものであってほしい。それを目指して，子どもの学習という観点から授業を見直し，実験的検討と実践的検討を行うことによって，これからも良い授業を提案していきたいと心から願っている。

引用文献

Klahr, D.（2000）. *Exploring science*. Cambridge, MA: MIT Press.

小林寛子（2007）. 協同的発見活動における「仮説評価スキーマ」教示の効果　教育心理学研究, 55, 48-59.

小林寛子（2009）.「仮説評価スキーマ」教示と協同活動が科学的な法則や理論の理解と観察・実験スキルの向上に与える影響　教育心理学研究, 57, 131-142.

小林寛子（2013）. 教授された科学的知識を自分の言葉で説明し直す活動が概念変化に及ぼす影響――真空の概念変化を通して　教授学習心理学研究, 9, 49-62.

Kuhn, D., Amsel, E., & O'Loughlin, M.（1988）. *The development of scientific reasoning skills*. CA: Academic Press.

Miyake, N. (1986). Constructive interaction and the iterative process of understanding. *Cognitive Science*, 10, 151-177.

湯澤正通（編著）(1998). 認知心理学から理科学習への提言——開かれた学びをめざして　北大路書房

第16章　英語リスニング学習の改善に向けて

小山義徳

16-1　研究の背景——リスニング能力の向上には何が必要か

　筆者が大学院の博士課程に在籍していた頃，中学，高校，大学で非常勤講師として英語を教える機会に恵まれた。午前中は中学，高校で英語を教え，午後は大学院で研究するという生活を送っていた。しかし，自分が英語を教えている学生のリスニングスキルがなかなか伸びず，どのようにリスニング指導を行えばよいのか悩んでいた。その頃，リスニングの指導といえばディクテーション（聞き取り）訓練が主流であった。しかし，自分が教えていた学生の中には，いくら英語の音の聞き取りの訓練を行っても，リスニングができるようにはならない学生が多かった。

(1) 先行研究は音声の聞き取りが中心

　当時，筆者は英語リスニング研究について何が明らかになっており，まだ何が明らかになっていないのか分かっていなかった。そのため，先行研究で英語リスニングに関してどのような研究が行われていたかを調べた。すると，これまでの研究では，音声の聞き取りが重視されていることが明らかになってきた。
　例えば，藤永（2002）は英語の母音の中でも，/æ/, /ɑ/, /ʌ/ などの音素は，日本語の母音の「ア」である /a/ として聞かれる傾向にあること，/æ/ は /e/ と間違えられやすいこと，英語の /i/ は舌の位置が日本語のイとエの間の中間で発音されるために，日本語の「エ」と混同されやすいことを指摘している。さらに，英語の子音に関しては，/f/, /v/, /θ/, /ð/, /r/, /l/, /z/

＊本章は引用文献リストにある小山（2007a, 2007b, 2009, 2010）を中心に執筆したものである。

については，日本語には対応する音がないため，聞き取りが難しいとしている。

また，音素識別訓練の持続効果を検討した，ライブリーら（Lively, et al., 1994）は日本に住む日本人を対象に，3週間の /r/ と /l/ の同定訓練を行った。その結果，訓練後に聞き分けの正確さが向上しただけでなく，3ヶ月後，6ヶ月後の成績においても訓練効果は持続していたことを報告している。

このように，英語リスニングに関する先行研究は，主に音声の聞き取りにフォーカスがあり，聞き取ったあとの音声がどのような認知プロセスを経て理解されているかまで言及している研究は少ないことが分かった。

(2)「継時処理スキル」への着目

英語のリスニングで要求されるのは，個々の音韻を聞き取ることだけではない。英語リスニングにおいて話者のメッセージを理解するには，聞き取った音声を英語の語順のまま瞬時に処理する「継時処理スキル」が獲得されている必要がある。しかし，筆者を含め，ひと昔前の日本の英語教育を受けていた者は，英文を読み戻りながら読むことに慣れてしまっている。このため，リスニングの際も聞き取った音声を戻って処理しようとする傾向があり，これがリスニングの音声情報を処理する際の障壁になっていることが考えられた。

リスニングの能力が低いのは，個々の単語に対する認知だけでなく，次々に提示される情報に対する継時的処理が弱いからではないかという問題意識に立った研究として，松原（1992）の研究があった。彼はまず，アイマークレコーダーを使った注視点移動の分析の結果から，日本人の英語学習者は読み戻りながら読む傾向があることを明らかにした。

また，パソコン画面に自己ペースで逐語的に視覚提示されるようなシステムを作成し，読み戻りができない条件で英文を読ませると読解のパフォーマンスがかなり落ち，速度優先の方略と正確さ優先の方略をとる学習者が見られた。しかし，個別の訓練を行うことで，どちらの学習者も速度と正確さを両立できるようになっていくことを報告している。ただし，こうして継時処理スキルが向上した学習者がリスニング能力も上昇したのかは確認されていない。

そこで，筆者は，英語リスニングに継時処理スキルが関わっていることをより直接的に明らかにし，授業に近い条件のもとで英文に対する継時処理の訓練

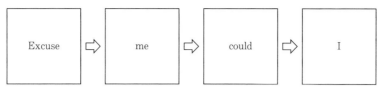

図 16-1 継時処理スキル測定課題の例

を行い，それが音声の継時処理をも促し，英語リスニング能力が向上するかを検討していくこととした。

16-2 リスニング能力と継時処理スキル

最初に，筆者が確認する必要があったのが，「英語のリスニングのスコアが高い人は本当に継時処理スキルが高いのか」ということであった。

(1) 継時処理スキルを測定する

そこで，パソコンの画面にスライド1枚ごとに英文の1つの単語を提示し，読み戻りができない条件で，英語リスニングスコアが高い人と低い人で，どれくらい理解度に差が出るのか検討を行った（図16-1）。

スライドの提示条件は4種類用意した。FAST 課題はスライド1枚につき0.3秒提示して，自動的に次のスライドを提示するように設定した。SLOW 課題はスライド1枚を0.4秒提示した。SELF 課題は参加者に自分のペースでスライド上の英語を読み，次のスライドに進みたい時にスペースキーを押してもらった。READING 課題は，A4判の紙に英文を全文提示し，読み戻りができる状態での参加者の理解度を測定するために設けた。

英語リスニングテストの点数によってリスニング上位群と下位群に分け，FAST, SLOW, SELF, READING 課題の理解度を比較した。その結果，図16-2のように，全文を一度に見ることができ，読み戻りが許される READING 課題ではリスニング上位群と下位群の理解度に差は無かった。しかし，読み戻りができない，SELF, SLOW, FAST 課題ではリスニング上位群と下位群の間に差があった。

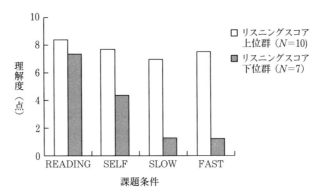

図 16-2　課題別・リスニングスコア上位群と下位群の理解度

　この結果から，読み戻りができない条件で英文を提示されると，リスニング下位群は理解度が落ちるが，リスニング上位群は理解度に変化がないことが分かった。また，「英語の情報を英語の語順で処理することができる継時処理スキル」が，リスニングの理解度と関連していることが明らかになった。

(2) 英語リスニングが得意な人は英文を読むときに読み戻りが少ないのか

　先述した研究は，読み戻りができない条件で英文を提示することで，リスニングスコアが高い人は継時的に情報を処理していることを明らかにした。しかし，リスニングが得意な人と苦手な人の，より自然な環境における情報処理プロセスを検討する必要があった。

　そこで，次に行ったのがリスニングスコアの高低で英文読解時の読み戻りの回数を比較することである。英語リスニングスコア高群は，音声情報を継時的に処理しているため，英文読解時の読み戻りも少ないだろう。一方，リスニングスコア低群は，音声情報を英語の語順のまま継時的に処理することが苦手であるため読み戻りが多くなると考えられた。

　ただし，文法の知識が豊富な学習者や，語彙力のある学習者ほど英文を読むのが簡単になるため，読み戻りが少なくなる可能性がある。そのため，文法力と語彙力が読み戻りに与える影響を統計的にとり除いたうえで，リスニング力と読み戻り数の関係を検討する必要があった。そこで，この研究では　1. 英

第16章 英語リスニング学習の改善に向けて

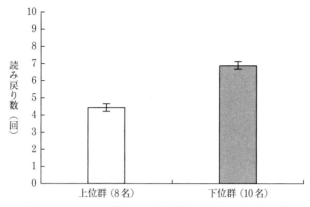

図 16-3　リスニングスコア上位群と下位群の読み戻り数
（エラーバーは標準誤差）

語リスニングテスト　2. 英語語彙テスト，3. 英語文法テスト，4. 英文読解時の読み戻り数を測定する課題の4つの課題を用いて検討を行った。

①英語リスニングテスト
　　英語リスニングテストは英検の問題を参考に18問用意した。
②英語語彙テスト
　　英語語彙テストはNation (2001) の開発した語彙テストを30問用いた。
③英語文法テスト
　　文法テストはTOEICの問題から12問ランダムに選んで用いた。
④英文読解時の眼球運動を測定する課題
　　英検準2級相当の英文は2問を用いて，アイカメラを使って目の動きを測定し，読み戻りの回数をカウントした。

その結果，リスニングスコア高群の読み戻り数は低群より少なく，英語リスニング能力の高低によって，英文読解時の読み戻り回数が異なることが明らかになった（図16-3）。

16-3 授業における継時処理スキルの訓練とリスニングへの効果

　ここまでの予備的研究で，英語のリスニングが得意な人は英文を読み戻らずに継時的に読む傾向があることが明らかになった。そこで，読み戻りをしないで読む訓練をすることで継時処理スキルが向上し，音声情報をも継時的に処理できるようになって，リスニングスキルが伸びるという転移が見られるのか，自分の授業の中で実践を行いながら，検討していくことにした。

(1) パワーポイントのスライドを用いたトレーニング

　筆者が自らの実践の中で試行錯誤しながらたどり着いたのが，「英文をスライドで提示するトレーニング」である。視覚情報と聴覚情報の処理には共通している部分があるとする先行研究（de Bot et al., 1997）に基づくと，視覚情報を継時処理することで，聴覚情報の継時処理が促され，英語リスニング能力が向上する可能性がある。この仮説を検証するために，自分が担当する英語の授業の中でトレーニングを行った。スライドは筆者がパワーポイントで作成し，教室にあるプロジェクターを使ってスクリーンに投影して読み戻らずに読むトレーニングを行った（図16-4）。このトレーニングを毎回の授業の冒頭を使って週1回実施した。その結果，スライドを使ったこのトレーニングが，リスニングスコアの向上に効果があることが明らかになった。

　しかし，この実践を行ってみて，この方法では中高の英語の教員の負担が大きく実際に実施されることは少ないのではないかという懸念があった。スライド教材を作成するのに時間がかかりすぎるのである。また，毎回プロジェクターとパソコンをセッティングするのも手間であった。さらに，学生も最初の数回は物珍しさもあって，おもしろがっていたが，繰り返し行っているうちに飽きてくるようであった。そのため，読み戻らなくとも読めるようになっている成長度合いを，学生自身が実感できる工夫が必要であると感じた。

　実践上のこうした問題を認識することができたのは，筆者自身が基礎研究に基づいた実践を自分の授業の中で実施したからである。自分が実践を行わなければ，こうした問題に気付くことは難しかったと思われる。

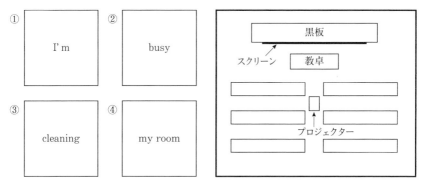

図 16-4　トレーニング課題と実施の様子

(2) 簡便なトレーニング方法の提案──英文速読トレーニング

そこで，より英語の授業に取り入れやすい形での実践を模索した。その時にヒントとなったのが，ある研究会で聞いた「英文速読」に関する発表であった。その発表を聞いていて，英文速読であれば，読み戻りせずに英文を読む訓練になることに気が付いた。さらに英語のリーディング指導の一環として，授業に速読を取り入れても，違和感がない。何よりも，速読であれば教師が準備をするのにそれほど時間がかからない。さらに，毎回の速読のあとで，読める速度の伸びの折れ線グラフを学生に描いてもらうことで，読む速さが早くなっていくことを学生が実感でき，飽きにくくなる可能性もあった。

ただし，リスニングの訓練法としては，すでに「ディクテーション訓練」が教育現場では広く実施されていた。そのため，「英文速読トレーニング」を新たなリスニングの訓練法として提案するためには，「ディクテーション訓練」よりも「英文速読トレーニング」の方が効果があることを示す必要があった。

これらのことを検討するために，筆者が担当する 2 つの英語のクラスにおいて，一方のクラスでは速読トレーニング（図 16-5）を行い，もう一方のクラスではディクテーション訓練を行い，訓練後の英語リスニングスコアを比較することにした。

①速読クラス（24 名）

速読訓練を 1 週間に 1 回，8 週間継続して行った。1 回の速読訓練は 10 分程

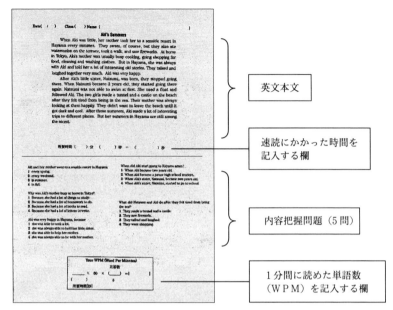

図16-5 速読訓練に用いたワークシート

度であった。もし速読訓練に用いる英文の中に参加者の知らない単語が多く含まれると、「読み戻らずに読む」という訓練目的が達成されなくなる。そのため、英文は英検4級レベルのやさしい英文を用いた。

五十嵐（2002）に基づいて、速読訓練の手続きは以下のようにした。①教師はまず、参加者にワークシート（図16-5）を上下に2つに折り、下部の内容把握問題を隠すように指示をする。また、開始の合図でプリントに印刷された英文をできるだけ早く、読み戻らないで読むよう教示する。②教師は教室前方の黒板に経過時間を書き出す。③参加者は英文を読み終わった者から、黒板に書かれた経過時間を見て、英文を読むのにかかった時間を記入する。④参加者は本文を見ずに、内容把握問題を解く。解き終わったら自分で解答・解説を見て採点を行う。⑤実験参加者は1分間に読めた単語数に内容把握問題の正答率を掛け合わせたうえで、WPM（Words Per Minute: 1分間に読むことのできた単語数）を算出する。⑥最後に、参加者はWPMをワークシートに記入して、折れ線グラフを作成する。

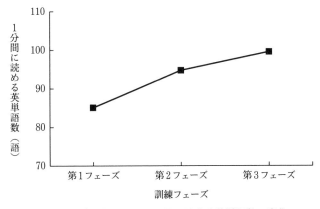

図 16-6 速読クラスの 1 分間に読める英単語数の変化

ここでいう WPM は，山内（1985）に基づいて，下記の式で算出された。

$$\text{WPM} = \frac{\text{英文に含まれる単語数}}{\text{読解時間（秒）}} \times 60 \times \frac{\text{正答数}}{\text{問題数}}$$

②ディクテーションクラス（19 名）

速読クラスで用いたのと同じ英文を用いて，週 1 回ディクテーション訓練を行った。英文中の 10 個の英単語が空所になっている英文を配布した。ディクテーションの指導は以下のように行った。①1 回目は英文全体の音声を再生し，参加者は聞くことに集中する。②2 回目は空所となっている箇所を，意味のまとまりごとにポーズをとり再生する。その際に参加者が空欄に記入する時間をとる。③3 回目に再び英文全体を流し，参加者は自分が書き取った文をチェックする。④最後に，正解を黒板に提示し，もう一度音声を聞く。1 回のディクテーション訓練は約 10 分間で，期間は 8 週間であった。

（3）英文速読トレーニングで英語リスニング能力は向上したのか

速読クラスとディクテーションクラスのリスニング能力の変化を測定するために訓練開始前に，リスニングテストを 15 問行った。8 週間の訓練終了後に，事前テストと同じ内容と形式のテストを事後テストとして実施した。統計的に分析した結果，速読群の参加者の 1 分間に読める英単語数が増加した（図 16-6）。また，最終的に，速読クラスの方がディクテーションクラスよりも英語リ

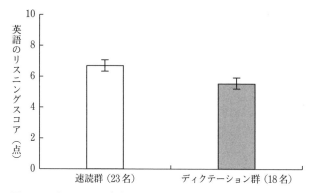

図 16–7 クラス別の事後テストにおける英語リスニングスコア
（エラーバーは標準誤差）

スニングスコアが有意に高くなった（図 16-7）。

16-4 その後の展開

　筆者が英文速読訓練によってリスニングを指導していることを知り合いの英語の教員に話したところ，授業の中で速読訓練を用いたリスニング指導を実施してくれることになった。そこで，自分の実践では検討できていなかった以下の点の検討をお願いした。

　筆者が行った実践では，参加者の継時処理スキルを測定していなかったため，「継時処理スキルが伸びた結果，リスニング力が伸びた」とする根拠が不足していた。また，継時処理スキルが伸びても，そもそも音声が聞き取れていなければ理解には至らないことが考えられた。そこで，知り合いの教員に依頼した実践では，継時処理スキル，音声認識能力，リスニングの伸びの3つの変数の関係を検討することとした。

　高校の英語の授業を速読クラスと統制クラスに分けて実施した。速読クラスは通常の英語の授業に加え，授業の冒頭に週1回10分間の英文速読訓練を9週間行った（図 16-8）。

　統制クラスは通常の英語の授業を行った。また，トレーニングの前後で「英語リスニング力」，「英文速読能力」，「英語ディクテーション力」，「継時処理ス

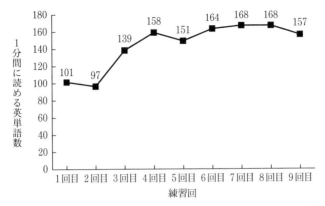

図 16-8　速読クラスの各回における1分間に読める英単語数の変化

キル」を測定し，「継時処理スキルが伸びた結果として，リスニング力も伸びる」という仮説を検証することを目的とした。

(1) どのような学習者に効果があるのか

継時処理スキルテストは，教室前方に設置されたスクリーンにプロジェクターを用いて表示された。スライドには意味のまとまりごとに区切られた英語が提示されており，1秒間自動提示された。すべての英文が提示された後で，最後のスライドに質問文が1つ提示された。参加者はその問題文を読み，適切な答えを解答用紙の選択肢の中から選んだ。その結果，速読クラスの参加者は継時処理スキルテストのスコアが向上していた。

一方，トレーニング前後のリスニングスコアを比較した結果，速読クラスの英語リスニングスコアは伸びたが，統制群のリスニングスコアに変化はなかった（図16-9）。

速読クラスの参加者をディクテーション能力で分けて分析した結果，英語ディクテーションスコアが高い学習者の方がリスニングスコアが高くなることが明らかになった（図16-10）。

(2) 英語リスニングの2コンポーネントモデルと今後の展開

本研究は，認知心理学の観点から継時処理の重要性を指摘し，筆者自身の授

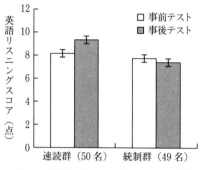

図 16-9 速読クラスと統制クラスの英語リスニングスコア（エラーバーは標準偏差）

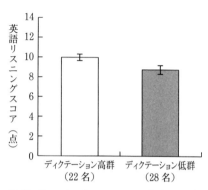

図 16-10 ディクテーション能力別の英語リスニングスコア（エラーバーは標準誤差）

業の中で検証を行った。そして，英文速読訓練が英語リスニングの伸長に効果があることを明らかにした。このことは，かつては音声の聞き取りが主であった英語リスニング・トレーニングに一石を投じることになるかもしれない。

英語のリスニングができるようになるためには，先行研究で指摘されてきた「音声情報の認識」に加え，音声情報の継時処理が必要であることが本研究で明らかになった。つまり，「リスニングの理解」には「音声情報の認識」と「音声情報の継時処理」の２つが必要であるといえる（図 16-11）。

このモデルに基づくと，次のような発展可能性がある。例えば，これまでのリスニングテストは学習者が音声内容をどれだけ正確に聞き取れたかを，内容把握問題等で評価していたが，この方法では学習者がリスニングの際にどのような問題を抱えているかが分からない。だが，リスニングの情報処理プロセスを「音声情報の認識」と「音声情報の継時処理」の２つのコンポーネントに分けて考えると，「英語の音声を聞く」テストと，「英文を読み戻らずに読むテスト」の２つのテストを用いて，学習者が「音声認識」と「継時処理」のどちらのコンポーネントに問題を抱えているのか診断するテストを作成することが可能である。テスト結果に基づいて，音声認識が弱い学習者には「ディクテーション等聞き取りの訓練」を行い，英文を読み戻らずに読むことが苦手な学習者には「速読訓練を行う」といったように，学習者に応じたリスニング指導がで

図16-11　リスニングの2コンポーネントモデル

きるのではないだろうか。

　もちろん，本研究はディクテーション訓練等，これまで支持されてきた英語の聞き取り訓練を否定しているわけではない。2コンポーネントモデルに示したように，英語のリスニングができるようになるためには，まず音声が正確に聞き取れていることが前提と考える。速読等の継時処理訓練を行うことで，聞き取った音声情報を継時的に処理できるようになり，リスニング時の理解度が向上するのである。そのため，音声の聞き取りであるディクテーション訓練はリスニング指導において必須である。今後，英語音声の聞き取り訓練に加えて，速読等の継時処理訓練を組み合わせた英語リスニング訓練が，英語教育の実践に広まることを切に願う。

引用文献

de Bot, K., Paribakht, T. S., & Wesche, M. B. (1997). Toward a lexical processing model for the study of second language vocabulary acquisition: Evidence from ESL reading. *Studies in Second Language Acquisition*, 19, 309-329.

藤永真理子 (2002). なぜ英語が聞き取れないか――学生のディクテーションの分析から　経済理論，306, 1-22.

五十嵐逸郎 (2002). 読解力の向上を図るための速読・多読指導の工夫　福島県教育センター研究紀要, 32, 54-55.

Lively, S. E., Pisoni, D. B., Yamada, R. A., Tohkura, Y., & Yamada, T. (1994). Training Japanese listeners to identify English /r/ and /l/: Ⅲ. Long term retention of new phonetic categories. *Journal of the Acoustic Society of America*, 96, 2076-2087.

松原賢一 (1992). 英文の継時的読解過程の分析と支援　東京工業大学大学院理工学研究科修士論文

Nation, I. S. P. (2001). *Learning vocabulary in another language*. New York: Cambridge University Press.

小山義徳 (2007a). 英文テキストの継時処理訓練が英語リスニング能力の向上に与

える影響　メディア教育研究, 3, 132-141.
小山義徳（2007b）．継時処理スキル――日本人英語学習者においてリスニング成績上位群と下位群を分ける技能　JALT Journal, 29, 231-242.
小山義徳（2009）．英文速読指導が日本人大学生の英語リスニング能力の伸長に与える影響の検討――ディクテーション訓練との比較　日本教育工学会論文誌, 32, 351-358.
小山義徳（2010）．英文速読訓練が英語リスニングスコアに与える影響と学習者のディクテーション能力の関係　日本教育工学会論文誌, 34, 87-94.
山内　豊（1985）．中学における速読指導の試み――wpm の伸長，学習スタイル，読解ストラテジーの関係についての実証的考察　関東甲信越英語教育学会紀要, 1, 11-25.

編者・執筆者紹介

編 者

市川伸一（いちかわ　しんいち）1953年生まれ。東京大学文学部卒業。文学博士。埼玉大学，東京工業大学を経て，東京大学大学院教育学研究科教授，認知心理学を基盤にした教育のあり方を研究している。日本教育心理学会理事長，日本心理学諸学会連合理事長，中央教育審議会教育課程部会委員等を歴任。

著書に，『考えることの科学―推論の認知心理学への招待』（中公新書），『学ぶ意欲の心理学』（PHP新書），『学力低下論争』（ちくま新書），『学ぶ意欲とスキルを育てる』（小学館），『「教えて考えさせる授業」を創る』（図書文化），『勉強法が変わる本―心理学からのアドバイス』（岩波ジュニア新書）など。

各章執筆者（五十音順）

犬塚美輪（いぬづか　みわ）東京学芸大学教育心理学講座准教授。博士（教育学）。研究テーマは，論理的読み書きのプロセスと指導法の開発。著書に『認知心理学の視点―頭の働きの科学』（サイエンス社），『論理的読み書きの理論と実践―知識基盤社会を生きる力の育成に向けて』（共著，北大路書房）。

植阪友理（うえさか　ゆり）東京大学大学院教育学研究科助教。博士（教育学）。研究テーマは，学習方略，図表活用，学習支援，授業設計など。著書に『Promoting Spontaneous Use of Learning and Reasoning Strategies』（共編，Routledge），『数学的問題解決における図表活用の支援』（風間書房）。

太田裕子（おおた　ゆうこ）聖徳大学大学院教職研究科教授。教育学修士。臨床発達心理士，学校心理士。東京都教育委員会特別支援教育担当課長，公立小学校長，ロンドン日本人学校派遣教員を経て現職。研究テーマは，特別支援教育（特に視覚障害，発達障害），インクルーシブ教育など。

小山義徳（おやま　よしのり）千葉大学教育学部准教授。博士（教育学）。研究テーマは，質問生成スキルの育成，英語教育。著書に，『基礎からまなぶ教育心理学』（編著，サイエンス社），論文に「The Hemingway effect」（共著，Thinking Skills and Creativity）。

清河幸子（きよかわ　さちこ）名古屋大学大学院教育発達科学研究科教授。博士（教育学）。研究テーマは，他者との相互作用が問題解決に及ぼす影響。著書に『心のしくみを考える』（分担執筆，ナカニシヤ出版），論文に「洞察問題解決に試行と他者観察

の交替が及ぼす影響」(共著,教育心理学研究)。

小泉一弘(こいずみ　かずひろ)品川区立上神明小学校副校長。教育学士。東京の公立小学校教諭,副校長として授業改善,学校経営に関わってきた。著書に『教えて考えさせる授業―深い学びとメタ認知を促す授業プラン　小学校』(分担執筆,図書文化)。

小林寛子(こばやし　ひろこ)東京未来大学モチベーション行動科学部准教授。博士(教育学)。研究テーマは,科学的思考,説明活動。著書に『探究！教育心理学の世界』(分担執筆,新曜社),論文に「教授された科学的知識を自分の言葉で説明し直す活動が概念変化に及ぼす影響」(教授学習心理学研究)。

篠ヶ谷圭太(しのがや　けいた)日本大学経済学部准教授。博士(教育学)。研究テーマは,学習方略,教授方略,家庭学習と授業の効果的な接続。著書に『Promoting Spontaneous Use of Learning and Reasoning Strategies』(分担執筆,Routledge),論文に「学習方略研究の展開と展望」(教育心理学研究)

鈴木雅之(すずき　まさゆき)横浜国立大学教育学部准教授。博士(教育学)。研究テーマは,教育評価,学習方略,学習動機づけ。著書に『自ら学び考える子どもを育てる教育の方法と技術』(分担執筆,北大路書房),論文に「中学生の学習動機づけの変化とテスト観の関係」(共著,教育心理学研究)。

瀬尾美紀子(せお　みきこ)日本女子大学人間社会学部教育学科准教授。博士(教育学)。研究テーマは,自立的な学習者を育てるための指導法開発。著書に『学力と学習支援の心理学』(分担執筆,放送大学教育振興会),論文に「21世紀の学習・教育実践に期待される教授・学習研究」(教育心理学年報)。

田中瑛津子(たなか　えつこ)名古屋大学博士課程教育推進機構特任助教。博士(教育学)。研究テーマは,深い学び,学習に対する興味。著書に『次世代のリーダーを担う博士人材の育成』(共編,みやび出版),論文に「学習・教育場面における興味の深化をどう捉えるか」(共著,心理学評論)。

深谷達史(ふかや　たつし)広島大学大学院教育学研究科准教授。博士(教育学)。研究テーマは,メタ認知,学習方略。著書に『メタ認知の促進と育成』(北大路書房),論文に「Investigating the effects of Thinking after Instruction approach」(共著,Educational Technology Research)。

村山　航(むらやま　こう)レディング大学心理学科教授。博士(教育学)。研究テーマは,学習動機づけ,学習方略。著書に『The Oxford Handbook of Human Motivation』(分担執筆,Oxford Univ. Press),『The Cambridge Handbook on Motivation and Learning』(分担執筆,Cambridge Univ. Press)。

索　引

あ　行

アイカメラ　233
遊びと学びゼミナール　18, 130
意味理解　102
イメージ論争　46
インフォームド・アセスメント　153
教えあい　85
　　教えあい方略　95
教えて考えさせる授業　21, 99, 114, 157, 183

か　行

開発志向　34
科学的思考　215
学習観　17, 61, 159, 167
学習相談室　15
学習動機　167
学習法講座　86, 173, 190
学習方略　17, 57, 85, 100, 143, 171
　　浅い処理の学習方略　146
　　学習方略の転移　58
　　深い処理の学習方略　146
仮説の評価　216
仮説評価スキーマ　218
教育心理学　1, 4
　　教育心理学の不毛性　1, 4
教訓帰納　59, 114, 171
教授学習スキーマ　89
協同活動　219
協同問題解決　72

工夫速算　204
継時処理スキル　230
言語化　43, 52
誤概念　220,
コミュニケーションのツール（道具）　206
コントロール　75,
困難度査定　101
COMPASS　55, 185, 206
コンポーネント　185

さ　行

査読実験　29
三面騒議法　101
刺激再生法　117
思考のツール（道具）　204, 206
実践研究　28, 37
指導案作成調査　108
習得目標　150
授業実験　145
自律的援助要請方略　95
数学用語　195
生態学的妥当性　145
正統的周辺参加　128
説明方略　95
先行オーガナイザー　158, 168
全国学力・学習状況調査　106
相互教授法　73
相互説明　55, 75
速読　235

た行

対象レベル　72
ディクテーション　229
適正処遇交互作用　159
テスト　144
　　テストへの適合　144
テスト形式　145
　　テスト形式スキーマ　152
転移　171
動機づけ　177
読解方略　73

な行

夏休み学習ゼミナール　18, 146
認知カウンセリング　2, 12, 43, 104, 143, 157, 171, 185
　　認知カウンセリング研究会　15
認知心理学　2, 11, 45

は行

フィードバック　195
振り返り　179

分析志向　34
方略研究　57

ま行

学びに向かう力　86
学びのポイントラリー　23, 140
命題　46
メタ認知　57, 68, 154
　　メタ認知活動　75
　　メタ認知的方略　166, 183
メタレベル　72
モニター（点検・評価）　75

や行

有効性の認知　174, 177, 202

ら行

REALアプローチ　210–11
理解構築活動　75
リスニング　229
領域一般知識　216
領域固有知識　216

＊編者・執筆者紹介は 241 ページ。

教育心理学の実践ベース・アプローチ
実践しつつ研究を創出する

2019 年 3 月 2 日　初　版

［検印廃止］

編　者　市川伸一（いちかわしんいち）

発行所　一般財団法人　東京大学出版会
　　　　代表者　吉見俊哉
　　　　153-0041 東京都目黒区駒場 4-5-29
　　　　http://www.utp.or.jp/
　　　　電話　03-6407-1069　Fax 03-6407-1991
　　　　振替　00160-6-59964

印刷所　株式会社理想社
製本所　誠製本株式会社

Ⓒ 2019 Shin'ichi Ichikawa, Editor
ISBN 978-4-13-051345-6　Printed in Japan

JCOPY 〈出版者著作権管理機構　委託出版物〉
本書の無断複写は著作権法上での例外を除き禁じられています．複写される場合は，そのつど事前に，出版者著作権管理機構（電話 03-5244-5088，FAX 03-5244-5089, e-mail: info@jcopy.or.jp）の許諾を得てください．

市川伸一 編	認知心理学 4 思考	A5判・3400円
市川伸一 他	SASによるデータ解析入門 第3版	B5判・3400円
南風原朝和 市川伸一 編 下山晴彦	心理学研究法入門 調査・実験から実践まで	A5判・2800円
東京大学学校教育 高度化センター 編	基礎学力を問う 21世紀日本の教育への展望	46判・2800円
東京大学教育学部 カリキュラム・イノ 編 ベーション研究会	カリキュラム・イノベーション 新しい学びの創造へ向けて	A5判・3400円
秋田喜代美 恒吉僚子 編 佐藤 学	教育研究のメソドロジー 学校参加型マインドへのいざない	A5判・2800円

ここに表示された価格は本体価格です．ご購入の際には消費税が加算されますのでご了承ください．